위험한 생각 습관 20

ON SECOND THOUGHT
Copyright ⓒ 2010 by Wray Herbert
Korean Translation copyright ⓒ 2011 by Book21 Publishing Group
All rights reserved.
This Korean translation published by arrangement with Wray Herbert
through Gail Ross Literary Agency, LLC and Milkwood Agency.

이 책의 한국어판 저작권은 밀크우드 에이전시를 통한
Gail Ross Literary Agency와의 독점계약으로 (주)북이십일에 있습니다.
저작권법에 의하여 한국 내에서 보호를 받는 저작물이므로 무단전재와 무단복제를 금합니다.

KI신서 3488

위험한 생각 습관 20

1판 1쇄 발행 2011년 8월 12일
1판 3쇄 발행 2011년 9월 1일

지은이 레이 허버트 **옮긴이** 김소희
펴낸이 김영곤 **펴낸곳** (주)북이십일 21세기북스
출판콘텐츠사업부문장 정성진 **출판개발본부장** 김성수 **인문실용팀장** 심지혜
기획·편집 이주희 **해외기획** 김준수 조민정 **표지디자인** 씨디자인 **본문디자인** 모아
마케팅영업본부장 최창규 **영업** 이경희 박민형 **마케팅** 김보미 김현유 강서영
출판등록 제10-1965호 신고일자 2000년 5월 6일
주소 (우 413-756) 경기도 파주시 교하읍 문발리 파주출판단지 518-3
대표전화 031-955-2100 **팩스** 031-955-2151 **이메일** book21@book21.co.kr
홈페이지 www.book21.com
21세기북스트위터 @21cbook **블로그** b.book21.com

ISBN 978-89-509-3244-2 03320
책값은 뒤표지에 있습니다.

이 책 내용의 일부 또는 전부를 재사용하려면 반드시 (주)북이십일의 동의를 얻어야 합니다.
잘못 만들어진 책은 구입하신 서점에서 교환해 드립니다.

편리하고
빠르지만
너무나 치명적인

위험한
생각 습관
20

레이 허버트 지음
김소희 옮김

21세기북스

| 차례 |

서문   그 운명의 오후엔 무슨 일이 일어난 걸까 | 8

1부 **몸**이 배워온 위험한 생각 습관

1 **본능적 휴리스틱** The Visceral Heuristic
   겨울이 되면 더 외로운 이유 | 27

2 **시각적 휴리스틱** The Visionary Heuristic
   왜 뛰어난 타자에겐 공이 더 커 보일까 | 40

3 **모멘텀 휴리스틱** The Momentum Heuristic
   라이벌이 있으면 더 강해지는 이유 | 53

4 **유창함 휴리스틱** The Fluency Heuristic
   왜 우리는 익숙한 글씨체에 호감을 보일까 | 65

5 **모방 휴리스틱** The Mimicry Heuristic
   군인들이 열을 맞춰 걷는 진짜 이유 | 77

6 **맵메이커 휴리스틱** The Mapmaker Heuristic
   정말 눈에서 멀어지면 마음에서도 멀어질까 | 93

2부 뇌에 각인된 위험한 생각 습관

7　**산수 휴리스틱** The Arithmetic Heuristic
　　10개 중에 1개보다 100개 중에 9개가 커 보이는 이유 ｜ 109

8　**희귀성 휴리스틱** The Scarcity Heuristic
　　쓸모없는 금에 사람들이 열광하는 이유 ｜ 123

9　**닻 휴리스틱** The Anchor Heuristic
　　사람들은 왜 모르는 문제에도 답을 말할까 ｜ 136

10　**칼로리 휴리스틱** The Calorie Heuristic
　　왜 빈곤층에 비만이 더 많을까 ｜ 151

11　**미끼 휴리스틱** The Decoy Heuristic
　　어떻게 의미 없는 선택지가 운명을 바꿀까 ｜ 163

12　**미래 휴리스틱** The Futuristic Heuristic
　　미래는 왜 과거보다 비쌀까 ｜ 174

3부 마음이 저절로 따르는 위험한 생각 습관

13 설계 휴리스틱 The Design Heuristic
세상은 인간을 위해 만들어졌다? | 189

14 수렵채집 휴리스틱 The Foraging Heuristic
왜 우리는 '맛집'을 찾아다닐까 | 205

15 캐리커처 휴리스틱 THe Caricature Heuristic
유니폼을 입으면 더 젊고 건강해 보이는 이유 | 219

16 쿠티 휴리스틱 The Cooties Heuristic
당신은 히틀러가 입었던 옷을 입을 수 있는가 | 235

17 자연주의자 휴리스틱 The Naturalist Heuristic
왜 숲을 보면 마음이 편안해질까 | 246

18 범인 찾기 휴리스틱 The Whodunit Heuristic
과실치사와 실패한 테러, 뭐가 더 나쁠까 | 260

19 죽음의 신 휴리스틱 The Grim Reaper Heuristic
왜 우리는 일상생활에서 죽음의 공포에 떨지 않을까 | 278

20 디폴트 휴리스틱 The Default Heuristic
신부전증은 미국보다 프랑스에서 걸리는 게 낫다? | 292

참고문헌 | 302

서문

그 운명의 오후엔
무슨 일이 일어난 걸까

1995년 2월 12일, 스키 시즌이 되자 세 명의 백컨트리 스키어(backcountry skier, 슬로프 반대편 산기슭의 자연설 슬로프에서 스키를 즐기는 사람-옮긴이)들이 유타 주 워새치 산맥의 거친 비탈을 향해 무리 지어 떠났다. 다들 노련한 스키어이자 등반가였다. 그중에서도 서른일곱 살의 스티브 캐러더스가 가장 경험이 많았다. 캐러더스는 그곳에서 여러 번 스키를 탔던 터라 그곳 지리에도 아주 밝았다.

두 시간 후 그들은 또 다른 스키어 일행을 만났다. 두 일행은 산을 통과하는 가장 좋은 경로에 대해 약 5분간 얘기를 나누었다. 다른 일행은 하루 전에 내린 폭설과 안개에 대해 걱정스러워했지만, 캐러더스 일행은 낮은 비탈을 통과하는 신중한 경로를 선택하면 괜찮을 거라고 판단했다. 한 시간 후 고블러즈납(Gobbler's Knob)을 통과해 내려가던 선두 스키어들이 눈사태를 유발했고, 100톤 이상의 눈이 시속 80킬로미터로 산허리를 무섭게 내려와 비탈을 덮치는 바람에 캐러더스는 그만 눈 속에 파묻히고 말았다.

다른 일행이 눈사태 소식을 듣고 구조하러 몰려왔지만, 캐러더스의 목숨을 구할 수는 없었다.

스키어들 사이에 캐러더스의 사망 소식이 퍼지자, 그곳은 예전부터 눈사태로 유명한 지역인 데다 특히 2월은 위험한 시즌인데 캐러더스가 자신의 경험만 믿고 자만해 죽음을 자초했다는 얘기들이 나돌았다.

하지만 이안 매커먼은 전혀 그렇게 생각하지 않았다. 매커먼은 수년간 캐러더스와 알고 지낸 사이였으며, 한때 등반 단짝이었다. 캐러더스는 한창 젊었을 때는 위험도 개의치 않고 거침없이 살았지만, 근래 들어 사랑스런 아내와 네 살 난 딸에게 푹 빠져 안정적인 삶을 추구하고 있었다.

그럼 그 운명의 오후엔 무슨 일이 일어난 걸까? 도대체 무엇이 이 노련한 백컨트리 스키어의 판단을 부정확하게 만들어 자신과 일행을 위험 속으로 몰아넣은 것일까? 과연 충분히 피할 수 있는 사고였을까? 친구의 죽음에 슬픔과 당혹함을 느낀 매커먼은 뭐가 잘못된 것인지 알아보기로 했다.

매커먼은 경험 많은 백컨트리 스키어이자 야생체험 교관이다. 또한 그는 기계공학 박사이며, 유타 대학교 연구원이며, 미 우주항공국과 국방부에서 로봇공학과 항공우주 관련 일을 한 적도 있다. 그는 눈에 대해서는 이미 해박한 지식을 갖추고 있었으므로 위험과 의사결정의 과학에 대한 각종 자료들을 탐독했다. 그리고 혹시나 캐러더스의 돌발적인 죽음을 설명해줄 어떤 요인이 있나 싶어 1972~2003년에 일어난 700건 이상의 치명적인 눈사태에 대해 자세히 연구했다.

그는 엔지니어의 엄밀함을 바탕으로 백컨트리 스키어들에게 특히 위험한 강설, 폭풍우, 낭떠러지나 협곡 같은 지형적 특성, 눈이 녹거나 불안정해지는 것 같은 여러 요소들에 따라 체계적으로 모든 눈사태의 범주를 나였다. 그리고 과거 사고들에서 당시 존재했던 위험을 평가하기 위해 '위험 노출 점수'를 계산했다. 그리고 그들 가운데 불운한 스키어 1355명에 대한 많은 정보들을 모았다. 여기에는 스키어 일행의 구성과 힘, 리더뿐만 아니라 다른 구성원들의 전문지식과 그들을 치명적 순간으로 이끈 몇 시간 혹은 몇 분간의 상황도 포함했다. 그리고 노련한 스키어들이 내려서는 안 될 어리석은 결정들을 포함해 모든 자료를 분석했다.

문제를 분석한 끝에 매커먼은 이러한 어리석은 결정들이 여섯 가지 공통된 생각 오류에 의해 설명된다고 결론 내렸다. 그리고 그 결과를 정리해 〈휴양지 눈사태 사고(事故)에서 드러난 휴리스틱 함정의 증거〉라는 논문을 발표했다. 이후 이 논문은 모던 백컨트리 트레이닝의 기본이 되었으며, 많은 생명을 구해냈다.

휴리스틱이란 무엇인가

휴리스틱(heuristic)은 우리가 일상적인 의사결정과 판단을 내릴 때 사용하는 인지적 경험법칙이자 우리 마음속에 내재된 정신적 지름길이다. 오늘날 휴리스틱에 대한 수많은 연구가 이루어지고 있으며 일 년에 수백 개의 자료들이 나오지만 일반인들에게는 거의 알려져 있지 않다. 이 책은 이러한 시각을 바꾸려는 노력이다.

사실 휴리스틱은 일상적인 선택에 대해 지나치게 고민하지 않게 만들어주므로 살아가면서 직면하는 복잡한 결정의 미로를 헤쳐나가는 데 매우 유용하다. 하지만 종종 불완전하고 비이성적으로 작용해, 캐러더스가 죽음을 맞은 것처럼 치명적인 덫이 되기도 한다.

물론 우리 대다수는 백컨트리 스키어가 아니어서 캐러더스와 그의 친구들이 고블러즈납에서 직면했던 선택을 내릴 일은 없을 것이다. 그렇다고 해서 휴리스틱이 우리의 인생을 바꾸지 못한다는 의미는 아니다. 백컨트리 스키어들이 잘못된 결정을 내리게 만들고, 우리가 알아차리지 못하는 방식으로 우리의 의사결정에 영향을 미치는 몇 가지 휴리스틱을 살펴보자.

우선 '익숙함 휴리스틱(familiarity heuristic)', 이는 매커먼이 연구한 눈사태의 사고 요인으로 밝혀진 인지적 지름길의 하나다. 익숙함 휴리스틱은 인지과학 선구자들이 발견한 최초의 휴리스틱 가운데 하나로, 우리가 날마다 내리는 수백 가지 결정에 영향을 미치는 강력한 정신적 도구다. 예를 들어 '뭔가 바로 떠오르는 게 있다면 그걸 신뢰하라' '익숙한 것이 더 낫고 더 안전하다'라고 우리 내면에 말하는 것이다.

익숙함 휴리스틱은 특히 식료품을 구매할 때 매우 유용하다. 당신이 슈퍼마켓에 들어설 때마다 당신에게는 잠재적으로 수많은 선택이 주어진다. 하지만 당신이 물건을 선택하기 전에 모든 종류의 브랜드를 비교해서 판단해야 한다면 아마 당신은 구매 자체를 포기하고 말 것이다. 당신은 선반 위에 진열된 모든 품목을 살펴보지 않는다. 이전에 여러 번 산 적이 있는 브랜드를 찾아내 물건 값을 계산한 뒤 그곳을 빠져나올 것이다. 또한 익숙함 휴리스틱은 응급실 외과의사, 비행사, 축구 선수처럼 신속한 결정을 내려야 하는 사람들, 즉 비슷한 패턴을 재빨리 파악하고 반응하도록 훈련받은 사람들에게도 매우 유용하다.

휴리스틱은 놀라운 정도로 의사결정 시간을 줄여주므로 바쁘게 살아가는 사람들에게 필수적이다. 익숙함 휴리스틱과 마찬가지로 대부분의 휴리스틱은 습관과 경험의 혼합물이다. 우리는 매일같이 내리는 소소한 선택마다 심사숙고하길 원하지 않는다. 물론 그럴 필요도 없다. 하지만 심사숙고하지 않고 내린 결정에는 항상 위험이 따른다.

일례로 매커먼이 살펴본 눈사태 희생자들은 대부분 노련한 백컨트리 스키어들이었다. 거의 절반가량이 눈사태 대처에 관한 정식훈련을 받은 사람들이었다. 하지만 이러한 전문지식이 오히려 해를 끼쳤다. 과거에도 어느 정도 위험요소를 안고 있었지만 결국엔 성공적으로 해낸 경험이 있었기 때문에 자만했으며, 무엇보다도 그곳 지형에 대해 너무 잘 알고 있었으므로 방심했던 것이다. 매커먼은 연구 결과 스키어들이 새로운 지형을 탐색할 때보다 특정 지역에 대해 잘 알고 있을 때 훨씬 많은 눈사태 사고를 당했는 사실을 알게 되었다.

익숙함 휴리스틱(4장에서 논의할 관련된 '유창함 휴리스틱'을 포함해)은 식료품 구매 방식뿐만 아니라 소비자 선택과 개인재무관리 영역에서도 널리 연구되었다. 프린스턴 대학교의 심리학자들은 신생회사의 이름이 읽고 말하기 쉬울수록 사람들이 그 회사의 주식을 사려는 경향이 크다고 설명했다. 이는 단기적으로 주식의 실적에 영향을 준다. 또한 미시건 대학교의 심리학자들은 언어, 심지어 인쇄된 글씨체가 우리의 지각에 영향을 미쳐 롤러코스터의 위험성을 더 높게 혹은 더 낮게 인식하도록 만들거나 해야 할 일의 부담감을 더 많이 혹은 더 적게 느끼게 한다고 봤다. 이처럼 익숙함 휴리스틱이 우리의 크고 작은 선택을 좌지우지하는 것이다.

익숙함과 안락은 덫이 될 수 있다. 사실, 캐러더스의 잘못된 의사결정은 그가 스키 장비를 손질하기 훨씬 전부터 시작됐다. 출발지는 그와 친구들이 "내일 고블러즈납으로 달려가자"라고 말한 따뜻한 거실이었다. 아직 스키를 타러 가기로 확정한 게 아니었으므로 그들은 장단점을 논하고 얼마나 위험할지 신중하게 평가했다. 하지만 일단 가기로 결정을 내리자 냉철한 계산은 중단되었다. 서로 간에 정신적 결정을 하고 나니 그 생각이 우세해지기 시작한 것이다. 당시 그들에게는 또 다른 강력한 인지 도구 '디폴트 휴리스틱(default huristic)' 혹은 '일관성 휴리스틱(consistency heuristic)'이 작용했다.

우리는 어떤 일에 대해 결정을 내리면 경로를 바꾸지 않고 이미 가진 걸 그대로 고수하려는 강력한 편향을 갖고 있다. 그러지 말아야 할 확실한 이유가 있지 않는 한, 이미 결정내린 것이나 주어진 것에 대한 마음을 바꾸지 않으려고 한다. 금융 문제에서부터 애정 문제에 이르는 모든 문제에서 계속 진로를 변경하면 위험해진다는 사실을 알기에 우리는 이리저리 바꾸는 걸 싫어한다. 경로를 이탈하지 않으려는 충동은 종종 좋은 결과로 이어지기도 한다.

하지만 불변에 대한 강력한 충동은 나쁜 선택을 내리게 만들기도 한다. 캐러더스 일행이 비탈에서 다른 스키어 무리와 얘기를 나누는 장면을 상상해보자. 당시 그들은 방향을 돌려 집으로 돌아가겠다는 결정을 내릴 수도 있었다. 눈으로 뒤덮인 산기슭이 너무 불안해보이고 고블러즈닙이 꺼림칙해 보였을 수도 있다. 그들은 이러한 정보들을 모두 받아들였지만, 장단점을 숙고하는 데 정신적 힘을 사용하지는 않았다. 이미 선택을 내렸기 때문이다. 휴리스틱 마음은 추진력이 생긴 뒤에는 재고하는 걸 좋아하지 않는다. 그리고 스키어들은 이미 이러한 결정에 두 시간의 트래킹을 투자했으며, 방향을 돌려 집으로 갈지를 논리적으로 논쟁하는 과정에는 상당한 정신적 노력이 들어간다.

결국 그들은 원래 계획을 고수했다. 기어를 바꾸는 것보다 계속 밀고 나가는 쪽으로 인지적 편향이 작용한 것이다. 그들은 완고했다. 하지만 이는 우리가 흔히 말하는 '고집 센 태도'라는 의미가 아니다. 그들의 뇌가 가장 근본적인 방식, 정확히는 신경세포의 지시에 따라 행동한 것이다. 우리는 계획을 변형하는 게 수고스럽다는 이유만으로 하루에도 수백 번씩 계획 변경을 포기한다. 그 결과 달라질 가능성이 없는 관계를 계속 유지한다. 그러한 관계에서 벗어나는 것보다 유지하는 게 더 쉽기 때문이다. 우리는 아버지가 애용하던 브랜드의 차를 사고, 새로운 주식 포트폴리오 짜기를 꺼린다. 정책 입안자들은 우리가 의문을 갖기보다는 일관되게 행동할 거라는 가정하에 법과 규칙을 만든다.

불운한 스키어들의 고집을 강화시킨 또 다른 휴리스틱들도 있다. 그들은 매커먼이 '수용 휴리스틱(acceptance heuristic)' 혹은 '모방 휴리스틱(mimicry heuristic)'이라 부른 것에서 약간의 추가적인 정신적 넛지(nudge, 선택을 유도하는 부드러운 개입―옮긴이)를 얻었다. 정신적 넛지는 기본적으로 자신을 눈에 띄게 만들어준다고 생각되는 선택을 내리려는 성향이다. 다시 말해 남들에게 인정받는 선택을 하려는 것이다. 정신적 넛지는 소속과 안전에 대한 근원적인 욕구에서 비롯된다. 이는 모임이나 군대 사열과 합창 같은 집단 행동을 통해 얻는 만족감에서 나타나는데, 집단 응집의 중요한 요소다.

하지만 매커먼이 연구했던 상당수 사고사에서 알 수 있듯, 우리는 종종 부적절하거나 심지어 해가 될 수 있는 사회적 상황에 처했을 때도 수용 휴리스틱을 적용한다. 매커먼의 분석은 만족시켜야 할 보다 많은 '관중'이 있는, 즉 여섯 명 이상의 스키어 집단에서 위험한 결정이 나올 비율이 높다는 걸 보여준다.

그리고 '파우더 피버(powder fever)'가 스키어들이 몰상식한 행동을 하게 만들었다. 파우더 피버는 금방 내린 눈에 처음으로 흔적을 내고 싶은, 알 수 없는 갈망이다. 그것은 오래 기다려온 눈보라의 첫 눈송이로 시작되며 눈길에 처음 발을 내디디면 절정에 달한다. 금방 내린 눈은 오래가지 않는다는 사실을 잘 알고 있기 때문에 마치 금처럼 귀하게 여겨진다.

심리학자들은 이것을 개인적 자유에 대한 근원적인 욕구에서 나온 '희소성 휴리스틱(scarcity heuristic)'이라고 본다. 우리는 개인으로서의 특권 제한에 본능적으로 반응하고 이것은 희귀성과 가치에 대한 왜곡이라는 개념으로 그 모습을 드러낸다. 우리는 금이 유용하기 때문이 아니라 흔히 볼 수 있는 금속이 아니므로 귀하게 여긴다. 토지부터 여가시간까지 우리가 귀하다고 여기는 것 모두가 그렇다. 희귀성은 심지어 연인이나 배우자의 선택에 있어서도 편견을 갖게 만든다.

본능적 충동에서 탈출하기

일부 심리학자들은 수백 개의 강력한 휴리스틱이 인간의 뇌에서 작동한다고 추정한다. 그중 몇몇은 다른 휴리스틱들과 나란히 작동하고, 때때로 강화시키거나 서로를 손상시키기도 한다.

앞으로 여러분은 미래 휴리스틱(futuristic heuristic)과 유사한 '산수 휴리스틱(arithmetic heuristic)'의 한 측면을 보거나, '쿠티 휴리스틱(cooties heuristic, 쿠티는 미국 아이들 사이에서 주로 얘기되는 가상의 세균으로, 주로 이성異性에 의해 옮는다고 여김—옮긴이)'이 때때로 특정한 본능적 휴리스틱들과 닮은 모습도 보게 될 것이다. 우리 마음속에는 이러한 강력한 충동들이 마구 엉켜 있는데, 이 책의 각 장들이 혼란을 헤쳐나가는 표지판이 되어줄 것이다.

이러한 강력한 휴리스틱들은 어디서 비롯된 걸까? 그리고 이렇게 문제가 많은데도 보편적으로 나타나는 이유는 무엇일까? 아주 오래전 우리의 원시 조상들이 아프리카의 사바나에서 진화하고 있을 때 그들의 뇌는 주어진 환경에 적응하게끔 다양한 변화를 겪었다. 자신들을 둘러싼 무수한 위험으로부터 생명을 지키려면 신속한 판단과 선택이 필요했다. 이러한 진화의 경향이 아직도 현대인의 마음속에 휴리스틱으로 남아 상당수는 잘못된 사고로 이어지고, 또 어떤 것들은 오늘날 우리의 생활방식에 더 이상 적용되지 않는데도 여전히 강력한 힘을 발휘한다.

다음은 진화적 기원을 가진 강력한 휴리스틱의 한 사례다. 한 젊은 친구가 의학대학원에 지원했다. 그는 시카고에 있는 한 학교에 가길 원했지만 그곳은 미국에서 가장 뛰어난 의학대학원이었으므로 혹시 떨어질까 봐 여섯 군데 학교에 지원했다. 다행스럽게도 그가 원하는 학교에 합격했지만, 놀랍게도 나머지 학교에는 모두 떨어졌다. 그의 기분이 어떠했을까? 논리적으로 볼 때 그는 당연히 너무나 행복해야 한다. 미국 최고의 의학대학원에 입학했으니까. 무엇보다도 자신이 가장 원하던 학교가 아닌가. 다른 학교들에 떨어진 것은 전혀 신경 쓸 바가 아니다. 하지만 그는 행복하지 않았다. 그의 이성적인 마음이 자신의 성공에 주목하고 축하하려고 해도, 실망감과 분노를 떨쳐낼 수 없었다. 이런 상태를 심리학자들은 '부정성 편향'이라고 한다. 이는 휴리스틱 사고의 또 다른 위험한 형태다.

오랜 시간 진화를 거치면서 인간은 부정적인 것에 주목하는 법을 배웠다. 그렇지 않았다면 인간은 생존하지 못했을 것이다. 살아가면서 위협, 위험, 포식자, 독, 부족 내 경쟁자들에게 기민한 자세를 유지하는 건 필수였다. 이러한 경향은 오늘날까지 여전히 남아 있다. 하지만 부정성이 예전처럼 생명을 구하는 방식으로 작동하지도 않을뿐더러 오늘날의 생활에 항상 효과적인 건 아니다. 사실 정반대의 모습으로 나타나기도 한다. 우리는 종종 의미 없는 부정적 사건들과 인생의 사소한 것들에 매달려, 행복한 삶과 인생의 진짜 중요한 것들을 보지 못한다.

일부 휴리스틱들은 우리의 원시 조상들이 남긴 유산인 반면 일부 휴리스틱들은 세대를 거쳐 재학습되면서 전승되어온 문화적 유산이다. 또 어떤 휴리스틱들은 유아기의 두려움이나 욕구와 같은 최초의 경험에서 비롯되어 차츰 성장하면서 우리의 사고를 형성한다.

추위라는 신체적 자극과 외로움이라는 정서를 연결하는 본능적인 휴리스틱을 생각해보자. 유아들은 매우 원시적인 욕구와 갈망을 지닌 채 세상에 나와 안락함과 안전을 추구한다. 이러한 욕구들은 기본적이고 내면적인 개념이다. 즉 시간이 지나면서 경험을 통해 그 위에 다른 것들이 추가되는 일종의 휴리스틱적 토대가 된다. 심리학자들은 이를 '인지적 발판(cognitive scaffolding)'이라 부르는데, 신체가 생존을 위해 이미 갖추고 있는 보다 원시적인 시스템 위에 더욱 복잡한 사회적 행동과 생각이 쌓인다. 예를 들어 추위를 피해 안락함을 찾는 유아는 따뜻한 어머니의 몸에 매달리면서 점차 추위를 '혼자 있음'과 연관시킨다. 그 결과 추위와 외로움의 개념은 너무 밀접하게 얽혀 신체와 마음은 더 이상 두 경험을 구분하지 못한다.

더 나은 판단을 위해 우리가 알아야 할 것들

우리는 1장에서 본능적인 휴리스틱과 인지적 발판에 대해 자세히 배우게 될 것이다. 본능적인 휴리스틱의 상당수는 너무 강력해서 시적 은유로 형상화되거나 격언, 슬로건, 우화로 전달된다. 앞서 예로 든 백컨트리 스키어들에게 해로운 방식으로 작동한 디폴트 휴리스틱을 회상해보자. 학계의 어려운 용어는 던져버리고 간단하게 말하면 "강 한가운데서 말을 갈아타지 마라"는 것이다. 과거 우리 조상들에게 이처럼 강력한 편향이 나타난 이유는 현상유지가 인지적으로 보다 쉽고 덜 위험했기 때문이다. 그런데 오늘날 우리의 삶에서도 이런 편향이 자주 나타난다.

그럼 휴리스틱은 좋은 것인가, 나쁜 것인가? 단지 이 질문 하나만 놓고서도 지금 학계에서는 열띤 논쟁이 한창이다. 한 진영은 휴리스틱이 삶의 여러 의사결정에 사용될 인지적 도구 중 최고라고 주장한다. 신속하고 효율적이니까. 한편 반대 진영은 휴리스틱을 덫과 편향, 즉 오늘날 사람들에게 종종 나쁜 선택을 하게 만드는 부적응적인 낡은 규칙으로 본다.

이 책은 그러한 학계의 논쟁을 다루기보다는 일부 심리학자들이 '생태적 합리성(ecological rationality)'이라고 부르는 타협점을 내놓을 것이다. 간단히 말해 휴리스틱은 좋기만 한 것도 나쁘기만 한 것도 아니다. 때때로 삶은 휴리스틱 사고를 요구하지만 종종 휴리스틱 사고가 위험을 불러오기도 한다. 따라서 어떤 종류의 사고가 당면한 난제에 가장 잘 어울리는지 파악할 수 있어야 한다. 이 책은 여러분을 그러한 균형으로 이끌어주는 길잡이가 될 것이다.

휴리스틱은 지난 수십 년 동안 인지심리학에서 비롯된 주요한 개념 중 하나로, '듀얼 프로세서 브레인(dual-processor brain)'이라는 개념과도 관련이 있다. 이 개념은 우리가 이미 알고 있는 뇌의 우반구와 좌반구가 각기 다른 업무를 담당한다는 두뇌분할이론이 아니다. 아직 연구되고 있는 이 이론에 대한 자세한 내용을 이 책에서 다루진 않겠지만, 우리가 이 개념에서 알아야 할 중요한 사실은 인간의 마음은 두 가지 다른 운영 체제를 가지고 있다는 것이다. 하나는 논리적이고, 느리며, 심사숙고하고, 수고스럽고, 신중한 반면 다른 한 가지는 보다 오래된 것으로 원시적이고, 빠르며, 인상에 근거하고, 때때로 비이성적이다. 그게 바로 휴리스틱적인 마음이다.

우리는 이성적 사고와 성급한 판단 사이를 오가며 끊임없이 선택을 바꾼다. 때때로 자신의 사고를 통제하지 못할 때도 있다. 극도로 지치고 정신적으로 고갈되면, 뇌는 자동적으로 덜 힘든 모드로 변경된다. 말 그대로 사고의 연료가 부족하면 많은 정보를 분석하고 지적으로 분류하기가 힘들어진다. 또한 스트레스를 받거나 시간에 쫓기거나 한 번에 너무 많은 일을 하려고 할 때도, 휴리스틱 뇌는 오작동하게 된다. 실제로 멀티태스킹은 우리 뇌가 성급함과 이성 사이를 오가는 완벽한 사례이며, 멀티태스킹을 하면서 실수를 하는 성향은 우리의 한계를 잘 보여준다.

휴리스틱 사고의 장점과 불완전함을 모두 드러낸 비유가 있다. 여름 휴가를 위한 해변용품들을 자동차 트렁크에 넣는다고 생각해보자. 당신은 해변에서 얼마나 많은 물건이 필요한지 알고 있을 것이다. 접이식 철제 의자, 우산, 공, 플라스틱 양동이 등을 트렁크에 넣는 건 직사각형 물건들을 직사각형 상자에 넣는 것과는 다르다. 해변용품들은 모양이 제각각이고, 자동차 트렁크에는 굴곡이 있다. 그럼 어떻게 짐을 꾸려야 최선일까? 최적의 전략은 무엇일까? 이때 대다수 사람들은 휴리스틱 사고에 의지할 것이다.

휴리스틱이라는 단어는 철학에서 나와 컴퓨터 과학을 경유했다. 그것은 '찾다'라는 의미의 그리스어에 기원을 둔다. 컴퓨터 과학자들은 고성능 컴퓨터에도 너무 복잡한 문제가 있다는 걸 일찍부터 깨달았다. 문제에 대한 완벽한 해결책이 있겠지만, 컴퓨터가 그것을 찾아내려면 수주일 혹은 수개월이나 수년 동안 분석해야 한다. 그래서 컴퓨터 과학자들은 합리적인 시간 내에 괜찮은 해결책을 만들어내는 간단한 알고리즘들을 사용했다. 이러한 컴퓨터 프로그램들처럼, 종종 휴리스틱은 어떤 것을 얻으려면 다른 것을 희생해야 하는 트레이드오프(trade-off)를 요구한다. 그래서 우리는 어떤 일을 실현하기 위해 우리가 내린 결정이 안고 있는 일부 불완전함을 받아들인다.

다시 차 트렁크에 짐을 꾸리는 방법을 살펴보자. 어떤 사람들은 최적의 방법에 도달하기 위해 상당한 시간을 소비할 것이다. 공터에 모든 것들을 늘어놓고 조직적으로 배열한 다음 큰 물건부터 넣고 작은 것들은 구석에 채워넣는다. 하지만 완벽한 해결책은 나올 수 없다. 접이식 의자는 언제나 넣기 힘든 짜증나는 것이니까.

심리학자들은 이런 사람들을 최적추구자(optimizer)라고 부른다. 세상은 최적추구자와 적정만족추구자(satisficer)로 나뉜다. 적정만족추구자를 설명하는 단어인 'satisficing'은 '만족스럽다'는 뜻의 스코틀랜드 구어체 표현으로, 이 단어에는 어느 정도의 만족으로도 좋다는 느낌이 들어 있다. 적정만족추구자는 최적의 해결책에 크게 구애받지 않는다. 최적의 해결책을 찾는 건 너무 어렵고 시간이 많이 걸린다. 물론 해변용품들을 아무렇게나 던져 넣을 순 없다. 그런 식으로는 들어가지 않는다. 하지만 그렇다고 야단법석을 떨 필요도 없다. 일단 트렁크 문을 닫고 출발하면 그만이기 때문이다.

분명 최적화가 필요할 때가 있다. 예를 들어 당신이 마천루를 설계하고 있다면 기둥이 얼마나 많은 무게를 지탱할 수 있는지 정확하게 알아야 한다. 이때는 적당한 해답으로는 안 된다. 하지만 인생의 문제들 가운데 상당수는 적정만족 정도면 충분하다. 심사숙고해서 계산해야 할 때인지, 아니면 완벽보다는 속도를 선택해야 할 때인지를 아는 것이 비결이다. 각 상황에 맞게 선택하면 된다.

자동차 운전이라는 단순한 행위를 생각해보자. 나는 오랫동안 한 도시에 살아서 주변 길을 잘 알고 있으므로 굳이 출퇴근 경로를 계획할 필요가 없다. 지도도 필요 없다. 출퇴근 길에 어떤 선택을 내릴지 심사숙고한 기억이 거의 없다. 여기서 우회전을 해야지, 교차로를 돌아야지, 지시등을 켜야지, 기어를 바꿔야지, 브레이크를 밟아야지 등에 대해 생각하지 않아도 된다. 운전 중에 라디오 채널을 바꾸거나 옆에 앉은 사람과 대화도 한다. 모든 게 자동적이며 무의식적이다.

그건 좋은 일이다. 사실 좋은 정도가 아니라, 절대적으로 필요한 일이다. 예를 들어 당신이 식료품점까지 운전해서 간다고 생각해보자. 그 과정 하나하나에 주의를 기울여야 한다면, 얼마나 시간이 지체되겠는가? 우리는 그러한 과정을 크게 의식하지 않고 처리한다. 하지만 갑자기 네 살짜리 어린애가 당신의 차 앞에 불쑥 나타난다면? 다행히도 당신은 즉각 주의를 집중시켜, 크루즈 컨트롤(cruise control, 원하는 속도를 설정하면 운전자가 가속 페달을 밟지 않아도 그 속도를 유지하며 주행하는 장치-옮긴이)처럼 휴리스틱으로 작동되던 과정을 살피기 시작한다. 경계 태세를 취하며 주변을 살피는 것이다. 한마디로 뇌의 온오프(on-off) 스위치의 작동이다.

여기서 토글 키(toggle, 온오프처럼 두 상태 중 하나를 선택하는 키-옮긴이)보다는 가슴 철렁함으로 설명하는 게 더 이해하기 쉽다. 가슴 철렁함은 뇌의 긴급 스위치라 하겠다. 이러한 상황을 경험한 사람들은 기억, 그것도 전혀 상관없는 상당수 기억이 물밀 듯이 밀려든다고 말한다. 어떤 과정이 자동적으로 진행되면 그 순간 우리는 주의만이 아니라 기억까지 놓아버린 상태가 된다. 그러다 갑작스레 의식적인 과정으로 전환되면, 우리의 뇌에는 여러 가지 기억들이 한꺼번에 밀려든다.

이번에는 다른 종류의 운전을 생각해보자. 바로 눈길 운전이다. 나는 펜실베이니아의 동북부에서 운전을 통해 듀얼 프로세서 브레인을 암묵적으로 확인했다. 그곳에서 자동차 핸들을 다루는 법을 배우는 것은 두 배로 힘들다. 늦은 봄이나 여름 혹은 날씨가 화창할 때는 다들 일상적인 방식으로 운전하는 법을 배운다. 운전대를 잡고 브레이크를 밟고 클러치와 기어를 움직인다. 그러다 겨울이 시작되면 눈길 운전을 배운다.

나는 눈길 운전의 기본 원칙들을 추운 일요일 슈퍼마켓의 주차장에서 배웠다. 아버지는 10센티미터가량 눈이 내려 도로가 미끄러울 때 나를 그곳에 데려가 속력을 내고 브레이크를 거칠게 밟고 좌우로 급회전하라고 말했다. 미끄러지고 바로잡고 다시 미끄러지면서, 나는 눈길 운전을 체험했다. 아버지는 "네가 배울 것은 미끄러지는 쪽으로 방향을 트는 것이다"라고 말했다.

뒷바퀴가 미끄러지면서 오른쪽 빙판으로 들어가면 대다수 사람들은 본능적으로 왼쪽으로 세게 방향을 틀어 빙판에서 벗어나려고 한다. 이런 행동이 신경세포에 내장되어 있어, 우리는 아무 생각 없이 자동적으로 그렇게 한다. 즉 휴리스틱적으로 그렇게 하는 것이다. 하지만 그건 잘못된 방식이다. 그렇게 하면 상황은 더욱 안 좋아진다. 아버지가 말한 대로 방향을 빙판 쪽으로 틀어야 한다. 잘못된 것처럼 느껴질지라도 오른쪽으로 방향을 틀어야 한다.

빙판 쪽으로 방향을 트는 것은 휴리스틱 충동을 극복했다는 의미다. 서투른 눈길 운전은 사고를 내거나 더욱 안 좋은 상황을 맞게 한다. 하지만 우리의 일상적인 결정과 선택과 판단의 상당수는 근원적이며 지속적인 결과를 가져온다. 이 책은 그릇된 휴리스틱 충동을 제거하는 방법을 알려준다. 나쁜 사고를 통제하는 최선책은 그걸 알아차리는 것이다. 일단 잘못된 사고를 알아차리면 우리는 더 나은 사고를 하게끔 스스로를 설득할 수 있다. 우리에게는 뇌의 심사숙고적이고 수고스러운 시스템에 관여할 힘이 있다. 그러한 과정은 휴리스틱 뇌가 어떻게 작동하는지 이해하는 것부터 시작된다. 이제 출발해보자.

1부 몸이 배워온 위험한 생각 습관

1

본능적 휴리스틱 The Visceral Heuristic
겨울이 되면 더 외로운 이유

딸아이가 태어나면 데이지, 아이리스, 릴리, 로즈 등의 이름을 붙여주는 것이 유행인 시절이 있었다. 딸에게 꽃 이름을 붙여주는 것은 아름답고 활기차게 살기 바란다는 찬사였다. 요즘엔 꽃 이름을 따서 이름을 짓는 사람들이 별로 없지만 꽃과 여성성을 연결시키는 전통은 셰익스피어, 번스, 키츠의 작품 속에서도 찾아볼 수 있듯이 매우 오래되었다.

사실 이러한 전통은 훨씬 더 거슬러 올라간다. 시와 언어가 나타나기 이전에도, 우리의 신경세포 속에 내재되어 있었다. 일부 심리학자들은 만개한 꽃과 여성다움 간의 연결이 고대에서 비롯된 진화적 기원을 갖는다고 주장한다. 사람들이 헤더(진달래과의 상록관목)와 바이올렛을 좋아하는 것은 강력한 생존기술, 다시 말해 좋은 성적 파트너를 찾아내는 능력의 흔적일 수 있다. 이러한 원시적 연결은 성적 취향이나 짝짓기와는 관련없는 현대 남녀의 각종 선호를 설명하는 본능적 휴리스틱의 한 요소이기도 하다.

'싱싱한' 인간이 더 좋다?

우리 조상들이 현생인류의 모습으로 진화 중일 무렵, 생존의 열쇠는 번식 적응도였다. 그들은 강한 자식을 생산할 전략을 찾아야 했다. 그건 후손들도 마찬가지였다. 이러한 전략들 가운데 하나는 잠재적 배우자들 중에서 가장 건강하고 번식 능력이 좋은 상대를 고르는 능력이다. 그래서 그들은 성숙함의 신호는 뭐든 매우 민감하게 받아들였다. 그리고 이러한 초민감성은 지각과 사고와 정서에 깊이 새겨져 오늘날에도 남아 있다. 하지만 문제는 이러한 원시적인 기술들이 매우 무딘 도구였다는 것이다. 이것들은 제대로 구별해내지 못했지만, 사람들은 배우자 선택용이었던 이러한 인지적 지름길을 사과나 그레이하운드, 금잔화 같은 것을 선택할 때도 적용했다. 그 결과 오늘날까지도 우리는 싱싱한 것을 좋아하고 덜 익거나 시든 것을 좋아하지 않는 고집스런 편견을 유지하고 있는 것이다.

예일 대학교 심리학자인 줄리 황과 존 바흐는 짝짓기에 대한 인간의 근본적 갈망을 자극함으로 미성숙, 성장, 최고조 성숙, 노화를 판단하는 여러 단서에 대한 민감성을 상승시킬 수 있는지를 알아보기 위해 몇 가지 실험을 했고, 이것이 각종 사회적 선호를 형성하는 데 영향을 미치는지 살펴봤다.

연구의 한 사례를 살펴보자. 그들은 젊은이들로 구성된 참가자 집단의 짝짓기 본능을 발동시키려는 의도로, 혼기에 찬 젊은 미혼 여성들의 삶을 주로 다룬 칙릿 소설의 고전 《제인의 데이트 이야기(See Jane Date)》의 한 구절을 읽게 했다. 또 다른 참가자 집단에는 한 건물의 인테리어를 묘사하는 밋밋한 구절을 읽게 했다.

그러고는 두 집단에 오랜 연기 경력을 가진 여배우 제인 위더스의 사진

네 장을 보여줬다. 그녀가 사진에 찍힌 시기는 모두 달랐다. 각 사진들은 그녀 인생의 여러 단계들을 보여줬다.

참가자들은 네 장의 사진을 여배우의 매력 측면에서 평가하라는 요구를 받았다. 황과 바흐는, 짝짓기를 염두에 둔 사람들은 성적 절정기의 그녀를 훨씬 매력적으로 여기고, 늙거나 성적으로 미성숙한 시절의 그녀는 낮게 평가할 거라고 예측했다. 그들의 예측대로, 짝짓기를 염두에 두지 않은 사람들은 성적으로 왕성한 시절에 그다지 강한 선호를 보이지 않았다. 그저 다양한 연기를 보여주는 여배우일 뿐이었다. 반면 짝짓기를 염두에 둔 사람들은 전성기의 모습에 더욱 관심을 보였다.

이것은 성숙 편향과 인간의 미에 대한 기호 사이의 진화적 연결을 뒷받침한다. 황과 바흐는 성숙 편향이 인간의 매력을 넘어서도 작용할 것이라고 추정했다. 그리고 답을 얻기 위해 실험을 다소 변경했다. 그들은 《제인의 데이트 이야기》의 한 구절을 참가자들 일부에게 다시 읽게 했다. 하지만 이번에는 바나나 사진을 보게 한 뒤 바나나의 매력도를 평가하게 했다. 일부 바나나 사진은 초록색이고, 일부는 노란빛 초록, 일부는 완전한 노란색, 일부는 검은 점들로 얼룩진 모습이었다.

우리는 대개 초록이나 갈색 바나나보다는 노란 바나나를 선호한다. 일반적으로 노란 바나나가 더 맛있고 질감도 좋으니까. 하지만 제인 위더스 실험처럼 황과 바흐가 측정한 것은 짝짓기에 유도된 참가자들과 그렇지 않은 참가자들 간의 차이였다. 참가자들은 알맞게 익은 바나나와 너무 익었거나 덜 익은 바나나에 대한 선호도에서 큰 차이를 보였다. 짝짓기에 유도된 사람들은 바나나의 색깔에 더욱 까다로웠다.

이처럼 성숙함에 대한 선호는 인간의 정신에 내재되어 있는 것으로 보였다. 하지만 의구심을 품는 사람들을 위해, 황과 바흐는 다른 방식으로 좀 더 조사해보기로 했다. 300만 년 전 사바나에는 자동차가 없었다. 심지어 수레도 없었다. 만일 이 이론이 타당하다면, 어리거나 노쇠한 것보다는 성숙한 것을 더 좋아하는 근본적인 선호는 살아 있는 것에만 적용되어야지 인공물에는 적용되지 않아야 한다. 그래서 심리학자들은 한 가지 실험을 더 했다. 기본적인 건 앞서 살펴본 두 실험과 같지만, 이번에는 참가자들에게 꽃과 자동차 사진을 평가하게 했다. 그들은 참가자들이 꽃과 관련해서는 성숙한 걸 선호하지만 차에 대해서는 아닐 거라고 예측했다.

제조 중인 차, 조립라인에서 막 나온 차, 오래되어 녹슬기 시작한 차 사진과 꽃봉오리, 만개한 꽃, 시든 꽃 사진을 보여줬다. 그들의 예측대로 짝짓기에 유도된 사람들은 만개한 꽃 사진을 선호했지만 차에 대한 선호에서는 효과가 없었다. 사실 오래된 자동차가 녹스는 걸 보고 싶어 하는 사람은 없겠지만 우리의 마음이나 정신에서는 별 반응이 없었다.

이러한 성향은 단지 여자들의 이름이나 꽃 이미지에 대한 선호에만 국한된 게 아니라고 심리학자들은 결론 내린다. 성적 성숙도를 보고 잠재적 배우자를 고르는 것은 원시시대에는 당연한 일이었다. 종의 미래가 거기에 걸려 있었으므로. 하지만 현대에도 이것이 최선의 데이트 전략일까? 데이트를 할 때나 배우자를 선택할 때 고려되어야 할 다른 특성, 다시 말해 우리의 정신에 내재되지 않은 다른 특성들은 없을까? 혹은 직장처럼 성적 성숙도와 전혀 관계없는 사회 영역을 생각해보자. 나이 편향이 깊숙이 배어 있고 쉽게 활성화된다면, 직업적인 능력의 판단에도 영향을 주지 않겠는가? 그러한 의미에서 나이 차별은 우리가 아는 것 이상으로 깊이 뿌리내리고 있다.

추위와 외로움의 상관관계

성적 성숙에 대한 연구는 인지적 발판과 본능적 휴리스틱의 한 사례에 불과하다. 이번에는 자신에 대해 생각해보자. 예를 들어 자기 자신, 자신의 생각, 정서, 판단, 목표를 건설 중인 건물이라고 가정하자. 이 건설 프로젝트는 결코 완성되지 않지만, 인생이 흘러가면서 경험과 이해라는 층이 더해지며 점점 더 높이 올라간다.

가장 밑바닥은 토대인데, 가장 근원적인 지각과 욕구로 구성되어 있다. 그것들은 결코 변하지 않으며, 그 위에 다른 모든 것들이 건설된다. 본능적 휴리스틱이 발현되어 나타난 근원적인 생각들은, 세상이나 다른 사람들과 우리 몸 간의 주요한 상호작용에서 생겨난다. 성적 성숙처럼 일부는 생존 기제로 오랜 세월 동안 진화해왔고, 또 다른 일부는 세상이라는 낯선 곳에 대해 수집한 정보를 받아들이는 유아들의 행동에서 비롯되었다. 출처가 어디든 간에, 그것들은 우리의 추상적 사고와 행동의 상당수를 형성하는 주형틀이 된다.

인지적 발판의 분명한 사례를 들어보자. 돌아다니든 뛰어다니든 간에, 우리는 대개 앞으로 움직이지 뒤로 가진 않는다. 해부적으로 그럴 수밖에 없다. 그래서 오랜 세월 동안 '앞으로'라는 개념은 진보나 발전처럼 보편적으로 좋다는 의미와 대등한 심리적 개념으로 인식되어왔다. 우리는 발전적 사고를 우러러본다. 뒤로 가는 사람들은 그저 패배자일 뿐이다. 이와 비슷하게, 우리는 아래보다는 위를 보려고 하고 위로 움직이길 갈망한다. 아래에 있는 땅보다는 위에 더 많은 것이 있기 때문이다. 그래서 '위(높은 곳과 상승)'라는 개념도 좋은 것과 관련되어 있다. 천국은 위에 있고 지옥은 아래에 있다.

우리의 본능적 휴리스틱은 안전과 안락에 대한 원시적이고 육체적인 욕구 및 갈망과 관련 있다. 이러한 기본적이고 내면적인 개념들은 은유의 힘을 통해 설명된다. 시인 실비아 플라스가 스물네 살 때 쓴 〈바위가 있는 겨울 풍경〉이라는 시의 은유를 살펴보자.

지난 여름 날의 갈대들은
모두 얼음 속에 새겨졌네.
마치 내 눈에 당신 모습이 그렇듯.
메마른 서리는 내 상처의 창문에 내려앉았네.
바위에서 어떤 위로가 흘러 나와
마음의 황무지를 다시 푸르게 만들까?
누가 이 황량한 곳에 걸어 들어올까?

7년 후 이 젊은 예술가는 우울증으로 자살했다. 하지만 그녀가 겪은 고독의 고통은 시에 나타난 추운 겨울이라는 은유에서 이미 분명하게 드러났다. 하지만 왜 추운 겨울일까? 괴로움에 몸부림치는 이 젊은 여성이 인생의 정서적 황량함과 외톨이가 된 것 같은 기분을 표현하고자 했을 때, 왜 얼음과 서리가 생각났을까? 타는 듯한 열기와 뜨거운 햇빛은 왜 안 될까? 외로움은 온도와 어떤 상관이 있을까?

바보 같은 질문처럼 보일 것이다. 누구의 마음에서든 이 두 가지는 항상 자동적으로 연결되기 때문이다. 너무 보편적이어서 이유를 생각해볼 필요가 없을 정도다. 냉대와 차가운 시선이라는 흔한 문구만 봐도 그렇다. 사회적 고립이나 거부를 포함해 외톨이라는 생각은 우리의 마음에서 극한의 추위와 불가분의 관계다.

  심리학자들은 이러한 은유에 대해 호기심을 가졌다. 그들 중 일부는 이러한 은유가 문학적 창조물 이상이라고 믿는다. 사실 그것들은 인간의 원시 경험과 최근 경험의 총합으로, 우리의 정서적 삶의 복잡성을 이해하기 위해 사용된다. 이러한 관점에 따르면, 어떤 은유는 우리의 뇌 조직에 각인되어 있기 때문에 보편적으로 심금을 울린다.

  하지만 어떻게 그렇게 되었을까? 토론토 대학교의 두 명의 심리학자들이 이 질문을 체계적으로 탐구했다. 첸보 중과 제프리 레오나델리는 사고와 판단에서 사용되는 은유가 세상에 대한 우리의 가장 기본적 지각과 감각을 통해 뇌에 들어온 정보에 영향을 받은 것인지 알아보고자 했다. 원시 시대 우리 조상들은 따뜻함과 친목을 생존의 도구로 연결했을 것이다. 유아들은 오늘날에도 이 두 가지를 연결시킨다. 몸의 따뜻함은 종종 안락과 안전을 의미한다. 정반대는 어떨까? 즉 추위와 고립도 마음속에서 연결되어 있을까?

  심리학자들은 이러한 도발적인 생각을 실험했다. 그들은 참가자들을 두 집단으로 나누어 한 집단에게는 클럽에서 거부당하거나 대학교 농구팀에서 잘리는 등 사회적으로 거부당했던 개인적 경험을 회상하라고 했다. 고립과 외로움의 무의식적 느낌을 유도하기 위해서다. 나머지 집단은 동류 집단에 의해 수용된 경험, 즉 보다 행복한 경험을 회상하게 했다. 그리고 두 집단 모두 어디에 서 있었는지, 누가 그 소식을 전했는지 등 경험의 세부사항까지 생생하게 회상하라고 요구했다. 참가자들은 오래전에 잊은 느낌과 본능적 감각을 불러내기 위해 애썼다. 심리학자들은 그들이 과거의 고통을 재경험하게끔 유도했다.

잠시 후 심리학자들은 건물 관리직원이 필요로 하는 정보라는 핑계를 대며, 모든 참가자들에게 방 안의 온도를 추정하게 했다. 추정치는 12도에서 40도까지 폭넓게 나타났다. 그 자체로도 놀랍지만 더욱 흥미로운 부분은 고립되고 거부당한 느낌에 유도된 사람들은 일관적으로 기온을 5도가량 더 낮게 평가했다는 것이다. 다시 말해 추방당한 경험이 가져다준 고통이 실제로 더 춥다고 느끼게 만든 것이다.

옷을 한 겹 더 입어보면 알겠지만, 5도는 지각에서 미묘한 차이가 아니다. 아주 큰 차이다. 심리학자들은 그 결과가 우연히 나타난 게 아니라는 걸 증명해야 했다. 이번에는 참가자들의 기억에 의지하지 않고 거부의 느낌을 실제로 유발하기로 했다. 그들은 참가자들에게 컴퓨터 시뮬레이션 공 던지기 게임을 하게 했다. 하지만 게임은 위장이었다. 참가자들의 일부는 정상적인, 우호적인 방식으로 공을 주고받았지만 다른 이들은 마치 운동장에서 따돌림 당한 인기 없는 아이처럼 홀로 남겨졌다.

이후 모든 참가자들이 뜨거운 커피, 크래커, 차가운 콜라, 사과, 뜨거운 수프 등의 특정한 음료수와 음식을 얼마나 원하는지 평가했다. 참가자들은 실험의 목적을 알아차릴 단서가 없기 때문에 단지 자신의 선호에 따라 행동했다. 그 결과 또한 놀라웠다. 가상의 운동장에서 추방당한 '인기 없는 참가자들'은 다른 사람들보다 뜨거운 커피나 수프를 더 원했다. 따뜻하고 몸을 풀어주는 음식을 선호한 이유는 냉대를 받을 때 실제로 추위를 느꼈기 때문이다.

신체 감각과 심리적 경험은 밀접히 엮여 있고, 그러한 엮임은 강력한 방식으로 사회적 관계에 영향을 주는 것 같다. 또한 우리의 실제 기분과 주위 세상에 대한 우리의 지각과의 관계를 설명한다. 추위를 경험하는 것은 실제로 기분 장애(mood disorder)의 촉매제로 작용한다. 심리학자들은 고립과 외로움은 순환적인 방식으로 서로를 악화시킨다고 주장한다. 고립은 마치 추위 속에 남겨진 기분을 느끼게 하고, 그것이 더욱 외롭게 만들고, 그러한 감정은 다시 더욱 춥게 만든다.

그래서 어떤 사람들은 실비아 플라스의 자살이 당시의 추운 날씨 때문은 아니었는지 의문을 가진다. 사실 그녀는 영국에서 수백 년 만의 추위가 기승을 부리던 때인 1963년 2월 런던에서 오븐에 머리를 넣고 자살했다.

지저분한 사람의 범죄가 더 비난받는 이유

따뜻함이 원시시대 때 인간의 기본적인 욕구였다면 청결도 마찬가지였다. 사실 그들의 생존은 다양한 종류의 더러움을 어떻게 피하느냐에 달려 있었다. 더러움은 종종 질병을 일으킨다. 그래서 초기 인간들은 과민하게 반응해야 했다. 청결은 생존 도구였다. 하지만 시간이 흘러 점차 현대로 오면서, 청결은 '좋은 것'에 대한 은유가 되었다. 궁극적으론 거의 모든 종교의 이상적 목표로 채택되었다. 동정녀 마리아는 무염시태(無染始胎, 원죄의 물듦 없는 잉태-옮긴이)로 여겨지며, 청결함은 독실함 다음으로 강조된다. 많은 종교에서 신자들에게 기도 전에 몸을 씻을 것을 요구한다. '순결함'에 대한 개념은 영적 개념인 동시에 신체적 개념이다.

심리학자들은 이러한 본능적 휴리스틱을 행동으로 증명했다. 〈사이언스〉에 실린 연구에서, 심리학자들은 일상의 청결 의식과 도덕적 순결함에 대한 이러한 충동이 세속적으로 어떻게 나타나는지 살펴봤다. 한 실험에서 심리학자들은 참가자들에게 과거의 윤리적 또는 비윤리적 행위를 회상하라고 요구했다. 참가자들이 가급적 생생하고 구체적으로 회상하도록 하기 위해서 비밀 엄수를 약속했다.

그러고는 w_ _h나 s_ _p나 sh_ _er 같은 단어 목록을 주고 공백을 채워 완성하도록 했다. 단어 퍼즐은 참가자들에게 많은 단어 옵션들을 제공하기 위해 신중하게 선별되었다. 예를 들어 소망하다(wish), 수프(soup), 빛나는 물건(shiner)을 생각해내거나 배(ship), 떨다(shiver)를 생각해낼 수도 있다. 또는 씻다(wash), 비누(soap), 샤워(shower)를 생각할 수도 있다.

이는 실험 과정에서 참가자들이 자신의 마음에 떠올렸던 것들을 반영하는 통계적 결과물을 보여줄 것이라는 생각에서 출발했다. 실험 결과 좋은 행동을 회상했던 사람들은 무작위로 단어를 만들었다. 그들의 사고엔 어떤 패턴이 없었다. 하지만 도서관에서 책을 훔치거나 친구에게 거짓말을 하거나 배우자를 속이는 행동을 회상한 사람들은, 씻는 것과 관련된 단어들을 생각해내곤 했다. 다시 말해 비윤리적 행동을 회상하자 씻기와 청결함에 대한 생각이 유발된 것이다.

이러한 본능적 휴리스틱은 16장에서 논의할, 미신이나 믿음과 관련된 쿠티 휴리스틱과 밀접하게 연결되어 있다. 하지만 여기서 과학자들은 우리가 불쾌한 행동이라고 부르는 윤리적 더러움의 개념에 초점을 뒀다.

또 다른 연구에서는 참가자들의 윤리적(혹은 비윤리적) 과거가 아니라 타인의 윤리적 과거에 초점을 뒀다. 참가자들에게 저명한 법률회사에 근무하는 한 변호사에 대한 짧은 이야기를 읽게 했다. 그 변호사는 동료가 중요한 사건을 성공적으로 기소하는 데 중요한 역할을 하는 문서를 발견했다. 이 이야기의 한 버전에 따르면, 변호사는 동료에게 그 문서를 줘 사건을 해결한다. 하지만 다른 버전에서는 발견한 문서에 대해 누구에게도 말하지 않는다. 그는 문서를 찢어 사건을 고의로 파기한다. 둘 중 한 버전을 읽은 후 참가자들에게 별 의미가 없어 보이는 몇 가지 단어들, 크래커, 샴푸, 배터리, 비누 등을 선택하게 했다. 결과를 분석해보니 비열한 변호사 버전의 이야기를 읽은 사람들은 개인 위생용품을 원하는 경우가 더 많았다. 이것은 낯선 사람의 불쾌한 행동을 단지 관찰자 입장에서 듣기만 했는데도 불결한 기분이 든다는 의미다.

과학자들이 실험한 또 다른 버전에서는 부도덕한 행위에 대해 생각하는 참가자들의 3분의 2가 손세정제를 집어들었다. 반면 윤리적 사고에 유도된 참가자들의 경우엔 3분의 1이 손세정제를 선택했다. 심리학자들은 살인 공모 혐의에서 벗어나기 위해 절박하게 손을 씻는 행위를 '맥베스 효과'라고 부른다. 이 말은 셰익스피어의 연극 〈맥베스〉에 등장하는 맥베스 부인이 왕위 찬탈을 위해 남편에게 살인을 부추긴 죄책감을 떨치려 손을 씻는 장면에서 기인했다. 즉 양심을 씻어내려는 그녀의 행위를 의미하는데, 이것 역시 기본적인 휴리스틱 수준에서 작동한 것이다.

이러한 휴리스틱은 사실 아주 잘 작동하고, 오늘날에도 여전히 살아 있다. 플리머스 대학교의 심리학자 시몬 슈날은 정화의 의식(儀禮)적 행동이 자신뿐만 아니라 다른 사람에 대한 도덕적 판단의 엄격함에도 실제로 영향을 주는지를 탐구했다. 슈날은 실험의 기본을 뒤집었다. 단어 게임을 이용해 참가자들의 마음에 청결, 손 씻기, 깨끗함의 개념을 유도한 뒤 참가자들의 윤리를 테스트했다.

슈날은 참가자들(청결을 마음에 둔 사람들과 그렇지 않은 사람)이 도덕적 딜레마에 직면하게 만들었다. 예를 들어 "당신이 지갑을 주웠다면 그 안의 돈을 가질 것인가?"라는 질문이다. 대답하기 훨씬 어려운 것도 있다. "당신은 이력서에 허위 정보를 기재할 생각을 한 적이 있는가?" "비행기 추락으로 외진 산에 떨어졌는데, 한 생존자가 죽어가고 있다고 가정해보자. 당신은 그가 죽게 내버려둔 뒤 굶어죽지 않기 위해 그의 시체를 먹겠는가?" 같은 질문들이다.

그 결과는 어땠을까? 청결에 유도된 사람들은 그렇지 않은 사람들에 비해 도덕적 기준에서 훨씬 덜 엄격했다. 그들은 이력서를 허위 기재하려고 하며 다른 사람의 돈을 가지려고 했다. 물론 당신의 도덕적 나침반에 따라 이걸 다르게 해석할 수도 있지만, 마음속에 청결함이 있는 사람들은 도둑질과 사기치는 행위를 망설이지 않는 것 같다. 심지어 살인까지도.

슈날은 실제 손 씻기로 이 꺼림칙한 결과를 다시 검증해봤다. 참가자들의 마음을 더럽히기 위해 미리 끔찍한 비디오를 보여주는 것만 빼고는 앞의 실험과 같다. 절반의 참가자들에게는 도덕적 딜레마에 직면하기 전에 세면대로 가서 손을 씻게 했다. 실험 결과 비누와 따뜻한 물로 손을 꼼꼼히 씻은 사람들은 손을 씻지 않은 사람들보다 덜 엄격했다. 맥베스 효과를 생각하면 이해하기 쉬울 것이다.

이번에는 당신이 애매한 범죄를 저지른 시민을 재판하는 배심원을 맡았다고 상상해보자. 우리가 이러한 휴리스틱이 유발하는 직관에 의해 쉽게 조종될 수 있다는 건 어떤 의미를 가질까? 우리의 청결과 순수에 대한 느낌은 죄와 도덕적 타락에 대해 신뢰할 수 없는 판단을 내리게 만드는가? 지저분한 사람의 범죄는 더욱 비난받을까? 그가 단정하지 못하다면 더 중범죄로 기소될까? 만일 그가 깨끗하게 씻고 단정한 옷차림을 한다면 무죄가 될 가능성이 많아질까? 이것은 배심원 선발에서 어떤 의미를 가질까? 피해자의 권리 측면에서는?

모두 정답이 없는 문제들이다. 이러한 종류의 과학적 질의는 여전히 새로운 것들이기 때문이다. 하지만 분명 우리 딸들에게 바이올렛이나 헤더 같은 이름을 부여하는 것 이상의 암시를 가진다. 본능적 휴리스틱은 원시 시대 인간이 느꼈던 따뜻함과 청결 같은 기본적 욕구와 몸에 관한 차원을 넘어서, 오늘날에는 개인적 매력은 물론 도덕적 판단까지 모든 것에 영향을 끼친다.

>>>

로맨스에 관한 한, 여자는 남자보다 더욱 까다롭다. 이것은 잘 알려진 사실이지만 그 이유는 불분명하다. 노스웨스턴 대학교에서 이루어진 새로운 연구는 이러한 까다로움 혹은 덜 까다로움이 우리의 행동에서 비롯된다는 점을 찾아냈다. 즉석 데이트에 관한 새로운 연구에서, 연구원들은 평소 사람들이 보이는 관행을 뒤집어 여자들로 하여금 앉아 있는 남자들에게 접근하게 했다. 이렇게 하자 여자들은 덜 까다롭고, 보다 남자처럼 행동했다. 과학자들은 누군가에게 접근하는 행위가 잠재적인 데이트를 더욱 매력적으로 만든다고 봤다.

사회적 관행은 갈망의 모습을 형상화한 것이다. 신체적 휴리스틱은 마음에서 작동하는 가장 근원적인 인지적 편향에 속하는데, 그것은 복잡한 세상과의 상호작용에서 생겨났다. 1장에서 논의한 휴리스틱들이 모두 그렇다.

다음 장의 주제인 '시각적 휴리스틱'은 우리의 시각이 크기, 모양, 높이, 경사를 처리하는 방식에서 기인했기 때문에 이런 이름이 붙었다. 하지만 다른 휴리스틱들과 마찬가지로 시각적 휴리스틱 역시 두려움, 자신감, 자존감 등의 심리적 특질들을 포괄한다.

2

시각적 휴리스틱 The Visionary Heuristic
왜 뛰어난 타자에겐 공이 더 커 보일까

    프랑스 수도사이자 탐험가인 루이스 헤너핀은 나이아가라 폭포의 경이로움을 묘사한 첫 유럽인이었다. 그는 높은 곳을 병적으로 두려워했다. 그러나 헤너핀이 고소공포증을 앓았다는 임상 기록은 없으며, 스스로도 고소공포증에 대한 기록을 남기지 않았다. 단지 우리는 이곳의 높이에 대한 그의 형편없는 추정을 통해 그의 증세를 짐작할 뿐이다. 1677년, 그는 나이아가라 폭포의 높이를 약 183미터로 판단했다. 사실 북미에서 가장 큰 이 폭포의 높이는 고작 51미터 정도다.
    따라서 헤너핀이 추정한 높이는 얼토당토않은 수치다. 버지니아의 윌리엄메리 대학교의 심리학자 지니 스테파누치에 따르면, 헤너핀의 착오는 고소공포증을 암시한다고 봐도 무방하다. 스테파누치는 물리적 세상에 대한 우리의 가장 기본적인 지각들, 즉 높이나 경사도, 크기와 두려움 간의 밀접한 관계를 연구하는 심리학자 가운데 한 명이다. 우리는 정서적 렌즈를 통해 세상을 보고, 우리의 시각은 두려움, 동기, 자존감을 형성한다. 이 것이 바로 시각적 휴리스틱이다.

고소공포증 환자의 높이 재기

나 역시 이러한 흥미로운 실험에 참여한 적이 있는데, 그 경험을 살려 시각적 휴리스틱을 설명해보겠다. 2008년 나는 버지니아 대학교의 심리학자 데니스 프로피트의 실험실을 방문해 지각 실험에 참여했다. 심리학 실험실은 대부분 매우 지루한 곳이다. 분젠버너나 비커도 없이 책상과 컴퓨터들만 있다. 프로피트의 실험들 상당수는 야외, 그러니까 버지니아 대학교 교정에서 행해졌다. 그의 관심을 불러일으킨 것은 세상에 대한 우리의 일반적인 탐험이기 때문이다. 그는 어떤 식으로 우리가 여기서 저기로 가는지, 그리고 심리적 장애물이 우리의 여정을 어떻게 방해할 수 있는지 알아보고자 했다.

우리는 실험을 위해 심리학부 건물의 2층 발코니로 갔다. 잔디밭에서 발코니까지의 높이는 8미터였다. 나는 나중에야 정확한 고도를 알았다. 실험은 헤너핀이 나이아가라 폭포의 높이를 추정했던 것처럼, 규모는 훨씬 작았지만 발코니의 높이를 추정하는 것이었다. 나를 포함한 참가자들은 발코니에서 아래쪽 지상에 있는 원반을 내려다보았다.

기본 지각을 측정하는 하나의 비결은 세상에 대한 우리의 감각에 영향을 주고 왜곡시키는 정신적 짐을 없애는 것이다. 쉽게 설명하자면 높이와 미터로 거리를 추정하라고 말하는 대신에, 한 실험자를 일종의 인간 줄자로 사용하는 것이다. 나는 발코니에서 땅을 내려다봤다. 실험자는 발코니 끝으로 걸어갔다. 나는 아래를 내려다보고 그를 쳐다보고를 반복했다. 그와 나 사이의 수평거리가 내가 추정한 땅과의 거리와 맞아떨어지면, 나는 "멈춰요"라고 말했다.

그다지 효율적이지 않은 방법인 것 같아 보이겠지만, 사실 이런 식으로 높이를 추정하는 것은 머릿속에 자리 잡은 기억과 의식적이며 숙고적인 계산을 하게 만드는 기존 관념의 오류를 어느 정도 없애준다. 만약 미터로 높이를 추정하라는 요구를 받았다면 나는 내 신장이나 3미터 높이인 집 천장의 기억에 영향을 받아, 감각적으로 말하기보다는 높이를 해석하려 들었을 것이다. 그래서 이런 방법은 나의 눈과 휴리스틱이 내게 말하는 것에 훨씬 집중하게 만들었다.

이번에는 지상에 있는 원반 크기를 추정하라고 했다. 내가 발코니의 높이를 어떤 식으로 감지했는지 다시 한 번 간접적으로 측정하기 위해서다. 역시, 그는 몇 미터냐고 묻지 않고 천천히 줄자를 늘려가다가 내가 "그만"하고 소리치면 동작을 멈추었다.

내가 참여한 실험은 공식적인 게 아니었다. 프로피트와 그의 제자들은 체계적인 연구를 수백 번이나 했는데, 각 참가자에게 혼자 하게 한 뒤 고소공포증 심리 테스트를 포함한 다른 심리 테스트들을 완성하게 했다.

실험자는 내 자신, 내 인생 경험, 나의 두려움에 대해 아무것도 알지 못했다. 내가 수년 전에 발코니에서 떨어져 크게 부상당한 적이 있다는 사실도 알지 못했다. 당시 나는 여러 군데 뼈가 부러져 오랫동안 재활치료를 받았다. 그 이후 나는 높이, 특히 높은 발코니에 대한 '중도적 두려움'(내가 붙인 명칭이다)을 갖고 있다. 나는 부들부들 떨거나 땀을 흘리지는 않지만, 어느 높이든 난간을 내려다보길 기피하는 경향이 있다. 난간에 기대지도 않는다. 따라서 내가 발코니의 높이를 몇 미터 더 높게 추정한 건 그다지 놀라운 일이 아니었다. 실험자에게 그만 걸으라고 말했을 때 나는 정말로 내 판단이 정확하다고 생각했다. 하지만 맞지 않았다.

프로피트는 이 실험을 높은 곳을 매우 두려워하는 사람을 대상으로 한 뒤 그것을 두려워하지 않는 사람들과 비교했다. 고소공포증이 있는 사람들은 그렇지 않은 참가자들보다 1.5미터가량 더 높게 봤다. 내 지각은 아주 심하게 왜곡된 고소공포증 지각과 정확한 지각 사이의 중간쯤이었다. 하지만 흥미로운 부분은, 거의 모든 참가자들이 높이를 과대평가했다는 점이다. 심지어 높이에 대한 임상학적 두려움으로 고통받지 않는 사람들도 말이다. 가장 근원적인 차원에서, 우리 모두는 떨어지는 걸 두려워하기 때문에 이런 결과가 나타난 것이다. 그것은 오랜 세월 동안 인간이 진화해오면서 체화된 기본적인 휴리스틱이 유발시킨 생존 기제이며, 안전과 자기 보존의 인지적 전략이다. 우리 조상들에게 일상생활에서의 생존은 오늘날 우리보다 훨씬 더 불확실했다. 그들은 세상을 기회와 비용으로 지각하도록 배웠다. 예를 들어 절벽 끝에 열매가 달린 블루베리 덤불이 있다면 그건 기회지만 추락의 위험이 동반된다.

그러한 의미에서 프로피트는 우리의 지각적 '오류'는 수혜적 목적을 가진다고 설명한다. 그것은 위험한 세상과 협상하는 뇌의 근원적인 기제들 가운데 하나다. 그와 그의 동료들은 이러한 생각을 증명하기 위해 샬로츠빌의 캠퍼스 주위를 돌아다니는 버지니아 대학생들을 대상으로 여러 가지 실험을 했다.

프로피트는 언덕의 경사와 관련해 앞에서 살펴본 실험과 동일한 왜곡된 지각을 관찰했다. 한 실험에서 그는 30도 경사면의 언덕 꼭대기에 참가자들을 세워뒀다. 그는 바닥에 있을 때보다 꼭대기에 있을 때 사람들이

언덕을 더 가파르게 본다는 점을 발견했다. 왜일까? 이는 추락에 대한 두려움이 우리의 마음속에 각인되어 있기 때문이다. 프로피트는 내가 발코니 높이를 과대평가하게 만든 두려움과 동일한 두려움이라고 추정했다. 우리 마음의 일부에서 두개골 손상이나 죽음 등을 상상하기 때문에 사람들은 가파른 내리막을 더욱 가파르게 본다.

추락에 대한 두려움과 지각 간의 연결은 물론 이론상으로만 존재한다. 스테파누치는 그러한 생각을 외현적으로 테스트하는 일련의 실험을 했다. 두려움이 높이 추정에 영향을 미치는지 알아보기 위해 참가자들에게 두려움을 유발했다. 한 실험에서 그녀는 참가자 집단(이 가운데 고소공포증으로 고생하는 사람은 아무도 없다) 일부에게 높이와는 상관없지만 강력한 두려움을 유발하는 걸로 알려진 30개의 파워포인트 이미지를 보여줬다. 다른 이들에게는 중립적인 사진 30장을 보여줬다. 그러고는 즉각 그들을 발코니로 걸어가게 한 뒤 내가 참여했던 것과 동일한 실험을 했다.

스테파누치는 사진을 보고 두려움을 느낀 사람들이 다른 사람들보다 지상까지의 거리를 과대평가해 훨씬 더 높이를 왜곡한다는 걸 발견했다. 그리고 그녀는 두려움이 수평 거리의 지각에도 영향을 주는지 알아보기 위해, 일반적인 복도를 쳐다보는 또 다른 실험을 했는데 여기에는 영향을 주지 않았다. 왜곡은 높이에서만 나타났다. 헤너핀은 빠른 속도로 하강하는 롤러코스터 맨 앞에서 손도 안 잡고 있는 느낌이었을 것이다. 그게 그의 몸이 나이아가라 폭포의 아름다움을 보는 방식이니까.

사실 이것은 비유 이상이다. 추락하거나 물에 빠지는 느낌은 움직임의 정신적 시뮬레이션이며, 모든 공포증에서 나타나는 인지적 형태의 일부다. 심리학자들은 이처럼 두려워하는 사고에 '불쑥 다가오는 부적응적 스타일(looming maladaptive style)'이라는 멋지고도 끔찍한 이름을 붙였다. 두려움으로 인해, 평범한 것들이 움직이거나 부적당한 속도로 다가와 자신을 위협하는 걸로 느낀다는 의미다. 실제로는 그렇지 않은 때에도 말이다. 간단히 말해 공포증을 가진 사람들은 우리와는 다른 세상, 즉 많은 것들이 마구 달려드는 것 같은 세상을 경험한다.

흥미롭게도, 우리 모두는 원시시대 우리 조상들이 남겨준 오작동 사고를 조금씩 갖고 있다. 추락의 두려움도 그중 일부다. 또한 프로피트는 '등반의 두려움'이라고 부르는 것, 즉 아래쪽에 서서 언덕을 쳐다볼 때 생기는 왜곡된 지각에 대한 증거를 내놓았다. 그는 일련의 실험에서 학생들에게 여러 언덕의 아래에 서서 비탈의 경사도를 측정하게 했다. 비록 꼭대기에 섰을 때만큼 터무니없는 건 아니었지만 다들 제대로 해내지 못했다. 버지니아 주의 법은 경사각이 9도 이상인 도로는 금지하는데도 학생들은 일관되게 25도 이상으로 추정했다.

과학자들은 이것이 순수한 지각이었음을 입증하기 위해 앞서와 같은 종류의 실험기법을 사용했다. 참가자들이 자신의 지식에 의지해 각도를 판단하지 못하게 했다. 이러한 왜곡은 너무나 흔해서, 프로피트는 그것이 또한 보편적인 편향을 대표한다고 주장한다.

우리가 추락의 두려움을 갖는 것은 충분히 이해가 된다. 하지만 등반의 두려움은 왜 생길까? 이런 식으로 생각해보자. 먼 옛날 우리 조상들이 살던 사바나 환경은 매우 위험했다. 그들은 에너지를 보존해야 했고, 가장 소중한 자원인 활력을 낭비하지 않는 법을 터득했다. 다시 말해 어떤 행동을 하기 전에 그것이 얼마나 힘든 일인지를 끊임없이 계산했다. 물론 그것은 의식적 계산이 아니다. 각 비탈의 경사도를 계산하지도, 당시 그들이 가진 활력과 비교해 심사숙고하지도 않았다. 그러한 계산은 불가능하다. 모든 움직임을 심사숙고해야 한다면 아무런 행동도 하지 못할 테니까. 하지만 사실 이런 계산은 무의식적 휴리스틱 수준에서 우리가 날마다 하는 일이다.

프로피트는 휴리스틱 사고를 여러 실험에서 증명했다. 실험 참가자들은 심지어 푹 쉬어 상태가 좋을 때도 일관적으로 언덕의 경사(그리고 간접적으로는 오르기 위해 필요한 일)를 과대평가했다. 하지만 더욱 흥미로운 것은, 참가자들이 실제로든 심리적으로든 지쳐서 부담을 느낄 경우에는 이러한 왜곡이 더욱 과장되어 나타난다는 점이다. 프로피트는 일부 참가자들에게 조깅을 시켜 일부러 지치게 만들었다. 완전히 나가떨어질 정도는 아니고 피로감을 느낄 정도였다. 그러자 그들은 언덕 경사도에 대해 더욱 심하게 왜곡했다. 또한 참가자들에게 무거운 가방을 매게 했을 때도 비슷한 결과가 나왔다. 이것은 흥미로운 결과다. 참가자들이 실제적 피로가 아니라 예측된 피로를 계산에 넣었기 때문이다.

또한 상태가 좋은 학생들과 그렇지 못한 학생들을 비교했다. 후자는 도저히 언덕을 올라가기 불가능할 정도로 가파르다고 봤다. 노약자들을 연구했을 때도 비슷한 결과가 나왔다. 모든 경우에 참가자들의 피로(실제든 예측이든)는 눈 앞 언덕의 경사를 과내평가하게 만들었다.

이러한 결과들은 공공건강 측면에서 중요한 것을 암시한다. 물리학 개론에서 정의하는 방식에 따르면, 대다수 운동은 언덕 등반의 이러저러한 변형이다. 그래서 우리가 에너지를 보존하도록 내재되어 있다면, 특히 필수적인 일 외에는 피하도록 되었다면, 운동기구를 타거나 30분 정도 등산하는 건 고사하고 전혀 움직이지 않으려는 상당한 심리적 부(負)의 인센티브(disincentive)가 있다는 의미다.

심리학자들은 전형적으로 두려움 반응을 네 부분으로 나눈다. 정서, 생리(땀, 긴장, 심장박동 등), 손상에 대한 생각, 행동(몸을 떼거나 난간을 꽉 잡는다)이다. 프로피트는 깊숙이 내재된 지각적 왜곡이 근원적인 두려움의 기본적 구성요소라고 믿는다. 이러한 실험들은 기본 지각이 두려움 표현의 다섯 번째 기본 요소임을 보여준다.

두려움과 지각이 이처럼 친밀하게 엮여 있다면, 두려움을 누그러뜨리면 우리가 보는 것 혹은 우리가 본다고 생각하는 것에 영향을 주지 않을까? 심리학자들은 이를 알아내기 위해 간단한 실험을 했다. 언덕 경사도 연구에서는 우연히 캠퍼스를 걸어 다니는 학생들을 무작위로 채용했지만, 이 실험에선 혼자 있는 사람들과 친구와 함께 걷고 있는 사람들을 의도적으로 채용했다. 사회적 지원이나 동반자가 주는 안락함이 지각에 영향을 주는지 알아보고 싶었기 때문이다. 결과는 예상대로였다. 친구와 함께한 사람들은 혼자서 걷는 사람들보다 언덕을 훨씬 덜 가파른 것으로 추정했다.

운동을 좀 해본 사람이라면 파트너와 함께 훈련하라는 조언을 들어보았을 것이다. 이러한 결과는 그런 평범한 지혜에 과학적 근거를 제공한다. 단지 옆에서 같이 떠들 사람이 생긴 게 아니다. 둘이 같이 있으면, 혼자 있을 때보다 더 잘해낼 수 있는 일로 여겨진다.

심리학자들은 질문을 다소 다른 방식으로 살펴보기 위해, 또 다른 버전의 실험을 했다. 이번에는 혼자 걸어가고 있는 학생들만을 대상으로 했다. 안정감과 후원에 대한 무의식적 느낌을 유도하기 위해, 일부에게는 친한 친구와의 우정에 대해 생각하라고 했고, 다른 이들에게는 중립적인 사람이나 아주 싫어하는 사람을 떠올리라고 요구했다. 친한 친구에 대한 생각으로 안정감을 느낀 사람들은 언덕 높이의 모습을 덜 왜곡해 언덕을 덜 위협적인 것으로 봤다.

두려움과 지각의 상호작용에는 사회적 차원이 더해진다. 사실 오늘날 현대에서 가장 흔한 두려움들의 상당수는 신체적 부상이나 에너지 고갈이 아니라 사회적 손상이다. 즉 집단 내에서 자신의 위상, 자신감, 자존감이 손상될까 봐 걱정하는 두려움이다.

자몽만 한 야구공

추락과 에너지 고갈에 대한 그 옛날 조상들이 느낀 두려움은 오늘날 실패에 대한 만연한 걱정으로 전환되었다. 우리는 안전을 갈구하는 근원적인 충동을 여전히 갖고 있지만, 이제는 정서적 세상에도 이것이 적용된다.

지금은 고인이 된 양키스의 위대한 선수 믹키 맨틀의 명언을 생각해보자. 명예의 전당에 오른 그는 홈런을 치는 초인적인 능력에 대한 질문에 다음과 같은 유명한 답변을 남겼다. "설명이 잘 안 되네요. 그저 야구공이 자몽만큼 커 보일 뿐입니다." 맨틀이 다른 사람의 입장에서 자기 경험을 설명하지 못하는 건 놀랄 일이 아니다. 그가 설명하는 것은 인간 지각의 근원적인 미스터리들 가운데 하나다. 그의 말에는 휴리스틱 사고의 핵심, 특히 인간의 마음이 자신감과 실패, 두려움 같은 정서와 시각을 혼합하는 방식이 잘 드러나 있다.

프로피트는 맨틀의 초인적인 타격 능력에 영감을 받았으며, 그의 말에 호기심이 동했다. 프로피트는 추락에 대한 오래된 두려움과 오늘날의 미묘한 심리적 위험 사이에 어떤 관련이 있을 거라고 추정했다. 슈퍼스타들은 종종 일반인들의 능력과 자질보다 훨씬 특출한 모습을 보여줘 과학자들에게 정상 행동에 관한 의문점을 갖게 만든다. 야구공이 자몽만 하다는 맨틀의 말에, 프로피트는 맨틀보다 능력이 떨어지는 다른 운동선수들도 비슷한 경험, 다시 말해 그들의 능력에 따라 왜곡된 방식으로 사물을 보는지 궁금해졌다. 그는 시각처럼 근원적인 것에 영향을 주는 심리적 힘을 조사하고 싶었다.

그래서 버지니아 주 교외에서 벌어지는 소프트볼 게임을 보러 갔다. 메이저리그를 꿈꾸는 선수부터 벤치 후보 선수들까지 다양한 범주의 기량을 가진 운동선수를 찾기에 이보다 더 나은 곳이 어디 있겠는가? 그는 게임을 지켜보고 그날 밤에 공을 친 선수들이 얼마나 잘했는지 꼼꼼히 기록했다. 게임이 끝난 후 선수들이 모여 있는 필드로 내려가서 간단한 심리 연구에 참여해줄 수 있는지 물어보았고 상당수가 이에 응했다.

그건 간단한 실험이었다. 그는 참가자들에게 소프트볼의 크기를 추정하게 했는데, 크기에 대해 너무 신중히 생각하지 않게 하기 위해 인치나 센티미터를 요구하지는 않았다. 뇌가 어떻게 실제로 공을 보는지에 접근하고 싶었다. 그래서 각각 다른 크기의 여러 원반들을 보게 한 뒤 규정 소프트볼의 크기와 가장 비슷한 것을 고르게 했다. 그러고는 이러한 지각을 그날 저녁 선수들의 평균타격률과 비교했다.

자료를 컴퓨터에 입력하자 분명하고도 재미있는 결과가 나왔다. 공을 더 크게 지각한 선수일수록 그날 저녁 평균타격률이 더 높았다. 가장 재능 있는 소프트볼 타자는 미키 맨틀처럼 볼을 실제보다 훨씬 더 크게 봤다.

그건 분명 다소 비공식적인 소규모 연구였지만, 프로피트는 인간의 지각이 단순히 눈에 보이는 시각보다 훨씬 복잡하다는 중요한 원칙을 증명했다. 지각은 시각, 즉 각막에 실제로 기록된 것을 포함하지만, 뇌는 각종 정신적·감정적 부담감을 그 이미지와 섞는다. 형편없는 타자에게는 공이 더 작고 멀게 지각된다. 정서적으로도 실제로도 그것을 칠 능력이 부족하기 때문이다. 타격 능력에 대한 자신감 부족은 공을 치기 불가능할 정도로 작아 보이게 만든다.

소프트볼 연구는 많은 질문을 미결 상태로 남겨뒀다. 그래서 프로피트의 동료인 제시카 위트가 연구에 나섰다. 그녀는 연구를 보다 더 확대하기 위해 이번에는 골퍼의 눈을 통해 살펴봤다. 소프트볼은 대다수의 사람들이 잘 칠 수 있거나 최소한 하루 정도는 잘 칠 수도 있지만, 골프는 신체적으로나 정신적으로 상당히 힘든 게임이다.

나를 포함해 골프광들은 비싼 클럽과 장비에 상당한 돈을 들이지만 주말마다 절망하며 게임을 포기한다. 깃대까지 공을 몰고 가서 홀 안으로 집어넣는 쇼트 게임은 정교하고 숙련된 기술이 요구되므로 특히 어렵다. 반면 공을 멀리 보내야 하는 롱 게임은 사실 홀을 염두에 두지 않는다. 시야에서나 마음에서나 너무 멀기 때문이다. 대다수 홀의 티(tee, 각 홀의 제1타를 치는 장소 또는 제1타를 칠 때 공을 얹어놓는 장치—옮긴이)에서 페어웨이(fairway, 티와 그린 사이에 있는 잔디 지역—옮긴이) 적중을 목표로 한다. 쇼트 게임을 할 때 실제로 홀을 보고 나서야 비로소 지각이 전환된다. 위트가 홀에 초점을 맞추기로 한 것도 그 때문이다. 맨틀이 야구공의 크기를 자몽만 하게 본 것처럼, 많은 프로 골퍼들은 얼마나 잘 퍼팅하느냐에 따라 홀의 크기에 대해 상당히 왜곡된 지각을 갖는다. 스포츠 기사에 따르면, 홀의 크기는 농구 골대만큼 클 수도 있고, 주사위처럼 작을 수도 있다. 이러한 지각의 변형들을 연구하기 위해, 위트는 버지니아 주 리치몬드의 한 지역 골프클럽으로 향했다.

그녀는 46명의 골퍼들을 참가자로 모집했다. 거의 대부분 남자였으며 한 라운드를 막 끝낸 뒤였다. 그들에게 지름이 각각 다른 9개의 원들을 보여준 뒤 골프 홀의 실제 크기를 가장 잘 나타내는 것을 고르라고 했다. 또한 참가자들의 그날 골프 스코어, 18번 홀에서 퍼팅과 스트로크 횟수, 핸디캡 정보를 수집했다. 핸디캡은 이전의 여러 라운드에 근거해서 골퍼가 일반적으로 얼마나 노련한지를 보여주는 계기판이다. 다시 말해 핸디캡이 낮을수록 골퍼의 실력은 좋은 것이다. 위트는 골퍼들의 핸디캡을 조사한 뒤, 뛰어난 골퍼들의 지각과 그날 하루만 잘 친 골퍼들의 지각을 비교했다. 다시 말해 왜곡된 지각(혹은 정확한 지각)이 일반적 능력과 관련 있는지, 아니면 마음의 일시적인 상태와 관련된 것인지 알고 싶었기 때문이다.

그녀의 연구는 프로피트의 소프트볼 연구를 뒷받침해줬다. 실험 당일 뛰어난 실력을 보였던 골퍼들은 다들 실제보다 그리고 덜 뛰어난 골퍼들보다 홀을 크게 봤다. 하지만 핸디캡은 지각과는 관련이 없었다. 누구든 잘한 날에는 홀이 확대되어 크게 보인 것이다.

뿐만 아니라 홀을 크게 본 사람들은 퍼팅도 잘했다. 즉 크기 지각은 골퍼들이 18번 그린에서 얼마나 잘 퍼팅하는지와 관련 있었다. 하지만 티와 페어웨이에서의 샷을 포함해서 전반적인 홀에서 얼마나 잘하는지와는 관련이 없었다. 당연히 그럴 것이다. 당신이 페어웨이를 수백 미터 내려갈 때 홀 크기는 그다지 중요하지 않기 때문이다. 그린으로 걸어 들어갈 때야 비로소 홀은 관심의 초점이 되고 퍼팅을 한다. 위트는 실험실에서 연습용 퍼팅 매트를 사용했을 때도 같은 결과를 얻었다.

다행히도 우리는 성공 가능성, 일, 위험 같은 것들에 대해 의식적으로 계산하지는 않는다. 한걸음 뗄 때마다 매번 위험과 이점을 고려하고 동료의 가치를 고려해야 한다면 어떻게 살겠는가. 그렇게는 하루도 살 수 없을 것이다. 프로피트가 말한 대로, 지각의 주요한 기능은 생각할 필요가 없게 해주는 것이다. 양키스의 또 다른 유명한 야구선수 요기 베라의 말처럼 "생각하면서 동시에 칠 수는 없다".

>>>

어떤 공이든 능숙하게 치는 것은 어려운 일이다. 시각적 휴리스틱은 우리의 기본적 지각이 우리의 정서, 자아와 밀접하게 엮여 있다는 걸 보여주기 때문에 조명을 받고 있다.

하지만 또 다른 면에서 보면, 우리가 공을 치거나 잡을 수 있다는 것 자체가 놀라운 일이다. 맨틀은 강타자이면서도 매우 재능 있는 중견수였다. 정확한 곳에 서서 공을 잡으려면, 타자가 외야 깊숙이 칠 때 공이 떨어질 위치와 공의 속도, 포물선을 판단하기 위해 여러 가지 계산을 매우 정확하게 해야 한다.

어떻게 그렇게 할까? 물론 맨틀은 어떤 계산도 하지 않는다. 어떤 인간도 그런 계산을 그렇게 빨리 할 수는 없다. 그는 '모멘텀 휴리스틱'에 의존한 것이다. 이는 직관적 물리학으로, 바로 다음 장의 주제다. 이 고대적 기술은 운동경기뿐만 아니라 우리의 태도와 정서에 초자연적인 방식으로 영향을 끼친다.

3

모멘텀 휴리스틱 The Momentum Heuristic
라이벌이 있으면 더 강해지는 이유

오래된 미국 애니메이션 〈루니툰〉 시리즈에서 로드러너를 잡기 위해 미국 서남부를 달리는 코요테에게는 뉴턴의 물리법칙 대신 만화 물리법칙이 적용된다. 만화 속에서 코요테는 절벽을 달리고, 공중에 몇 초간 정지해 있다 아래를 내려다보고 자신의 실수를 깨닫는 순간 중력의 법칙이 작동해 사막 아래로 곤두박질한다.

왜 우리는 코요테가 로드러너에게 당하는 모습을 보고 웃게 될까? 물론 이 인기 있는 만화는 깔깔 웃음을 자아낼 정도로 재미있지만, 로드러너를 1950년대 〈루니툰〉 시리즈의 가장 인기 있는 인물로 만든 것은 물리학의 기이한 오용 덕분이었다. 우리 모두가 물리적으로 가능한 것과 그렇지 않은 것에 대해 휴리스틱적 감각을 갖고 있기 때문에 이 만화에 재미를 느끼는 것이다.

모멘텀 휴리스틱은 우리가 물리적 세상과 손쉽게 상호작용할 수 있는 이유를 설명해준다. 피구 경기에서 공을 피하거나 복잡한 도로에서 운전을 할 때 우리는 늘 세상에서 움직이며 살아가지만 거의 충돌하지 않는다. 놀랍게도 우리는 이러한 복잡한 행동들에 대한 어떤 계산도 하지 않는다. 단지 우리의 신경세포들이 '알' 뿐이다.

하지만 다른 휴리스틱들과 마찬가지로 모멘텀 휴리스틱도 불완전하다. 우리는 모멘텀(momentum, 여세 혹은 추진력-옮긴이)과 궤도 같은 개념을 받아들여 물리적 움직임과 전혀 관계없는 사회적 상황과 사건에도 이를 적용시킨다. 심지어 그러한 물리적 힘이 전혀 나타나지 않았는데도 종종 잘못보고 부정확한 판단과 선택을 내린다.

우리는 '상승세'를 탔다

몇 가지 실험을 살펴보자. 일리노이 대학교의 심리학자 닐 로즈는 사람들의 운동 지각이 사회적 판단을 내리는 데 어떤 영향을 주는지를 연구하고 있다. 한 실험에서, 로즈는 참가자들에게 심각한 고속도로 충돌 장면을 담은 두 가지 시뮬레이션을 보게 했다. 둘 다 실제 법정에서 사용하기 위해 준비한 것이었다. 하나는 2차선 고속도로에서 자동차가 트랙터 트레일러를 추월하려다가 마주 오던 트랙터 트레일러와 정면충돌한 것이었다. 다른 하나는 트랙터 트레일러가 천천히 움직이는 차를 피하기 위해 방향을 틀다가 정반대 방향으로 들어오는 버스와 충돌한 것이었다.

연구 목적을 위해 참가자들의 일부는 가장 끔찍한 장면은 보지 않고 충돌 바로 직전의 시뮬레이션을 봤다. 시뮬레이션을 보는 것 외에도, 마치 변호사가 전통적인 법정 증언을 하듯 사고에 대한 설명을 읽고 도표를 보게 했다. 그러고는 모두에게 배심원들처럼 사고 발생 가능성을 추정하라고 요청했다. 가장 흥미로운 결과는 심지어 불완전한 시뮬레이션을 봤을 때도 참가자들은 충돌을 피할 수 없는 걸로 '인지했다'는 것이다.

움직임, 추진력, 궤도를 가진 역동적인 사고를 하면 직관적 물리학이 작동하기 시작하고 그 결과에 대해 과신하게 된다. 로즈는 이러한 새로운 심리적 현상을 '경향 효과(propensity effect)'라고 부르는데, 이는 모멘텀 휴리스틱이 발현된 것이다. 이러한 본능 수준의 느낌은 스포츠팬들에게 가장 익숙할 것이다. 예를 들어 야구팬들은 외야 관람석을 향해 공이 날아오는 걸 본 순간 그것을 잡을 수 없다는 걸 본능적으로 안다. 실제로 팬들은 홈런이라는 걸 깨달으면 일시적인 흥분을 느끼지만 이후 실망감을 느낀다고 한다.

이러한 결과들은 중요한 법적 영향력을 가진다. 컴퓨터 시뮬레이션이 설득력 있는 증거로 법정에서 사용되는 경우가 늘고 있기 때문이다. 하지만 실제로는 그것보다 더 많은 영역에서 영향을 미친다. 분명 움직임에 관한 한, 우리의 마음은 어떤 물체가 장차 어떤 위치에 놓이게 될지에 대한 예상에 상당한 영향력을 행사한다. 단지 물리적 물건들만이 아니라 인생의 사건들도 마찬가지다. 물리적 세상과 속도나 추진력 같은 힘들에 대한 타고난 감각은, 심리적 세상에 대한 우리의 이해에 직접적으로 이어진다.

스포츠 세계를 보자. 팬들과 선수들은 모두 대회에서 개인적 모멘텀과 팀 모멘텀이 존재한다고 확신한다. 아직 분명한 이유는 밝혀지지 않았지만, 갑자기 선수들의 승운이 좋아지거나 뛰어난 능력을 발휘하는 경우가 있다. 혹은 갑자기 모멘텀을 잃어버려 상대에게 유리하게 전환되기도 한다. 이건 단지 마법적 사고에 불과한가, 아니면 심리적 모멘텀이 성과에 영향을 준다는 의미인가?

심리학자들은 직관적 물리학과 경향 효과 그리고 그것과 전혀 관련 없어 보이는 태도와 믿음 간의 연관관계를 연구하기 시작해 흥미로운 결과를 얻었다. 일부 학자들은 뉴턴의 기본적인 물리법칙과 심리적 모멘텀 이론을 통합하는 작업에 착수하기 시작했다. 뉴턴의 물리학에 따르면 모멘텀, 즉 운동량은 속도 곱하기 질량이다. 간단하다. 하지만 인간의 동기와 성과 영역에서 의미하는 바는? 이론가들에 의하면 심리적 속도는 어떤 중요한 '사건'이 제공한다. 예를 들어 농구 경기에서 강력한 덩크 슛 같은 것이 대개 흐름을 바꾸는 큰 플레이다. 또한 이 이론에 따르면 질량은 사회적 맥락이 제공한다. 이때 사회적 맥락은 경기가 얼마나 중요한지, 이 경기의 결과에 얼마나 신경을 쓰는지와 같은 사람들의 관심이다.

내가 사는 워싱턴 D. C.에서 연중 가장 큰 미식축구 경기는 워싱턴 레드스킨스와 댈러스 카우보이스가 치르는 홈경기다. 일요일만이 아니라 경기가 열리는 '댈러스 위크(Dallas Week)' 내내 주된 화젯거리다. 심리학자들에 따르면 유별난 집중과 관심은 질량의 역할을 한다. 큰 플레이의 속도와 혼합되면 심리적 모멘텀, 즉 정서 영역에서 작동하는 보이지 않는 힘의 감각을 만들어낸다.

우리의 기대, 심지어 후회 역시 모멘텀 휴리스틱에 의해 형성된다. 오하이오 내학교의 심리학사 케이드 마크번과 코레이 쿤터는 한 연구에서 농구에 박식한 농구팬 집단을 뽑아 실제 농구 경기 장면을 보여줬다. 1998년 듀크 대학교와 노스캐롤라이나 대학교 간의 경기다. 레드스킨스 대 카우보이스의 대결은 강력한 라이벌인 듀크 블루 데빌스와 노스캐롤라이나 타힐스의 경기에 비하면 아무것도 아니다. 1998년 당시 블루 데빌스는 전국 랭킹 1위였고 타힐스는 2위였다.

10분간의 경기 영상이 실험에 사용되었다. 블루 데빌스는 비록 타힐스를 경기 내내 뒤좇아가는 신세였긴 해도, 15점 연속 득점하고 있었다. 최종적으로 블루 데빌스는 타힐스에 97대 73으로 졌다. 하지만 실험 참가자들은 그 사실을 알지 못했다. 인터뷰를 했더니 어느 누구도 이 경기를 기억하지 못했다.

심리학자들은 매분 영상을 멈추고 참가자들에게 두 가지 질문을 했다. 어느 팀이 지금 모멘텀을 가졌는가? 어떤 팀이 이길 거라고 생각하는가? 그리고 영상을 본 후에는 경기 도중의 어떤 특정 사건이 경기의 모멘텀을 전환하는 데 가장 중요했는지 물었다.

자료를 분석한 뒤, 심리학자들은 심리적 모멘텀에 대한 그들의 생각을 뒷받침할 어떤 확증을 얻었다. 대다수 팬들은 경기 중에 블루 데빌스가 모멘텀을 가졌다고 지각하고 계속 상승세를 이어갈 것이라고 예측했다. 질문을 받자 참가자들은 블루 데빌스에 모멘텀을 준 터닝포인트로 블루 데빌스 선수가 타힐스 선수에게 건 테크니컬 파울, 중요한 리바운드, 3점 슛을 꼽았다.

마크먼과 귄터는 질량에 대한 생각을 포함해 물리학과 심리학 간의 유사점을 보다 깊이 탐구하고자 했다. 여기서 심리적 의미에서 질량은 사건의 정서적 중요도를 말한다.

두 번째 실험에서는 참가자들에게 이스트미들랜드라는 매우 강력한 팀을 포함한 가상 농구 경기에 대한 시나리오를 읽게 했다. 일부 참가자들은 이스트미들랜드가 같은 구역에 있는 밀러스빌과 경기하는 시나리오를 읽었고, 또 다른 참가자들은 이스트미들랜드가 반대 동네 팀이자 지난 90년간 라이벌이었던 웨스트미들랜드와 경기를 한다는 시나리오를 읽었다. 두 시나리오에서는 이스트미들랜드가 치열한 경기 끝에 승리하고 플레이오프 자리를 놓고 상대팀과 경기할 예정이었다.

심리학자들은 참가자들에게 "이스트미들랜드 팀이 어떤 팀과의 경기에서 더 큰 모멘텀을 가질까"라는 질문을 던져 자신들의 이론이 예측한 결과를 얻었다. 이스트미들랜드 팬들은 오래된 라이벌과 싸우는 것이 중립적인 팀과의 승리보다 더욱 모멘텀을 준다고 믿었다. 비록 둘 다 랭킹에서 중요하지만 말이다. 정서적 중요도, 즉 '질량'이 심리적 모멘텀에 영향을 준다는 생각을 뒷받침해주는 사례다.

나는 뛰어난 운동선수는 아니다. 예전에는 스포츠 경기를 많이 봤지만 지금은 별로 보지도 않는다. 하지만 나는 '신들린 듯한 연속 득점'이나 '상승세를 탔다'는 어휘를 사용하고, 그걸 믿는다는 걸 고백한다. 그것은 물리적 힘처럼 느껴진다. 비단 스포츠만이 아니라 동성애자 결혼 같은 사회적 이슈, 주식시장, 정치 유세에서도 사람들은 모멘텀을 지각한다. 심지어 관계, 학교, 직업에서의 개인적 성과에 대한 지각에서도 모멘텀을 지각한다.

그럴 줄 알았다니까

잠시 제인에 대해 생각해보자. 제인은 가상의 인물인데, 할 일이 산더미 같다. 그녀는 최근에 너무 바빠서 아파트가 엉망이다. 그러다 마침내 한가한 일요일을 즐기게 되었다. 그녀는 자신을 위한 야심만만한 계획을 세운다. 집 안을 청소하고 에밀리 디킨슨의 시에 대한 20쪽짜리 보고서를 쓰기로 마음먹었다.

심리학자들은 참가자들에게 제인이 오후 1시에 청소를 시작해 오후 9시 무렵에 두 가지 일을 모두 마치길 바라는 시나리오를 읽게 했다. 일부는 그녀가 느릿느릿 깨작거리며 일하는 시나리오를 읽은 반면에, 다른 이들은 그녀가 별로 힘들이지 않고 척척 닦고 쓸고 문지르는 시나리오를 읽었다. 그러고는 참가자들에게 그녀가 보고서를 쓰는 모습을 상상하게 했다.

이 연구를 통해 심리학자들은 한 사건의 잔여 모멘텀이 전혀 다른 사건으로 이전될 수 있는지 살펴봤다. 그 결과는 다음과 같다. 제인이 집 안을 구석구석 척척 청소해나가는 모습을 '지켜본' 사람들은 제인이 보고서를 쓰기를 시작했을 때 그 기세를 몰아 마감시간인 9시에 다 마칠 거라고 생각했다. 단, 제인의 엄마가 전화를 걸어오지 않는다면 말이다.

심리학자들은 참가자들로 하여금 제인이 모멘텀을 잃었다고 생각하게 만들기 위해서 제인의 문제를 보다 복잡하게 만들었다. 그냥 천천히 계속하는 사람보다 모멘텀을 가진 사람이 제자리로 돌아오기 더 힘든지 알아보는 게 목적이었다. 그래서 마지막 연구에서, 우리는 보고서를 쓰는 제인과 재회하게 된다. 마감 두 시간 전, 그녀는 보고서를 반 정도 작성했다. 일부 참가자들은 제인이 '몰입해 작성한다'는 내용을 읽었다. 반면에 다른 이들은 단지 그녀가 보고서를 쓰고 있다는 내용만 읽었.

어머니가 전화를 걸어왔을 때 제인은 화가 났다. 어머니와의 전화 통화는 짧게 끝나는 법이 없다는 걸 알기 때문이다. 족히 40분은 전화기에 매달리게 될 것이다. 하지만 그녀는 착한 딸이어서 어쨌든 수화기를 집어든다. 이러한 예상치 못한 방해를 받으면 원래 하던 일로 되돌아가기가 얼마나 어려울까?

참가자들은 그녀가 모멘텀을 회복하는 것이 매우 어렵다고 여겼다. 많은 사람들은 고속도로를 달리다 멈춰야만 하는 자동차처럼 잃어버린 추진력을 되찾거나 속도를 다시 올리려면 노력이 따른다고 생각한다.

제인이 어머니의 시기 부적절한 전화로 인해 나가떨어져 모멘텀을 잃고 보고서 작성을 포기했다고 상상해보자. 아니 그보다 더 안 좋게 만들어보자. 만일 보고서를 제출하지 못하는 바람에 과목 이수를 못하게 됐다면 그녀는 나중에 어떤 식으로 그 사건을 이해할까? 대부분의 사람들처럼 그녀는 어쩔 수 없었다고 스스로에게 납득시킬 것이다. 어떤 식으로 그렇게 되는지 살펴보자.

모멘텀과 경향이 자신이나 타인이 장차 어떤 위치에 있게 될지에 관한 것이라면, 그 이면에는 사후해석이 있다. 우리는 어떻게 이렇게 되었는지를 설명하기 위해 사건과 행동을 계속해서 되돌아본다. 불행히도 우리가 과거를 되돌아보는 데 사용하는 렌즈는 종종 심하게 왜곡되어 있다. 심리학자들은 이러한 렌즈를 '사후확신편향(hindersight bias)'이라고 부른다. 이는 '난 이렇게 될 줄 알았어' 증후군으로 알려져 있다.

사후확신편향은 그 일이 일어나기 전에 비해, 일단 일이 일어난 후에는 결과를 피할 수 없는 것으로 더 확고히 여기게 된다는 걸 의미한다. 이것이 우리가 경험한 사건에서 배움을 얻어낸다는 의미는 아니다. 과거 사건에 대한 우리의 기억은 실제로 일어난 흔적에 대한 새롭고 더욱 강력한 기억에 의해 가려지는 것처럼 보인다. 그래서 우리는 진짜 과거에 대한 기억을 있는 그대로 유지하기 힘들다.

이러한 인지적 편향은 양날의 칼날이다. '이렇게 될 수도 있었는데' '다르게 할 수 있었을 텐데' 하며 끝없이 반추하지 않고 앞을 바라보고 나아가게 해준다. 한편, 나쁜 결과가 불가피하다고 믿는 것은 실수에서 배움을 얻지 못하게 만들고 자신의 행동에 대한 책임을 회피하게 만들기도 한다.

어떻게 하면 이러한 착각적 사고를 없앨 수 있을까? 어떻게 우리는 행동과 결과 사이의 관계를 더욱 정직하게 검토할 수 있을까? 난 '이렇게 될 줄 알았어' 효과에서 벗어나는 방법은 대안적 설명을 제안하는 것이다. 제인이 자신의 실패가 이미 정해진 결론이었다고 판단하는 대신에 "내가 엄마 전화를 무시했더라면 보고서를 제출하고 과목 이수를 했을 텐데"라고 말한다고 가정해보자. '만약 그랬더라면'이라는 설명은 불가피한 일이었다는 느낌을 줄여준다.

하지만 자동적으로 그렇게 되지는 않는다. 사실 대부분 그 반대현상이 일어난다. 심리학자들은 이러한 대안적 설명, 즉 일어나지 않았지만 일어날 수도 있었던 사건을 '사후가정사고(counterfactuals)'라고 부른다.

자동차 충돌 실험을 했던 심리학자 닐 로즈는 사후확신편향과 사후가정사고 사이의 관계를 알아보기 위해 여러 가지 실험을 했다. 대다수 연구들은 행방불명된 비행기나 시험 낙제 같은 상상 시나리오를 포함했다. 어느 경우든 참가자들은 곤란한 사건이 완전히 예측 가능하다고 결론 내렸다. 즉 그들은 사후확신편향을 증명했다.

로즈는 참가자들에게 "내가 더 많이 공부했더라면 통과했을 텐데" "내가 좀 더 잘 준비했더라면 비행기를 탈 수 있었을 텐데" 등 '만약 그랬다면'이라는 사후가정사고로 그러한 편향된 사고를 반박하라고 요구했다. 하지만 이러한 인지적 해독제들은 실패했다. 이렇게 주입된 생각들은 착각적 사고를 원상태로 돌리기 위해서였지만, 대다수 경우에 정반대 효과를 냈다. 오히려 불가피한 결과였다는 느낌을 강화했다.

하지만 가상 시나리오는 말 그대로 가상적인 상황이었다. 로즈는 실제 현실에서 이러한 아이디어를 확인하고 싶었다. 그래서 그와 그의 제자 사미프 마니아르는 노스웨스턴 대학교에서 축구팬들의 마음을 연구하기로 했다. 많은 관객을 동원하는 스포츠는 훌륭한 심리학 실험실 역할을 한다. 경기에 열정적으로 참여한 덕분에 최소한 짧은 시간 동안이나마 정서와 사고에 강한 초점을 맞출 수 있어 추론의 정상적 왜곡이 더욱 과장되어 나타나기 때문이다.

로즈와 마니아르는 연구를 위해 1995~1996년 시즌 노스웨스턴 대학교 축구팀의 세 경기를 선택했다. 세 경기 모두 빅10경기연맹(Big Ten Confernce, 미국에서 가장 오래된 대학교 미식축구 스포츠 연맹—옮긴이) 경기로 노스웨스턴 대학교의 디치 경기장에서 벌어졌다. 10월에는 위스콘신 대학교, 11월에는 펜실베이니아 대학교, 아이오와 대학교와 대결했다.

예기치 못한 반전이 연구를 예상보다 더 흥미롭게 만들었다. 비록 노스웨스턴 대학교가 저명한 빅10경기연맹에 속해 있긴 해도 다른 팀에 비해 그다지 뛰어나진 않다. 하지만 그 시즌 동안 와일드캣(노스웨스턴 대학교의 마스코트—옮긴이)은 신데렐라였다. 모두의 예상과 달리, 라이벌 세 팀을 모두 물리치고 1996년 로즈볼(Rose Bowl) 초대권을 획득했다. 그건 사후확신편향을 연구할 좋은 기회였다. 심리학자들은 와일드캣 팬들에게 경기 전에 노스웨스턴이 승리할 가능성과 점수를 예측하라고 했다. 10점 이상의 점수 차로 질 것인가 아니면 10점 이하로? 혹은 10점 이상의 점수 차로 승리할까 아니면 10점 이하로? 또한 어느 경기에서든 전체적 우세의 지표인 350야드를 얻을 가능성을 예측하게 했다.

그런 다음 다들 경기를 봤다. 경기가 끝나고 연구원들은 캠퍼스로 돌아가는 셔틀버스에 탄 와일드캣 팬들을 격리시킨 뒤 경기가 벌어지기 전에 가졌던 기대를 회상하라고 했다. 와일드캣 응원자들은 예측의 힘을 과장했다. 심지어 와일드캣이 승리할 가능성이 낮은 팀이었는데도 팬들은 상황 전복이 일어나리라는 걸 이미 다 알고 있었다는 식이었다.

심리학자들은 이러한 착각적인 사고를 되돌리기 위해 일부 팬들에게 "킥오프에 패널티가 아니었더라면 우리는 졌을지도 몰라" "그 실수가 아니었더라면 정말 압도적으로 우세했을 텐데"라는 식으로 경기가 다른 식으로 진행될 수 있었을지 상상하게 했다. 대안적 결과, 즉 현실에 대한 대안을 상상하면 당연히 이렇게 될 일이라는 착각을 약화시킬 거라는 생각에서였다.

하지만 행방불명된 비행기나 시험 낙제 연구와 마찬가지로 다른 과거를 상상하는 것은 "그럴 줄 알았다니까"라는 팬들의 믿음을 강화하고 부추길 뿐이었다. 그들의 생각은 이런 식이었다. "물론 다른 결과가 나올 수도 있었지. 하지만 그렇지 않았어. 운명이라니까."

그럼 이러한 인지적 특질을 어떻게 봐야 할까? 와일드캣의 경기장 아니 스포츠 영역을 벗어나보자. 인생에서 불가피성과 예측 가능성의 느낌은 분명 활력소가 될 수 있을 것이다. 자신이 모든 결과를 완벽하게 통제하지 못한다는 사실을 알면 한결 마음이 편해진다. '이렇게 될 수도 있었는데'라는 생각에 집착하는 건 건강에 해롭다. 과거에 집착하면 아무것도 못하게 되니까. 하지만 작은 후회는 그다지 나쁜 건 아니다. 대부분의 사후가정사고가 그러하다. 피할 수 있었던 실수를 후회하거나 더 나은 결과를 낼 수 있었을 거라고 상상하는 것, 이랬더라면 하는 생각은 저절로 들게 마련이다. 사후확신편향과 후회하는 마음은 파트너 관계로, 같은 인지적 동전의 양면이다. 세상을 더 잘 이해하게 만드는 휴리스틱적 힘들의 상호작용이라 하겠다.

로버트 프로스트의 시 〈가지 않은 길〉은 이러한 심리적 역학을 서정적으로 표현했다. 시 속의 여행자는 숲 속에서 두 갈래 길을 만나 선택을 내려야 한다. 그건 인생의 어려운 결정이다. 약간의 내면의 갈등을 겪은 뒤 그는 선택을 내린다. 마지막 구절은 모멘텀에 대한 강한 느낌과 인생의 불가피성에 대한 의심의 상호작용을 잘 잡아냈다. 그는 자신의 선택을 되돌아보며 미래의 자신을 그려본다.

나는 한숨을 쉬며 얘기하겠지.
아주 먼 훗날 어딘가에서.
숲에서 두 갈래 길을 만났었네.
나는 사람들이 덜 가는 길을 택했지.
그리고 그것이 모든 걸 바꿔놨지.

>>>

우리가 코요테를 비웃는 근원적인 이유는 인생의 선택을 후회하는 근원적인 이유와 같다. 우리의 마음은 움직이는 물체들의 위험한 세상에서 진화했다. 그리고 우리는 현대의 감수성과 복잡한 사회에 맞게 이러한 물리학 교훈들을 적응시켰다. 이 세상을 헤쳐나가는 것은 추락과 충돌을 피하는 것 이상이다. 4장의 '유창함 휴리스틱'에서 보듯, 우리 사회는 시리얼 박스에 적힌 글부터 주식 시세, 정치인들의 화려한 미사여구까지 텍스트 단서들로 가득하다. 이러한 단서들의 일부는 우리에게 익숙하고 일부는 낯설다. 그리고 우리가 이러한 텍스트 단서에 반응하는 방식은 정치 성향부터 위험 대응 방식까지 우리의 모든 인생사에 영향을 준다.

4

유창함 휴리스틱 The Fluency Heuristic
왜 우리는 익숙한 글씨체에 호감을 보일까

이미 잘 알고 있는 걸 선호하는 건 인간의 근원적인 본질이다. 익숙함은 우리가 얼굴, 대화, 사설, 주식 공모, 스키 슬로프 등 세상의 모든 측면을 처리하고 이해하는 방식에 영향을 준다.

다음과 같은 질문을 생각해보면 이러한 편향이 얼마나 근원적인지 이해할 수 있다. "모세는 방주에 동물을 몇 마리씩 실었을까?" 속임수 질문이다. 잠시 곰곰이 생각해보면 정답이 무엇인지 알 수 있다. 그런데 대다수 사람들은 문제를 듣자마자 "두 마리"라고 대답한다. 머릿속에 오토매틱 파일럿(automatic pilot, 자동조종장치)이 작동하는 데다 이 질문은 익숙한 요소를 갖고 있기 때문에 제대로 질문을 듣지 않는 탓이다. 조금만 주의를 기울였더라면 문제가 잘못되었다는 것을 알아차리고 이렇게 말할 것이다. "방주에 동물을 실은 사람은 모세가 아니라 노아야." 하지만 우리는 정보를 대충 얼버무리는 경향이 있다. 그리고 우리 주변에서 일어나는 일을 분석하는 데 시간을 투자하지 않으려 한다.

인지심리학자들은 우리가 흔히 저지르는 이런 오해를 '모세 착각(Moses illusion)'이라고 부른다. 모세 착각은 우리가 날마다 어떻게 문제를 처리하는지를 이해하는 데 중요한 역할을 한다. 왜냐하면 이것은 우리가 읽는 것과 사람들이 말하는 것, 즉 우리가 접하는 모든 대화와 텍스트를 처리하고 이해하는 방식이기 때문이다. 언어는 우리가 주의를 기울이지 않는다면 갖가지 방식으로 우리를 함정에 빠트릴 수 있는 왜곡들로 가득하다. 하지만 주의를 기울여야 할지 아닐지를 무엇이 판단하는가?

메뉴판은 단순하게 적어라

과학자들은 유창함 휴리스틱의 힘을 측정하기 위해 모세 착각을 사용한다. 유창함 휴리스틱은 우리의 가장 근원적인 인지적 전략 가운데 하나로, 우리가 세상에서 만나는 모든 것들의 손쉬움과 익숙함에 의해 흔들린다는 걸 잘 보여주는 휴리스틱이다. 우리는 특정한 정보를 더욱 빠르고 수월하게 처리할 뿐만 아니라 더 좋아하고 더 신뢰한다.

좀 전의 속임수 질문에 대해 잠시 생각해보자. 만일 이렇게 물었다면 어떤 대답이 나올까? "빌 클린턴이 방주에 동물을 몇 마리씩 실었을까?" 당신은 결코 속지 않을 것이다. 당신의 뇌는 빌 클린턴이 노아의 대체물로 받아들여지지 않는다는 걸 즉각 알아차리기 때문이다. 인지적 오버랩이 없다. 하지만 모세와 노아는 둘 다 《성경》에 나오는 인물들이며, 물과 관련된 이야기에 등장하는 수염이 긴 남자이므로 오버랩되기가 쉽다. 그래서 이런 왜곡을 해결하려면 약간의 수고가 필요하다.

언어의 접근 가능성(유창함)이 우리가 비논리적 사고를 잡아낼 정도로 마음의 속도를 늦출지의 여부를 결정한다고 추정하는 심리학자들이 늘어나고 있다. 미시건 대학교의 송현진과 노버트 슈와츠는 이러한 생각을 테스트하기 위해 여러 가지 재미있는 실험들을 했다. 한 실험에서, 그들은 참가자 집단에 모세에 관한 속임수 질문을 던졌다. 질문은 종이에 적혀 있었는데, 실험 목적을 위해 그들은 질문을 쉽게 인지할 수 있도록 혹은 어렵게 만들기 위해 간단하지만 교묘한 조작을 했다.

참가자의 일부는 읽기 쉽게 평범한 글씨체로 된 또렷하고 검은색으로 인쇄된 질문지를 받았다. 우리가 책에서 흔히 접하는 글자들과 크게 다르지 않다. 또 다른 참가자들은 익숙하지 않은 글씨체로 흘려 쓴 데다가 밝은 회색으로 인쇄되어 읽기 힘든 질문지를 받았다.

그 결과, 읽기 어려운 글씨체로 된 질문지를 읽은 사람들은 모세 착각에 덜 속았고, 읽기 쉬운 글씨체로 선명하게 인쇄된 질문지를 읽은 사람들은 두 마리라고 즉각 반응하는 경우가 많았다. 얼핏 보기엔 반직관적으로 보이지만, 심리학자들이 예측한 결과 그대로였다.

우리 뇌는 익숙하지 않은 회색 글씨체를 유창하게 처리하기 힘들다. 그래서 처리 속도를 줄이고 보다 숙고적인 스타일로 전환하게 된다. 일단 뇌가 글씨체를 해독하기 위해 처리 속도를 줄이면 좀 더 시간을 들여 논리상의 오류를 알아차린다. 듀얼 프로세서 브레인의 관점에서 표현하면, 느리고 분석적인 뇌는 즉각 발화되는 뇌보다 더 현명한 판단으로 이어진다.

하지만 유창함 휴리스틱이 항상 유리하게만 작동하는 건 아니다. 바로 여기서부터 재미있어진다. 송현진과 슈와츠는 또 다른 실험을 했다. 질문을 다음과 같이 바꾼 것 말고는 똑같은 방식이다. "뻐꾸기시계, 초콜릿, 은행, 휴대용 칼로 유명한 나라는 어디일까?" 금세 나올 정답은 스위스다.

물론 또렷한 검은색 글씨체로 된 질문지를 읽은 사람들은 열에 아홉이 제대로 맞췄다. 그들의 뇌는 맡은 바 임무를 수행해냈다. 하지만 읽기 어려운 회색 글씨체로 된 질문지를 읽은 사람들은 절반만 맞췄다. 이건 놀랍고도 큰 차이다. 보는 방식의 난이도가 높으면 뇌가 더 느리게 작동하며 더 심사숙고하게 되고, 그로 인해 질문에 대해 과도하게 집중해 실제보다 더 어렵게 만든다.

이 실험은 유창함 휴리스틱이 많은 정신적 수고를 들일 필요 없이, 자동적으로 잘 작동하는 사례다. 하지만 이런 강력한 편향은 종종 형편없는 선택을 내리게 만들므로 주의해야 한다. 당신이 매일 돈을 쓰며 내리는 경제적 결정들에 대해 생각해보자. 이 모카라테가 정말 4달러의 가치가 있는가? 당신이 선택한 후보자에게 200달러를 후원하겠는가? 자녀에게 10만 달러나 드는 대학 교육을 시키는 것에 대해 어떻게 생각하나? 이처럼 우리는 매일같이 스스로에게 "그래, 그 가치는 얼마지?"라는 질문을 던진다.

물론 그러한 질문에 절대적이고 보편적인 대답은 없다. 결정이 어려운 것도 그 때문이다. 가치와 값어치를 판단하는 것은 서로 비교를 거부하는 상품들과 돈에 관한 태도와 느낌의 복잡한 혼합이다. 당신은 배관공을 부르는 것이 라디오를 사거나 고양이를 사는 것보다 더 가치 있다고 말할 수 있을까? 이러한 것들이 지갑의 돈을 꺼낼 가치가 있는가? 하지만 우리는 자신 있게 이러저러한 교환을 하면서 날마다 선택을 내린다.

심리학자들, 특히 행동경제학자들은 우리가 물건의 가치를 평가하는 방식에 큰 관심을 가지고 있다. 이것이 이성적 결정이 아니라면 과연 무엇일까? 어떻게 뇌는 인생의 각 시장에서 일어나는 엄청난 혼란을 정리한 뒤 뭔가를 선택할 수 있을까?

프린스턴 대학교의 심리학자 다니엘 오펜하이머와 뉴욕 대학교의 아담 알터는 우리가 내리는 많은 경제적 결정이 객관적 가치와 거의 상관없다고 생각한다. 시장에서의 선택은 세상에 대한 뇌의 기본적 지각을 비롯해 이러저러한 지각들이 안락과 편안함에 대한 기분을 형성하는 방식과 더 관련 있다고 본다. 이 관점에서 보면, 심지어 통화마저도 한 국가의 경제 안에서 절대적이고 분명한 가치를 갖고 있지 않다. 지폐와 동전의 숫자들에 상관없이 돈의 진짜 가치는 일정 부분 개인의 마음에서 나온다.

일련의 실험에서 두 심리학자들은 심리적 안락이나 불편을 유발함으로써 우리의 경제적 선택에 영향을 주는 단서들을 연구했다. 그 결과 우리의 경제 행위가 모세 착각에서 작동한 유창함 휴리스틱에 의해 유발된다는 것을 밝혀냈다.

기본적으로 낯설거나 도전적인 환경일 때 근심하고 경계하는 건 인간의 본성이다. 우리는 익숙하고 이해 가능한 환경에서는 경계심을 늦춘다. 서론에서 예로 든 눈사태 사고로 돌아가보자. 대다수의 사고는 희생자들이 익숙한 곳에서 벌어졌다. 그건 유창함 휴리스틱의 한 버전으로, 세상이 더욱 위협적이었던 시절부터 인간의 내면에 깊이 내재된 것이다. 하지만 금융계를 비롯해 오늘날 우리가 살아가는 현대사회에는 경계 태세를 알리는 단서들이 분명하지 않다. 때로는 거의 탐지할 수 없다. 심리학자들은 실험실에서 이러한 미묘한 신호들을 탐구했다.

오펜하이머와 알터는 참가자 집단에 1달러로 클립, 껌, 종이냅킨 같은 일상적 물건을 얼마나 살 수 있는지 평가하게 했다. 참가자들의 일부는 조지 워싱턴이 인쇄된 익숙한 1달러 지폐를 받았고, 다른 이들은 같은 가치를 지니지만 덜 익숙한 수전 앤서니가 새겨진 1달러 동전을 받았다. 참가자들은 익숙한 지폐가 덜 익숙한 동전보다 더 많은 구매력을 갖는다고 믿었다. 물론 그건 논리적이지 않다.

참가자 일부에게 보기 드문 토머스 제퍼슨이 그려진 2달러짜리 지폐를 주고 다른 사람들에게는 1달러짜리 두 장을 줄 때도 같은 결과를 얻었다. 사람들은 토머스 제퍼슨이 그려진 2달러 지폐를 본 적이 없는 것은 아니지만 2달러짜리라는 단위의 낯설음이 가치를 낮게 평가하게 만들었다.

왜 그런 걸까? 오펜하이머와 알터는 이러한 비이성적인 행동이 우리의 가장 근원적인 정신적 프로세스에 뿌리를 둔다고 믿는다. 세상은 다양한 종류의 자극들로 가득하다. 이 중 일부는 다른 것들에 비해 더 익숙하다. 그리고 뇌는 익숙한 것들을 더 빨리 힘들이지 않고 직관적으로 처리하도록 되어 있다. 더 어렵거나 이질적인 단서들은 더 많은 정신적 수고와 더 꾸준한 심사숙고가 필요하며, 뇌는 보다 안전을 기하기 위해 신중하고 계산적인 스타일로 전환된다. 우리는 조지 워싱턴이 인쇄된 익숙한 1달러는 소중한 물건이라는 걸 직관적으로 알아차리만, 수전 앤서니가 새겨진 1달러짜리 동전은 낯설어한다. 이런 차이는 우리가 '1달러의 가치'를 아는 것이 얼마나 어려운지 잘 보여준다.

뭐, 그리 대단한 걸 알아낸 것 같진 않다. 하지만 그 이상의 것이 있다. 심리학자들은 이 같은 인지적 성향이 상품에 대한 우리의 지각과 태도를 어떻게 형성하는지 알아보기 위해 글씨체를 조작했다. 이 실험에서는 모두에게 익숙한 1달러짜리 지폐를 주었지만 글씨체를 조작해 참가자들을 상품에 더 혹은 덜 접근하게 만들었다. 즉 참가자들의 일부는 검은색 글씨체로 또렷하게 인쇄된 껌과 클립을 구매했고, 반면에 다른 이들은 읽기 어려운 회색 필기체로 인쇄된 것들을 골라야 했다. 기본적으로 앞서 설명한 것과 같은 조작이다. 가급적 낯설지 않게 만들어, 기본적 지각에는 영향을 주지 않게 했다. 하지만 이렇게 기본적인 수준의 차이에도 경제적 판단에는 영향을 줬다.

실험에서 참가자들은 낯설고 인지하기 어려운 형태로 주어졌을 때 똑같은 상품이라도 덜 가치 있는 것으로 평가했다.

최근 많은 레스토랑들은 매우 단순하고 분명한 디자인으로 메뉴판을 바꾸었다. 가격을 달러와 센트를 함께 표기하는 전통적인 방식 대신 단정한 고딕 글씨체로 10이나 10.5처럼 표기했다. 이 연구는 손님들이 이러한 극명한 단순함에 긍정적으로 반응할 것이라는 걸 암시한다.

이러한 결과는 앞서 주식시장에 대한 도발적인 연구에서도 나타났다. 오펜하이머와 알터는 주식 공모를 살펴본 결과, 최소한 단기적으로는 투자자들이 읽기 쉬운 이름을 가진 회사를 더 높게 평가한다는 걸 알게 되었다. 예를 들어 바닝스(Barnings)라는 이름을 가진 회사가 애개두스(Aegeadux)라는 이름을 가진 회사들보다 더 성과가 좋았다. 단지 이름이 인지적으로 더욱 익숙하다는 이유만으로 말이다.

낯선 발음은 위협적이다

이런 기이한 현상들은 결국 무엇을 말하는가? 익숙함에 대한 편향은 약간 기이하긴 해도 나쁜 건 아니다. 사실 우리가 일상적으로 내리는 경제적 의사결정에 유창함 휴리스틱은 필수적이다. 만일 우리가 논리적으로 모든 시장 결정을 내리려고 한다면 우리는 꼼짝달싹 못하게 되고 금융계는 마비될 것이다. 하지만 물건 구매를 위해 쇼핑몰을 찾을 때는 익숙함 편향에 주의해야 한다.

단지 쇼핑몰에서뿐만 아니라 일터, 헬스장, 동기부여가 필요한 다른 곳은 어떤가? 세상의 복잡성이 실제로 우리를 고무시키는가 아니면 포기하게 만드는가? 이런 식으로 생각해보자. 루브 골드버그의 만화를 기억하는가? 그의 만화는 매우 간단한 일상적인 일을 해내기 위한 일련의 복잡한 '지시사항'을 그리고 있다. 예를 들어 스스로 작동하는 냅킨을 사용하려면 앵무새, 시가 라이터, 로켓, 낫, 다양한 끈과 용수철과 추를 포함해 수십 가지의 연속적 단계를 거쳐야 한다. 그의 만화는 인간 심리 저변에 자리한 본능적인 부분에서 재미를 뽑아냈기 때문에 사람들을 웃게 만든다.

우리는 다들 수고스런 일은 어떻게든 피하려고 한다. 그게 인간의 본성이다. 새로운 운동 프로그램을 배우거나 통계학 수업을 듣고 있다고 생각해보자. 과도하게 설명하는 건 오히려 더 복잡하게 만들어 도움이 되지 않는다. 루브 골드버그의 복잡한 방법론적 지시사항은 우리를 웃게 만들지만 또한 기진맥진하게 만들기도 한다. 냅킨 하나를 사용하기 위해 그런 일들을 다 해야 한다면 뭐 하러 스스로 작동하는 냅킨을 사용한다는 말인가?

과학자들은 동기와 인지적 수고 간의 복잡한 상호작용이 우리가 일을 버겁게 혹은 쉽게 여기는 데 영향을 주는지 연구하고 있다. 일이 설명되고 처리되는 방식의 단순함(혹은 복잡함), 그러니까 그것에 대한 익숙함이나 어려운 느낌이 일 자체에 대한 우리의 태도에 영향을 줄 수 있을까? 쉽다거나 어렵다는 느낌이 실제로 일 자체에 대한 태도에 그리고 궁극적으로는 일하게 할 의지에도 영향을 미칠까?

이것은 얼핏 보기엔 설득력이 없는 것 같다. 하지만 모세 착각에 대해 연구했던 송현진과 슈와츠는 실험실에서 도움이 될 만한 것을 발견했다. 그들은 스무 살 대학생들에게 규칙적으로 운동하도록 동기를 부여할 수 있는지 알아보고자 했다. 규칙적인 운동은 쉬운 일이 아니다. 그들은 참가자들에게 규칙적인 운동습관을 위한 서면 지시사항을 전달했다. 하지만 글씨체 속임수를 사용해 지시사항을 이해하기 쉽게 혹은 어렵게 만들었다. 일부는 간단하고 단정한 에리얼(arial) 글씨체로 인쇄된 지시사항을 받았고, 반면에 다른 이들은 마치 붓으로 쓴 것 같은 글씨체로 인쇄된 지시사항을 받았다.

학생들이 지시사항을 다 읽은 뒤 연구원들은 운동 계획에 대해 얼마나 오래 계속할 생각인지, 자연스럽게 될지, 계속 미룰지, 푹 빠질지, 지루할지 등 몇 가지 질문을 던졌다. 그들은 또한 앞으로도 운동을 습관적으로 날마다 할 수 있을지 물었다. 연구 결과는 주목할 만했다. 간결하고 접근 가능한 글씨체로 된 지시사항을 읽은 사람들은 앞으로의 운동 계획에 훨씬 더 개방적이었다. 그들은 그다지 시간이 걸리지 않고 별로 힘들이지 않고 쉽게 할 수 있을 거라고 믿었다. 더욱 중요한 건, 운동을 일과의 일부로 받아들이려 했다는 점이다. 그들은 운동을 하기로 계획을 세웠다. 그들의 뇌는 운동 지시사항의 읽기 쉬움을 실제로 일어나서 운동기구를 들어올리는 일의 쉬움으로 착각한 것이다. 이러한 오해는 그들의 인생을 상당히 변화시킬 선택에 대해 실제 생각해보게끔 했다. 반면 읽기 어려운 글씨체로 된 지시사항을 읽은 사람들은 읽는 것만으로도 지쳐서 나가떨어졌고 운동하러 갈 의욕을 갖지 못했다.

이것은 단지 한 실험에 의해서만 나타난 결과가 아니다. 송현진과 슈와츠는 여러 방식으로 질문을 바꾸었다. 그중 하나는 전혀 상관 없는 활동을 포함했다. 바로 요리다. 스크램블드에그 같은 쉬운 요리가 아니라 실험의 목적을 위해 새로운 요리법인 일본요리를 배우게 했다. 다시 한 번, 그들은 읽기 쉬운 글씨체와 읽기 어려운 글씨체를 사용한 스시롤 요리법을 읽었다. 참가자들은 요리법을 읽은 뒤에 요리를 만드는 데 얼마나 오래 걸릴지, 그걸 하고 싶은지 여부를 평가했다. 또한 스시롤을 준비하려면 프로 요리사에게 얼마나 많은 기술이 필요한지에 대한 질문도 받았다.

전혀 낯선 영역이었지만 결과는 기본적으로 전과 같았다. 읽기 힘든 글씨체로 된 요리 지시사항을 읽은 사람들은 일본요리를 시간이 많이 걸리고 고차원의 요리기술을 요하는 것이라고 파악해 직접 해보려고 하지 않았다. 읽기 힘든 글씨체가 해당 일 자체를 힘든 것으로 인식하게 만들었고 그 결과 해당 일에 대한 회피로 나타났다. 반면 이해하기 쉬운 글씨체로 된 지시사항을 읽은 사람들은 칼을 갈고 주방으로 가려는 모습을 많이 보였다.

우리의 뇌는 하루를 살아가기 위해 각종 속임수와 지름길을 사용한다. 하지만 이러한 자동적 판단은 경계하는 게 좋다. 그냥 놔둔다면 사고와 행동을 혼동하는 우리의 성향이 미심쩍은 선택을 실제보다 더 쉽고 바람직하게 보이게 할 수 있다. 혹은 우리의 건전한 습관과 창조적인 탐험을 방해할 수도 있다. 결국 대부분의 경우, 앞서 예로 든 루브 골드버그 만화에 나온 스스로 작동하는 냅킨을 사용하는 일처럼, 보이는 것보다 훨씬 단순한 것인데도 말이다.

기이한 글씨체를 이용한 실험은 유창함 휴리스틱을 시뮬레이션하는 편리한 방법이지만, 실제로도 이러한 일은 벌어지고 있다. 날마다 우리는 갖가지 방식으로 제공되는 세상의 정보에 직면한다. 어떤 것은 다른 것보다 쉽게 접근 가능하고, 어떤 건 음운이 맞고, 어떤 건 삽화가 많고, 어떤 것은 이해 불가능한 단어를 사용하고, 또 어떤 것은 표현이 까다롭다. 상당수는 우리가 뭔가를 이런저런 식으로 하게끔 설득하고 혹은 하지 말라고 경고한다.

송현진과 슈와츠는 유사한 실험을 한 가지 더 했다. 위험 지각과 관련 있는 연구인데, 글씨체 연구와는 달리 변수로 발음을 사용했다. 실제 단어를 말하는 것의 어려움이나 쉬움이 사람들의 태도와 의도에 영향을 주는지 알아보기 위해서였다.

그들은 참가자 집단을 놀이공원으로 데려갔다. 실제로 그런 건 아니고, 실험실에서 실시한 모의 실험에서 참가자들에게 롤러코스터를 상상하라고 말한 뒤 그걸 타는 게 얼마나 위험한지 추정하라고 했다. 일부에게는 춘타(Chunta)라는 단순한 이름의 롤러코스터를 상상하게 했고, 다른 이들은 바이바아토이시(Vaiveahtoishi)처럼 발음하기 어려운 이름의 롤러코스터를 상상하게 했다. 그들은 참가자들에게 짜릿하고 스릴 넘치는 '좋은 위험'과 추락할지도 모르는 '나쁜 위험'을 평가하게 했다.

바이비아토이시에 배정된 사람들은 더욱 흥분된다고 생각했지만 또한 위협적이라고 여겼다. 단순히 토할 것 같은 정도 이상이었다. 이처럼 단어 자체의 낯설음은 해당 물건을 위험한 것으로 지각하게 만든다. 우리는 날마다 위험과 관련된 결정을 내린다. 그리고 종종 그에 대한 잘못된 결정은 스릴 넘치는 놀이기구를 탈 때처럼 구토 이상의 두려움을 안겨주기도 한다.

잠시 2008년 미국 대선으로 돌아가보자. 공화당의 존 매케인은 더듬거리면서 어색한 연설을 했다. 그는 연설에 관해서는 자신이 상당히 불리하다는 걸 잘 알고 있었다. 그래서 민주당의 버락 오바마의 원대한 연설을 단지 웅변에 불과하다고 계속 무시했다.

하지만 멋진 연설은 사소한 게 아니다. 언어를 제대로 사용하지 못하는 것 역시 마찬가지다. 롤러코스터 이름 같은 표면적인 것이 사람들을 두려움에 질려 돌아서게 만든다면, 시원찮은 연설은 투표자들이 후보자의 생각을 위협적인 것으로 보게 만들지 않겠는가? 그리고 거꾸로 오바마의 공감을 주는 연설은 그가 말하는 내용의 요지를 덜 위협적이고 더욱 가능한 것으로 만들지 않겠는가?

>>>

고블러즈납에서 트래킹에 나선 백컨트리 스키어들 이야기로 되돌아가 보자. 눈 골짜기를 달변이나 유창함으로 생각하는 건 이상하지만 휴리스틱적으로, 그게 바로 노련한 스키어들을 잘못된 판단으로 이끌었다. 그들은 유타 산에 너무 많이 왔고 지형에도 익숙해서 속도를 늦추고 자세히 살펴볼 생각을 하지 않았다.

자신들은 인지하지 못했겠지만, 그들은 또한 휴리스틱적으로 다른 스키어들과 연결되어 있었다. 유창함 휴리스틱은 개인의 마음이 세상을 해석하는 방식을 형성한다. 하지만 세상을 살아가면서 우리가 진정으로 독립적 행위자인 경우는 찾아보기 힘들다. 세상에 대한 상당수 단서는 신문이나 은행거래 내역이 아니라 타인에게서 나온다. 우리는 남들의 신호를 보고 지각할 뿐만 아니라, 이러한 신호에 매우 원시적인 수준으로 반응한다. 우리가 인식하는 것 이상으로, 우리는 타인의 마음과 단단히 엮여 있고 우리의 행동과 태도는 이러한 상호작용에 의해 형성된다. 이러한 신경세포적 연결을 '모방 휴리스틱'이라 한다. 다음 장에서 살펴볼 모방 휴리스틱은 우리를 사회적 존재로 만드는 동시에 덜 완벽한 의사결정자로 만드는 인지적 힘이다.

5
모방 휴리스틱 The Mimicry Heuristic
군인들이 열을 맞춰 걷는 진짜 이유

    소파를 들어서 3층까지 옮기는 것은 제대로 찬사를 받지 못하는 일상의 기적들 가운데 하나다. 소파는 무겁고 부피가 크다. 계단은 가파르고 각이 진 데다가 난간도 있다. 혼자서 해낼 도리가 없다. 그런데 도와주는 사촌은 문제만 일으킨다. 어쨌든 당신은 해낸다. 서로 대화 없이 그저 투덜거리며 눈도 맞추지 않았지만 밀리고 밀며 소파를 들어올려 신기하게도 한 번에 집어넣었다. 어떻게? 남자들과 그들의 사촌들은 수세기 아니 엄청난 세월 동안 이러한 협력 묘기를 해왔다. 당시에는 소파가 아니라 떨어진 나무나 마스토돈(멸종한 매머드 형태의 포유류—옮긴이) 뒷다리였겠지만.

    협력은 너무나 자연스러운 일이라서 협력을 하자고 서로 말할 필요조차 없다. 어떨 때는 말 자체가 방해가 되기도 한다. 그런데 우리는 어떻게 두 사람의 복잡하고 독립적인 신경계를 한데 모아 그러한 복잡한 일을 해낼까? 해답은 종종 미묘한 방식으로 작동하는 모방 휴리스틱에 있다.

세상을 이해하기 위한 무의식적 모방 행동

노스웨스턴 대학교의 카일 리드는 일상적인 협력 행동에서 어떻게 지각과 촉각이 혼합되는지 알아보기 위해 심리학자들과 엔지니어들로 팀을 만들어 실험실에서 이러한 현상을 탐구했다. 엔지니어들은 소파를 계단 위로 옮기는 협력 행동을 시뮬레이션하기 위한 복잡한 장치를 만들었다. 실험실에서 두 '사촌'은 L자형 손잡이의 양끝을 잡는다. 둘은 스크린으로 분리되어 있어, 서로를 보거나 대화를 나눌 수 없지만 원시적인 비디오 게임을 하기 위해서는 L자형 손잡이를 함께 조작해야만 했다. 그런 뒤 그들은 다시 각자 혼자서 그 일을 했다.

수백 번의 시도 끝에 다소 의외의 결과가 나왔다. 각 참가자들은 혼자서 했을 때보다 누군가와 짝을 이뤘을 때 더 힘을 쓰며 더 열심히 일했다. 하지만 여기에 직관에 반하는 부분이 있다. 참가자들은 파트너와의 협력이 오히려 방해만 되고 자기가 더 힘을 쓰고 있다고 여겼다. 즉 상대방이 도움이 되지 않는다고 확신하는 것 같았다. 일부 참가자들은 실제로 파트너가 도움이 되었다기보다 방해가 되었다고 불평했다.

하지만 이러한 지각은 틀렸다. 실제 걸린 시간을 계산해보니 혼자서 하는 것보다는 함께 일할 때 더 효율적이었다. 그들은 상대방의 노력이 신체적 저항으로 작용해 오히려 더 힘이 들었다고 느꼈지만, 사실 그건 둘이 합심해 일을 해내게 만든 요인이었다. 다시 말해 연구원들은 비록 기계장치가 끼어들긴 했지만 두 참가자들의 육체적 접촉이 효과적인 의사소통 형태로 작동했다고 추정했다. 잡아당기고 밀리는 동작을 이용해 그들이 인식하지 못한 협력 전략을 만들어낸 것이다.

이러한 일상적 활동은 모방 휴리스틱이 우리가 인식하지 못하는 사이에 늘 작동한다는 점을 보여준다. 모방 휴리스틱은 육체적 접촉 행위에만 한정된 게 아니다. 원래는 거기서 유래되었지만, 오늘날엔 각종 사회적 상호작용에 더 좋게 혹은 더 나쁘게 영향을 미친다.

시트콤 〈사인필드〉에서 사례를 찾아볼 수 있다. 불운한 조지가 일레인의 남자친구 토니에게 반한 에피소드가 있다. 조지가 토니에게 성적으로 끌렸다는 얘기가 아니라 토니의 자신감과 용기에 매료되어서 자기도 토니처럼 되려고 애쓰는 내용이었다. 어느 날 조지와 토니가 식당에서 서로 마주 앉아 식사를 했다. 둘 다 야구모자를 쓰고 있었는데, 토니는 모자를 뒤로 돌려 쓰고 있었다. 그런데 식사를 하면서 조지는 차츰 모자를 뒤로 돌렸고, 마지막 장면에서는 완전히 뒤로 돌려쓴 모습이었다. 조지는 토니의 모습을 그대로 모방한 것이다.

이 사례는 대인관계에서 핵심부분으로 작용하는, 본인은 거의 의식하지 못하는 흉내 내기인 모방 휴리스틱을 포착한 것이다. 모방 휴리스틱은 조지의 처절한 모방처럼 늘 명확하게 나타나는 건 아니다. 단지 신체적 모방에 불과한 경우도 있다. 예전에 내가 말을 할 때마다 금세 내 말을 입 모양으로 흉내 내는 동료가 있었다. 그는 항상 내 말의 의미를 파악했으므로 내 말에 귀를 기울이고 있는 게 분명했다. 하지만 듣는 동시에 자신의 입술을 움직였다. 나는 그가 자기도 모르게 그런다고 확신했다. 그렇지 않았더라면 그가 나를 조롱한다고 생각했을 것이다.

그는 악의적으로 날 조롱한 게 아니라 단지 흉내 낸 것으로 드러났다. 그는 틱 장애(tic disorder, 특별한 이유 없이 자신도 모르게 얼굴이나 목, 어깨 등 신체 일부분을 반복적으로 움직이거나 이상한 소리를 내는 것으로, 주된 증상은 다른 사람을 불수의적으로 모방하는 것이다―옮긴이)를 앓고 있었다. 우리는 세상에 대한 이해를 돕기 위한 방식으로 신체적 움직임을 사용한다. 사실 지각은 움직임을 통제하는 뇌 세포들과 떼려야 뗄 수 없을 정도로 엮여 있다. 그는 나를 이해하기 위해, 나의 행동을 따라하거나 다시 체험한 것이다. 우리는 다들 이러한 종류의 인지적 처리를 한다. 비록 우리 대다수는 내면적으로만 그렇게 해, 상대방에게 방해가 되거나 화를 불러일으키게 하지 않지만. 실제 최근의 연구들은 뇌가 흉내 내도록 내재되어 있으며 그러한 모방은 우리가 사회적 존재라는 것을 증명한다.

이를 뒷받침할 만한 연구를 좀 더 살펴보자. 심리학자들은 지각과 움직임이 뇌의 다른 영역에서 담당하는 완전히 별개 과정이라고 생각했다. 일반적인 상식에 따르면 우리는 눈과 귀 등으로 세상을 지각하고 마음으로 지시를 보내는데, 바로 거기서 데이터를 처리하고 특정 방식으로 사지와 입술이 행동하도록 지시를 내린다. 하지만 그렇게 깔끔하게 구분되는 건 아니다. 루트거스 대학교 심리학자인 군터 크노블리치와 나탈리 세반츠의 최신 연구 결과에 따르면 우리가 행동을 하든 관찰을 하든 이는 중요하지 않으며, 모든 정신적 활동은 마음의 모방 휴리스틱을 활성화시킨다.

그것이 바로, 일부 자제심 없는 축구팬들이 그들이 좋아하는 스트라이커가 상대를 속이는 동작을 취할 때 자리에서 일어나 환호하고 흥분하는 이유다. 심지어 프로 골퍼들도 홀 쪽으로 퍼팅하기 위해 이러한 모방 휴리스틱을 사용한다. 동물 연구도 모방 휴리스틱의 생물학적 증거를 제공한다. 원숭이를 이용한 실험에서, 직접 물건을 잡거나 누군가가 물건을 잡는 행위를 볼 때 원숭이들의 뇌에서는 같은 신경세포들이 발화한다는 사실이 밝혀졌다. 결국 하는 것은 보는 것의 반영이며, 그 반대도 마찬가지다.

뇌의 신경세포는 타인과의 연결을 돕기도 하지만, 자신에 대한 자각도

가능하게 한다. 크노블리치와 세반츠에 따르면, 우리의 마음에는 댄스나 비디오게임 같은 특정 종류의 움직임에 대한 공통 코드나 대본이 있는데, 그것은 마치 컴퓨터 코딩처럼 매우 정교해질 수 있다. 예를 들어 고도로 훈련된 댄서의 뇌는 낯선 춤보다는 발레나 플라멩코처럼 자신이 훈련받은 춤을 볼 경우 더욱 빠르고 열정적으로 반응한다. 그리고 다른 사람이 아닌 본인이 춤추는 비디오를 볼 경우 뇌 활동은 더 활발해진다.

크노블리치와 세반츠에 따르면, 이러한 내부 수용기의 선별적 활성화 덕분에 우리는 자신의 행동과 타인의 행동을 구분할 수 있다. 비록 우리가 그다지 자주 스스로를 보지는 못하지만 행동하는 자신을 보는 것은 신경 세포에 더 큰 반향을 일으킨다.

듣기에도 공통 코드가 있다. 우리 뇌는 다른 사람보다 자신의 박수 소리나 피아노 연주에 더 민감하게 반응한다. 특정한 박수 소리나 피아노 연주 스타일이 마음속에 코드화되었기 때문이다.

크노블리치와 세반츠는 공통 코드 가설이 듀엣 연주, 카누 노 젓기, 소파 옮기기처럼 함께 일하는 방식을 설명해준다고 생각했다. 모두 우리를 사회적 동물로 만들어주는 일들이다. 그들은 이러한 역학을 과학적으로 시뮬레이션하기 위해, 함께 일하는 두 명의 참가자들이 붉은빛과 초록빛에 반응해 특정 버튼을 누르는 간단한 임무를 고안했다. 그러고는 또 다른 자극을 줘 참가자 가운데 한 명을 혼란시켰다. 그러자 두 참가자 모두 혼란을 느껴 주저했다. 우리는 다른 사람이 하는 행동을 모방하는 것이 자신의 성과에 나쁜 영향을 미친다는 점을 인지했을 때도 자신도 모르게 모방하는 듯하다. 최근 나는 스피닝(spinning, 자전거 페달을 돌리면서 상체는 음악에 맞추어 움직이는 운동—옮긴이) 수업에서 이런 사실을 체험하기도 했다. 스피닝 같은 단체운동에선 리더를 모방해야 한다. 나는 최대한 가까이에서 강사의 속도를 따라하려고 애를 썼다. 하지만 현저히 느리거나 아니면 빠른 속도로 페달을 돌리는 다른 사람이 있으면, 강사의 속도를 따라하기가 매우 어려웠다. 나는 다른 사람을 보지 않기 위해 시선을 돌려야만 했다.

이처럼 우리는 다른 사람과 연결되려는 욕구와 개별화되려는 욕구 사이에서 끝없는 긴장감을 느낀다. 실제 뇌파 연구가 이를 입증해준다. 순서를 기다리며 남들을 지켜보는 경우, 참가자들은 홀로 기다리는 것에 비해 다른 사람을 모방하지 않기 위해 더 많은 정신적 노력을 쏟는다. 심리학자들은 이러한 증거를 모방 휴리스틱이 모든 사회적 이해와 상호작용의 중요한 구성요소라는 의미로 받아들인다. 오랜 세월 동안 사회적 존재가 되려는 요구는 지각, 행동, 인지와 같은 우리의 기본적 심리 작용을 형성해왔다.

많은 휴리스틱들이 처음에는 신체에 의해 학습되었지만, 오늘날에는 넓은 범위의 사회적 활동에 적용된다. 1장에서 이러한 본능적 휴리스틱의 일부를 살펴봤다. 이러한 원시적 성향 때문에 모방 휴리스틱은 때때로 사회적 윤활유가 되기도 하며 때로는 덫이 되기도 한다.

나는 기숙사 클럽이 기숙사 생활과 사회생활을 장악한, 남자들만 득실대는 대학을 다녔다. 매년 겨울이면 신입생 대다수는 특정 기숙사로 몰려간다. 그 주간은 "제발 절 받아주세요. 전 당신들과 같답니다"라고 선언하는 의식을 치르는 것과 마찬가지다. 받아들여진 사람들은 가입 선서를 하지만, 희망자들 가운데 상당수는 거절당하고 크게 낙담한다. 기숙사 클럽은 인간 본질의 슬프고 노골적인 부분, 특히 배척의 잔인함과 속하고 싶은 간절한 욕구를 극명하게 보여준다. 심리학자들은 이러한 역학에 매우 관심을 가졌다. 이런 현상은 비단 기숙사에만 적용되는 것은 아니기 때문이다. 왜 집단이나 클럽의 일원이 되는 게 우리에게 그렇게 중요한 걸까? 그리고 거절당하지 않기 위해 우리는 어떤 인지적, 정서적 자원을 사용할까? 또 거절의 불가피함에 대처하기 위해서는 어떻게 해야 하나?

드루 대학교의 심리학자 제시카 라킨은 그러한 유대가 인간으로 살아가는 데 필수적이기 때문에 우리에게는 인생의 집단과 클럽에 들어갈 수 있는 전략이 내재되어 있다고 추정한다. 그녀가 이론화한 한 가능성에 따르면, 사회적 고립으로 위협당한 사람들은 자동적 모방에 의존한다. "나는 정말 당신들과 같습니다"라고 내집단(in-group)에 간청하고 변론하는, 원시적이며 언어 사용 이전의 형태를 보이는 것이다. 야구모자로 불안정한 흉내 내기를 보여준 조지를 다시 한 번 떠올려보자. 라킨과 그녀의 동료들은 신체적 모방과 집단의 일원이 되고자 하는 갈망의 연관관계를 증명하고자 했다.

라킨은 참가자들에게 미식축구와 비슷한 사이버볼 게임을 하도록 했다. 참가자들은 다른 참가자들을 상대로 경기를 하고 있다고 생각했지만, 사실은 컴퓨터가 경기의 상당 부분을 통제했다. 컴퓨터는 일부 선수를 포함시키도록 미리 프로그램되어 있었다. 그래서 참가자들은 동료 학생들에 의해 수용되거나 거부당한 기분으로 경기를 마쳤다.

경기가 끝나자 이번에는 학생들을 잠시 방 안에 혼자 앉아 있게 한 뒤 그들의 자연스런 발 동작을 녹화했다. 일부 참가자들은 다른 이들보다 더 안절부절못했다. 이러한 자연스러운 움직임을 연구의 기준선으로 사용했다.

녹화를 마친 뒤 한 젊은 여성이 방 안에 들어섰다. 겉보기엔 그녀도 같은 임무에 참여하러 온 것 같았다. 사실 그녀는 단순한 참가자가 아니라 일부러 발을 이리저리 부산하게 움직이면서 안절부절못하는 행동을 하기 위해 고용된 사람이었다. 그녀가 방 안에 들어와 발을 움직이기 시작하면 다른 참가자들이 발의 움직임을 늘리는지 알아보기 위해서였다. 심리학자들은 사이버볼 경기 이후에 거부당한 느낌을 받은 학생들이 수용된 학생들보다 더욱 무의식적으로 흉내를 내는지 알아보고자 했다.

결과는 그들이 예측한 대로였다. 참가자들은 분명 무의식적 노력을 통해 거부당한 느낌에서 벗어나고자 했다. 신체적 모방을 통해 새로운 사람과 친교를 맺으려는 행동을 보인 것이다. "이봐요, 나는 그들과는 다를지 몰라도 당신과 같은 부류예요!" 새로 들어온 사람에게는 거부당한 사람들이 같이 어울릴 수 있는 첫 번째 사람이었다. 그녀는 거부한 사람들에 속하지 않았기 때문이다.

라킨과 동료들은 이러한 무의식적 모방이 무차별적인지, 아니면 그들이 (실제 삶에서 대부분 그렇듯) 누가 자신들을 거부했는지 인식할 때 친교에서 이러한 원시적인 시도를 더욱 전략적으로 사용하는지 알아보고자 했다. 그래서 두 번째 실험에서는 여자들만으로 집단을 형성해 일부는 남자와, 일부는 여자들끼리 사이버볼 게임을 하게 했다. 게임 도중 일부는 거부당했고 일부는 그렇지 않았다. 게임을 마친 뒤에는 발 움직임 연구에 모두 참여했다.

심리학자들은 여자들이 내집단인 다른 여자들에 의해 거부당한다면 거부 감정을 더욱 쓰라리게 느낄 것이며, 이러한 거부는 결과적으로 남자보다는 또 다른 여자의 마음을 사려는 노력을 더 많이 하게 만들 거라고 예측했다.

다시 한 번 의도했던 결과를 얻었다. 모방과 간청이 무의식적으로 이루어지는데도 거부당한 사람들은 내집단에 속하기 위해 노력했다. 그들의 감정은 상처를 입었기 때문에 아무에게나 친해지자는 신호를 보내는 게 아니라 분명한 목적을 갖고 자신을 원하지 않았던 바로 그 집단에 들어가고자 했다.

소속 욕구가 우리의 본질이라는 사실은 그다지 놀라울 게 없다. 우리 원시 조상의 '클럽'은 기본적으로 생존자 집단이다. 거부당한 자들은 사바나에서 혼자서 끝까지 살아남지 못한다. 하지만 오늘날엔 거부당한다고 해서 생명을 위협 당하지는 않는다. 그리고 현대에서는 어딘가에 소속되고자 하는 간절함이 예전만큼 적응의 역할을 하는 것 같지도 않다.

당시 내가 있던 남자 기숙사는 '포스트 러시(post rush)'라고 부르는 괴팍한 의식이 있었다. 때때로 원하는 수만큼 신입생을 얻지 못하면 몇 주 뒤 맥주파티를 열어 탈락자들에게 다시 지원할 기회를 주는데, 진짜 웃긴 일이 여기서 벌어진다.

이미 한 번 거부당한 적이 있는 재후보자들은, 자신을 거부한 게 실수이며 자신이 정말로 같은 무리라는 걸 보여주기 위해 뭐든지 한다. 그들은 부자연스럽게 웃어대거나 마구 마시거나, 진정한 남자 기숙사생이 어떻게 행동하는지 단서를 잡기 위해 방을 이리저리 살핀다. 대놓고 이렇게 소리치는 셈이다. "이봐요, 뭐든 할게요! 난 당신들과 같아요!" 그들은 이미 한 번 퇴짜를 맞았던 집단에 다시 받아들여지길 간절히 바란다.

그루초 막스(미국의 희극 배우―옮긴이)의 우울한 유머가 생각난다. 그는 재치 있게 이렇게 말했다. "나 같은 사람을 회원으로 받아주는 클럽에는 절대 가입하지 않겠다."

빨간 불이어도 '같이' 건너면 된다

　모든 사회적 모방이 이처럼 서글픈 건 아니다. 집단과 사회의 응집에 중요한 역할을 하기도 한다. 군인들이 행렬을 지어 전장으로 나가던 시절이 있었다. 그들은 창이나 총검이나 다른 근거리 전투 무기들로 무장한 채, 줄을 지어 질서정렬하게 적을 향해 행진한다. 적도 마찬가지다. 이렇게 딱딱 열을 맞춘 대형의 일원은 다른 누구보다 용감하며 전투에서 승리를 가져온다.

　하지만 화기(총기)의 진보가 이미 오래전에 행진대열을 무용지물로 만들었고, 기관총이나 급조폭발물(IED)에는 아무 소용이 없음에도 불구하고, 전 세계 군대들은 여전히 이러한 오래된 형태의 전쟁 준비 훈련을 시킨다. 전장에서 결코 사용될 일이 없는데도 정확하게 열을 맞추어 군인들을 교련한다. 왜 그럴까? 그리고 왜 고등학교에는 마칭밴드가 있을까? 가장 당혹스러운 것은 왜 싱크로나이즈드스위밍이 존재하는 것일까? 왜 조화를 이루어 움직이고 노래하는 것이 보편적인 매력을 가지는 것처럼 보일까?

　인류학자들과 문화역사가들은 수년 동안 동시성에 대한 다양한 이론을 내놓았는데, 대개는 집단 응집성과 관련된 것이다. 어떤 이론은 다양한 지역사회가 신체적 동시성 또는 '근육적 결속(muscular bonding)'으로 집단 응집성을 구축한다고 주장한다. 또 다른 이론에 따르면, 동시적 활동은 자아와 집단 사이의 경계를 무너뜨리는 긍정적 감정인 '집단적 흥분'을 가져온다.

　하지만 이러한 이론들 가운데 어느 것도 증명되지 못했을 뿐만 아니라 어느 것도 완전하지 못하다. 근육적 결속은 14보병연대의 응집은 설명하겠지만, 그러한 군인들이 축제를 즐기는 사람들처럼 신나 보이진 않는다.

그리고 집단적 움직임 협응력은 한 무리의 티베트 승려들이 부르는 거의 움직임 없는 노래에 대해서는 설명하지 못한다. 심리학자들은 동시성의 매력을 설명해줄 보편적인 이론을 찾고 있었다.

스탠퍼드 대학교의 심리학자인 스캇 월터무스와 칩 헬스가 내놓은 아이디어에 따르면, 모든 동시성 즉 움직임과 소리를 한데 맞추는 것은 집단의 경제적 이득을 위해 진화한 고대 의식이다. 리듬에 맞춘 춤과 행진과 노래의 기본 목적은 무임승차자, 즉 공헌은 하지 않고 그저 이익만 가져가서 공익을 해치는 구성원의 문제를 해결하기 위함이다. 그들은 일련의 실험으로 이러한 아이디어를 증명했다.

가장 간단한 버전에서, 연구원들은 캠퍼스를 걸어 다니는 스탠퍼드 학생들을 채용해 일부에게는 행진하듯이 걷도록 하고, 다른 이들에게는 평상시대로 산책하듯 걷게 했다. 이후 학생들이 실험이 끝났다고 생각할 무렵, 심리학자들은 그들에게 '약한 유대감 테스트(weak link test)'를 했다. 이 테스트에서 각 참가자는 자신의 이해관계에 따라 행동할지 아니면 협동적으로 행동할지 선택한다. 다른 사람들이 어떨지 예측해서 자기 자원을 내놓든지 고수하는 방식이다. 테스트는 기본적으로 남들이 자기 자신보다 집단을 더 중시할 거라는 기대를 측정한다.

행진하듯이 걸은 사람들은 산책하듯 걸은 사람들보다 더욱 협력적으로 행동했으며, 보다 유대감을 느낀다고 말했다. 하지만 더 행복하다고 말하지는 않았다. 이는 긍정적 감정이 집단 응집을 높이는 데 필요한 요소는 아니라는 걸 보여준다.

공통된 정체성과 공유된 운명이라는 느낌이 집단 응집성을 높인다는 것은 잘 알려져 있지만 연구원들은 동시성이 집단 응집성에 공헌하고, 그

너머에도 작동하는지 보기 위해 다소 정교한 테스트를 했다.

이를 위해 학생들에게 플라스틱 컵을 옮기는 일을 시켰는데, 다른 사람과의 협동 정도는 각자 달랐다. 그리고 임무를 수행하는 동안 그들은 헤드폰으로 캐나다 국가를 들었다. 일부는 따라 부르고 일부는 그러지 않았다. 이들이 스탠퍼드 학생들이라는 걸 기억하자. 즉 캐나다 국가는 그들에게 정서적 반향을 일으키지 않는다. 노래를 부르는 것은 단지 동시적 행동에 불과하다. 일부 학생들은 노래를 부르며 리듬에 맞추어 컵을 움직였고, 또 어떤 학생들은 노래만 따라 불렀다. 단지 가사만 조용히 읊는 학생들도 있었다. 반면에 박자와 리듬을 무시한 채 엉망으로 노래하고 움직이는 학생들도 있었다.

이후 연구원들은 모든 참가자들에게 약한 유대 테스트를 했다. 동시성을 경험한 사람들은 그렇지 못한 사람들보다 더욱 협동적이며 공동체 지향적인 모습을 보였다. 즉 함께 노래를 부른 사람들은, 움직이든 움직이지 않든 모두 이타적이었다. 이는 근육적 결속이 (기쁨과 마찬가지로) 바람직한 집단 응집을 얻는 데 불필요하다는 걸 보여준다. 몸을 움직이는 것은 즐겁지만, 집단 노래만으로도 충분하다.

윌터무스와 헬스는 캐나다 국가 실험을 한 번 더 했다. 하지만 이번에는 약한 유대 테스트 대신 '공공 선 게임(public goods game)'을 했다. 이 게임에서는 동전을 사용했는데, 참가자들은 그것을 공공 적립통과 개인 저축계좌 중 어디에 넣을지 선택했다. 자기 이득을 추구하면 개인들은 게임에서 더 높은 보상을 얻지만, 모두가 이타적으로 행동하면 집단은 더욱 혜택을 누린다. 그래서 자아와 지역사회 사이엔 갈등이 있다.

그들은 앞서와 동일한 결과를 얻었지만, 다음과 같은 흥미로운 점이 있었다. 게임이 여러 차례 거듭되자, 합창한 사람들은 자신의 돈을 줄이고 집단의 돈을 더욱 늘렸다. 그리고 첫 라운드보다 마지막 라운드에 지역사회 펀드에 더 많은 돈을 넣었다. 이는 동시성이 지속적이며 점점 커지는 효과를 갖고 있음을 제시한다. 합창한 사람들은 그들이 팀의 일원임을 더 많이 자각했으며 다른 사람과 공통점도 더 많다고 느꼈으며 서로를 더 많이 신뢰한다고 말했다. 흥미롭게도, 그들은 더 많은 돈을 벌었다. 집단 하사금을 서로 나누어 가졌기 때문이다.

이처럼 동시에 맞추어 진행되는 행사의식은 오랜 시간에 걸쳐 특정 집단에 경쟁우위를 줄 정도로 강력한 힘을 발휘한다. 심지어 어떤 문화들은 멸망하는 반면에 어떤 문화는 번성하게 만들기도 한다. 그러한 충동이 오늘날의 교회와 군대에서 강력하게 남아 있는 건 놀라운 일이 아니다. 싱크로나이즈드스위밍 같은 의식을 위한 의식에서도 말이다.

그런데 이처럼 강력한 힘을 발휘하는 집단 응집성은 공동체를 이롭게 하는데, 개인 차원에선 어떠한가? 일부 심리학자들은 우리가 응집의 대가를 치러야 할 가능성을 연구하고 있다.

나는 조깅을 상당히 즐기고 정기적으로 친구와 함께 달리는 걸 좋아한다. 나의 자제력이 부족해서가 아니라 친구와 함께 달리면 혼자 달릴 때보다 조금 더 멀리 조금 더 빨리 가기 때문이다. 마치 우리가 서로의 존재에서 동기와 정력을 끌어내듯 언젠가 그 친구도 그런 영향을 받을 것이다. 다이어트를 계속하기 위해 친구와 협력하거나 금연 및 금주 집단에 가입해본 사람이라면 쉽게 이해할 것이다.

하지만 우리가 다른 사람의 노력에 의해 정서적·신체적으로 고갈될 수도 있을까? 즉, 당신의 절제가 나를 지치게 만들 수 있을까? 심리학자들은 대리적 사고와 느낌이 가져다주는 힘에 큰 관심을 가졌다. 공공건강 캠페인부터 인력관리까지 모든 것에 대한 분명한 함의를 가지기 때문이다.

예일 대학교의 심리학자 조슈아 애커먼과 동료들은 우리가 무의식적으로 주위 사람들의 행동을 시뮬레이션하는지 그리고 그러한 내부적 흉내 내기가 실제로 정신적 고갈과 절제의 붕괴를 가져오는지 궁금해했다. 그들은 몇 가지 실험을 통해 '대리 고갈 이론'을 테스트했다.

한 연구에서, 그들은 참가자들에게 고급 레스토랑에 근무하는 웨이터에 관한 이야기를 읽게 했다. 웨이터는 밥도 못 먹고 서둘러 직장에 도착했지만 레스토랑 음식은 전혀 먹을 수 없다. 그리고 참가자들은 웨이터가 서빙해야 하는 음식에 대해 군침 돌 정도로 세세히 설명을 듣는다. 삶아 식힌 연어, 구운 치킨, 신선한 아스파라거스, 초콜릿 무스 케이크를 상상해보자. 일부는 그저 이야기만 읽지만, 다른 이들은 웨이터의 입장에서 생각해보라는 말을 듣는다. 그의 생각과 느낌을 상상하는 것이다.

그런 다음 모든 참가자들에게 〈가격 맞추기(The Price Is Right)〉라는 TV 퀴즈 쇼처럼 시계, 자동차, 주요 가전제품의 가격을 추정하고 입찰하게 했다. 웨이터의 자기절제를 대리 경험한 것이 참가자들의 자기절제를 가로막는지 알아보고, 웨이터의 자기절제와 전혀 관련 없는 영역 즉 쇼핑에 영향을 주는지 알아보기 위해서다. 맛있는 음식들을 인내하게 만든 고문이 참가자들에게 낭비벽을 갖게 만들었을까?

실험 결과 참가자들은 아주 심한 낭비벽을 보였다. 배고픈 웨이터로 마음고생을 한 사람들은 상상 속의 사치품에 남들보다 6000달러나 더 소비했다. 심리학자들은 탐욕 때문에 현금을 낭비할 가능성을 배제하기 위해 별도의 테스트를 했지만, 그들은 탐욕스럽지 않았다. 다만 자기절제의 비축분을 레스토랑에서 다 써버리는 바람에 그에 대한 욕구가 쇼핑으로 이전된 것 같았다.

심리학자들은 더욱 현실적이고 복잡한 시나리오를 사용해 이러한 결과를 다시 확인하기로 했다. 일부 참가자들에게는 배고픈 웨이터에 대해 생각하게 하고, 나머지 참가자들은 평범한 패스트푸드 매장에서 일하며 배불리 먹은 웨이터에 대한 이야기를 읽었다. 그런 다음 참가자들에게 아주 어렵고도 시간이 소요되는 단어 문제를 풀게 했다. 집중, 동기부여, 정보처리를 포함한 실행 스킬을 평가하는 문제였다.

결과는 흥미로웠지만 심리학자들이 예측한 대로는 아니었다. 배고픈 웨이터에 적극적으로 감정이입한 사람들은 인지적으로 기진맥진한 탓인지 문제해결 임무에서 성과가 낮았다. 하지만 웨이터의 자기절제를 목격하기만 한 사람들은 배불리 먹은 웨이터를 목격한 사람들보다 문제를 더 잘 풀었다. 즉 누군가가 절제하는 모습을 보는 것은 절제와 목표 강화에 대한 생각을 불러일으키지만 실제로 그런 경험을 하자 오히려 대리적 고갈 현상이 나타났다.

이것은 매우 흥미로운 결과다. 집단으로서 제 기능을 못하는 집단이 성과를 잘 내지 못하는 건 널리 알려져 있지만, 집단 협응력이 지나칠 경우에도 문제가 생길 수 있다는 걸 보여준다. 만일 집단의 구성원들, 즉 직원들, 운동하는 사람들, 중독자들이 서로 너무 밀접하게 동시성을 띤다면 한 구성원의 정신적 고갈이 전체 집단에 퍼질 수 있다. 자기절제는 개인에게만 해당되는 게 아니라 사회 전체에 영향을 끼치는 셈이다. 이는 우리의 성공과 실패가 우리가 생각하는 것 이상으로 다른 사람들에 의해 영향을 받는다는 걸 의미한다.

>>>

　나그네쥐는 다른 나그네쥐를 따라 바닷가 절벽 아래로 몸을 던지는 모습을 보이곤 하는데, 인간도 그와 비슷한 위험한 행동을 한다. 예를 들어 한 무리의 사람들이 교차로에 서서 신호등이 바뀌길 기다리고 있는데 한 보행자가 무단횡단하기로 마음먹었다면 생각할 여지도 없이 모방 휴리스틱이 나선다. 그 보행자가 무단횡단하자마자 다른 사람들 역시 신호등이 바뀌지 않았는데도 그를 따라 도로로 걸어 들어간다. 그래서 우리는 지나치게 다른 사람들과 가까워지거나 연계될 수 있다. 이것이 '붐빈다'는 단어가 부정적 함축성을 가지는 이유다.
　이러한 사회적 욕구에도 불구하고, 우리는 자신만의 공간과 거리에 대한 강한 심리적 욕구와 동경을 갖고 있다. 다음 장의 '맵메이커 휴리스틱'에서 이를 살펴볼 것이다.

6

맵메이커 휴리스틱 The Mapmaker Heuristic
정말 눈에서 멀어지면 마음에서도 멀어질까

내 아버지는 지도를 팔러 다니는 영업사원이었다. 어린 시절, 아침이면 아버지는 차를 타고 집을 나섰다. 차 트렁크에 지도와 지구본, 지도책을 가득 싣고 동부 펜실베이니아를 돌며 지리 교사들과 도서관 사서들에게 물건을 팔았다. 나는 아버지의 직업이 마음에 들었다. 우리 집은 아버지가 파는 물건들로 넘쳐났다. 나는 몇 시간이고 지도책을 꼼꼼히 읽고 지구본을 돌리거나 침실 벽에 붙은 지도들을 들여다봤다.

나는 지금도 혼자 있을 때 시간이 나면 이렇게 한다. 어린 시절에는 많은 아이들이 지도에 마음을 뺏긴다. 아이슬란드나 발리나 모잠비크의 문화를 상상하며 꿈꾼 낭만 때문이 아니다. 나는 지도 자체가 좋았다. 그리고 세계지도만큼 내가 사는 지역의 지도도 좋아했다. 요즘은 스트리트 뷰를 제공하는 구글 지도를 좋아한다.

지도의 어떤 점이 우리 마음속 깊은 곳에서 반향을 불러일으키는 걸까?

우리의 신경세포에는 마치 탐험가와 맵메이커(mapmaker, 지도 제작자)가 살고 있는 것 같다. 하지만 왜?

심리학자들은 물리적 공간과 거리, 사고와 감정의 깊고 내면적인 연결에 대해 고찰하고 있는데, 이를 '개인적 지리'라고 부를 수 있다. 우리 모두는 어떤 상황에 너무 근접해 있다는 기분과, 거기서 벗어나 남들과 거리를 두고 좀 떨어져 있고자 하는 기분을 동시에 느낀다. 이렇듯 우리의 정서적 연결(혹은 정서적 연결의 부족)에 대한 감각은 공간적 지리와 패턴에 대한 지각과 밀접하게 얽혀 있다.

비록 지리라는 단어가 저 먼 이국의 땅을 생각나게 만들지만, 사실 우리의 개인적 지리는 집에서 시작한다. 이것의 완벽한 사례는 고대 중국의 관습인 풍수지리다. 풍수지리는 기본적으로 배치의 기술로 공간, 거리, 사물의 배열이 우리의 정서와 행복감에 영향을 줄 수 있다는 데 근거한다. 나는 뉴에이지에 대해서는 회의적이지만 풍수지리에는 항상 직관적으로 끌린다. 이유는 모르지만, 나는 다른 곳에 비해 본능적으로 특정 공간에서 더 큰 심리적 균형감을 느끼기 때문이다.

물리적 거리가 심리적 거리에 미치는 영향

과학자들은 밀집하고 개방적인 장소가 밀집되고 폐쇄적인 환경에 비해 사람들의 정서에 어떤 영향을 주는지 알아보기 위해 이러한 지각의 힘을 실험실에서 탐구하고 있다. 다시 말해 사람들이 광활함과 붐빔에서 자동적으로 어떤 느낌을 갖는지 알아보고자 함이다.

예일 대학교의 심리학자 로렌스 윌리엄스와 존 바흐는 맵메이커 휴리스틱을 밝힐 연구 프로젝트를 실시했다. 이들의 실험은 하나의 암시로 무의식적인 태도와 감각을 생성하는 이른바 '프라이밍(priming) 기법'을 사용하는 것이었다. 예를 들어 한 실험에서는 아주 간단하지만 검증된 기법을 사용했다. 그들은 참가자들에게 일반적인 그래프 용지에 두 개의 점을 표시하게 했다. 일부는 좌표 (2, 4)와 (−3, −1)처럼 매우 가깝게 표시하게 했고, 나머지에게는 (12, 10), (−8, −10)처럼 멀리 표시하게 했다. 이것은 가장 기본적인 맵메이킹 방법으로, 공간의 혼잡함과 광활함에 대한 사람들의 무의식적인 감각을 유도하게 된다.

그들은 참가자들의 내부 맵메이커를 유도한 후 다양한 방식으로 테스트했다. 한 실험에서는 어떤 책에서 민망한 발췌문을 읽게 한 뒤 그 내용이 즐겁고 재미있는지, 혹은 좀 더 읽고 싶은지 물어봤다. 심리적 거리감과 구속에서 벗어난 자유로움이 정서적 불안을 줄이는지 알아보기 위해서였다. 실험 결과 광활함으로 유도된 사람들은 민망한 경험에 덜 어색해했고, 막힌 지각을 가진 사람들보다 훨씬 더 즐겁게 받아들였다. 이것은 우리에게 내재된 휴리스틱이 정서적 세상으로 확산된 사례다. 뇌는 근원적인 갈망(이 경우엔 광대함과 자유)을 느끼자 전혀 관련 없는 민망함에도 관대한 반응을 보였다.

심리학자들은 같은 실험을 또 다른 방식으로 실시했다. 책의 발췌문이 민망한 게 아니라 매우 폭력적인 내용이라는 점만 빼면 나머지는 동일하다. 혼잡함으로 유도된 사람들은 폭력적인 사건들에 훨씬 더 민감한 반응을 보였다. 이는 우리가 5000킬로미터 떨어진 곳의 비행기 사고보다 주변의 비행기 사고에 훨씬 더 안절부절못하는 것과 마찬가지다.

윌리엄과 바흐는 이것이 뇌에 깊이 내재된 거리감과 안전감 사이의 연결과 관계있다고 믿는다. 이는 호미니드(hominid, 인류의 조상—옮긴이)들의 생존이 훨씬 더 불확실했을 때부터 진화해온 마음의 습관이다.

심리학자들은 심리적 거리와 실제 위험 사이의 이러한 연결을 더욱 직접적으로 탐구하기 위해 독창적인 방식을 도입했다. 그들은 참가자들의 마음을 다시 한 번 유도한 뒤, 건강식과 정크 푸드의 칼로리 수치를 추정하게 했다. 심리학자들은 프렌치프라이와 초콜릿의 칼로리는 건강을 위협하는 것으로 지각되어 정서적으로 위험하다고 느낀 반면에 흑미와 요구르트의 칼로리는 그렇지 않을 것으로 추론했다. 붐빔에 유도된 사람들은 위협에 더욱 민감했다. 실험 결과, 붐비고 폐쇄적인 기분을 느낀 사람들은 개방적이고 자유로운 기분을 느낀 사람들보다 정크 푸드의 칼로리가 더 높다고 생각했다. 반면 건강식에 대한 지각은 동일했다. 이것은 거리와 정서적 욕구가 원시적으로 연결되어 있음을 보여주는 매우 설득력 있는 증거다.

윌리엄과 바흐는 한 가지 테스트를 더 해보기로 했다. 개인의 정서적 안정감과 관련시켜 살펴보고자 했다. 그들은 모든 참가자들에게 부모, 형제자매, 고향에 대한 정서적 유대의 강도를 물었다. 더 큰 심리적 거리에 유도된 사람들은 정서적 유대의 강도가 약했다. 달리 말해 그들은 세상과 정서적으로 더 많이 분리되어 있었다. 분리와 고립은 분명 자유의 이면이다.

주목할 만한 것은, 무의식적으로 이런 생각을 갖게 된다는 점이다. 두 임의적 물체들 사이(이 경우엔 그래프의 두 점)의 공간적 거리는 분명 뇌에서 추상적 거리감과 정서적 분리를 활성화시킬 정도로 그리고 세상에 대한 우리의 반응을 형성할 정도로 강력하다.

이러한 정서적 분리는 풍수지리가 주는 효과를 잘 설명할 수 있다. 하지만 이제는 아파트 내부의 지리가 아니라 보다 먼 거리의 지리를 생각해보자. 멀리 있는 것들은 어렴풋이 형태만 보일 뿐 구체적인 모습은 알 수 없다. 그런 먼 거리는 우리 생각에도 영향을 준다. 즉 그것들은 아웃라인이고 대강이며 추상적이다. 집들이 멀리서 보면 형체만 있듯, 문제와 난제와 논쟁도 멀리서 보면 모두 더욱 흐릿하고 난해해진다. 심리학자들은 정서적 거리가 실제 거리에 영향을 받고, 또한 영향을 준다고 생각한다. 만일 뭔가가 멀리 있다면 우리는 그것을 구체적, 특정적이 아니라 보다 전형적, 범주적이고 더욱 가설적으로 느낀다. 심리학자들은 이걸 '고차원 사고(high-order thinking)'라고 부른다.

하지만 왜 우리의 뇌는 정서적 욕구를 센티미터와 미터와 킬로미터로 측정할까? 눈으로 지각하는 시각이 사회적 세상에 대한 시각과 무슨 관련이 있을까? 뉴욕 대학교 심리학자 켄타로 푸지타와 마론 핸더슨은 이러한 심리적 연결을 연구하며 몇 가지 단순한 실험을 했다. 그들은 사람들에게 평범한 일상의 사건들을 상상하라고 했다.

한 연구에서, 참가자들에게 새로운 아파트로 이사하는 친구를 돕는 걸 상상하라고 했다. 일부 참가자들에게는 근거리(이를테면 뉴욕 외곽 5킬로미터 떨어진 곳)에서 이사한다고 상상하게 했고, 다른 이들에게는 먼 거리(로스앤젤레스 외곽 5000킬로미터 떨어진 곳)에서 이사한다고 상상하게 했다.

연구원들은 참가자들에게 친구의 이사를 돕는 것과 관련된 일련의 행동, 예를 들어 문을 잠그고 월세를 내는 것 등을 상상한 뒤 설명하라고 했다. 결과는 무척 흥미로웠다. 근처에서 친구를 돕는 걸 상상한 사람들은 원시적이고 기계적인 관점으로 생각했다. 그래서 문을 잠그는 것은 자물쇠에 '열쇠를 넣는 것', 월세를 내는 것은 단지 '수표를 쓰는 것'으로 표현했다. 반대로, 먼 거리 이사를 상상한 사람들은 행동의 의미를 강조하기보다 고차원적으로 해석하는 경향이 있었다. 그들은 문을 잠그는 것은 '집을 지키는 것', 월세를 내는 것은 '살 곳을 유지하는 것'으로 받아들였다.

이사나 사는 공간과는 전혀 상관없는 행동에서도 현저한 차이가 나타났다. 예를 들어 근거리 이사를 상상한 사람들은 나무에 오르는 것을 '가지를 붙잡고 있다'라고 표현했고, 먼 거리 이사를 상상한 사람들은 '전망 좋은 풍경을 보는 것'이라고 표현했다. 이와 비슷하게 일부에게는 여행이라는 단어는 단지 티켓을 사서 비행기를 타는 걸 의미했고, 다른 사람들에게는 심리적으로 뭔가 거대한 것, 거기서 벗어나는 것과 비슷한 걸 상상하게 만들었다.

이처럼 거리는 우리에게 의미를 준다. 다시 말해 지리적 거리와 심리적 거리는 동일한 휴리스틱 충동의 다른 차원일 뿐이다. 뇌는 거리에 따라 다르게 세상을 지각하는 것처럼 보이며, 이러한 정신적 성향은 우리의 사고와 문제 해결 방식을 형성한다.

뉴욕 대학교 실험실의 또 다른 흥미로운 사례를 보자. 심리학자들은 일부 참가자들에게 맨해튼에 있는 뉴욕 대학교 캠퍼스에 있다고 상상하게 했다. 반면에 나머지 참가자들에게는 이탈리아 플로렌스에 있다고 상상하게 했다. 그러고는 일련의 생각해볼 문제들을 제시했다. 맨해튼(혹은 플로렌스)의 뉴욕 대학생들은 밤에 6.3~7.1시간을 잔다. 평균 6.7시간이다. 그럼 학생들이 6.2시간 이상 잘 가능성은? 당신은 잘못 읽지 않았다. 대답은 아주 뻔했다. 당연히 100퍼센트가 아닌가? 이탈리아에 있다고 생각한 학생들은 이렇게 말했다. "아마, 그럴 걸요."

그런데 이상한 결과가 나타났다. 자신이 맨해튼에 있다고 생각한 학생들은 "6.2시간 이상 잘 것 같지 않다"라고 대답한 것이다. 그들은 학생들이 이상치를 보일 것, 즉 일반적인 범위에서 벗어날 것이라고 예측했다.

심리학자들은 이 실험을 매우 다른 문제, 즉 강수량, 복사물 숫자, 진료소 방문 등으로도 해봤지만 결과는 같았다. 장거리에 유도된 사람들은 예측 가능한 패턴과 전형적인 행동을 기대하며 이탈에 대해 생각하지 않았다. 하지만 집에서 가까운 사람들은 이탈에 대해 생각했다.

이제 이러한 결과들에 또 다른 차원을 더해보자. 지리적 거리와 공간이 사고와 개념 형성에 그렇게 강력한 영향을 준다면, 종종 네 번째 차원이라 불리는 시간은 우리의 사고와 정서에 그리고 논쟁에 대한 지각에 영향을 주지 않겠는가? 다시 말해 근거리 혹은 장거리의 메시지와 논쟁은 더 혹은 덜 설득력이 있지 않을까?

새해 목표는 '운동' 대신 '운동화를 신자'로

과학자들은 일부 재미난 방식으로 여기에 대해 연구했다. 이스라엘의 한 실험에서, 학생 참가자들에게 인터넷에서 사고 싶은 DVD 플레이어를 발견했다고 상상하라고 했다. 일부 참가자들은 바로 이번 주에 발견한 반면 다른 참가자들은 3개월 후에 발견했다는 가정이다. 그들은 2년 보증, 학생 할인, 고품질 디지털 사운드 등 DVD 플레이어의 다양한 선전문구들을 읽었다. 이러한 세부사항에 더해, 일부 참가자들은 DVD 플레이어가 친환경 물질로 만들어졌다는 내용을 읽었고, 나머지 사람들은 사용자 친화적인 매뉴얼을 갖고 있다는 문구를 읽었다.

친환경 물질이라는 문구는 DVD 플레이어를 추상적·이상적 방식에서 더욱 사고 싶게 만드는 반면, 사용자 친화적 매뉴얼은 상품을 매우 구체적인 방식으로 더욱 실용적이고 적합하게 만들 거라는 생각에서였다. 연구원들은 시간과 여러 특질 사이에 상호작용이 있다고 추측했다. 그래서 미래에 구매를 심사숙고하는 사람들은 이상적인 DVD 플레이어에 초점을 둔 반면에, 지금 사려는 사람들은 집에 가져가서 가능한 한 효율적으로 사용하는 실용적 문제에 초점을 둘 것이라고 예측했다. 그들의 예측대로 분명 뇌는 자동적으로 시간적 거리를 심리적 거리로 판단해 이상적이고 추상적 사고로 해석했다.

2008년 대선을 떠올려보자. 주요 후보자들의 연설들은 제안한 정책을 실행하는 데 필요한 이러저러한 어려운 세부사항 즉 의회에서의 방해, 로비 압력, 피할 수 없는 거래 등은 다루지 않았다. 연설 내용은 모두 이상, 가치, 변화, 믿음에 관한 것들이었다. 그러한 것들이 취임일 이후 미래를 생각하는 유권자들에게 가장 반향을 불러오기 때문이다. 실제 정책은 설사 있다 해도 광범위하게 제시하는 정도에 그쳤다. 사람들은 구체적 어려움이 아니라 추상적·이상적으로 미래에 대해 생각하길 원하기 때문이다.

"우리는 시로 선전하고 산문으로 통치한다"라는 오래된 정치 문구를 생각해보자. 오바마는 대통령으로 취임하고 나서야 비로소 실질적인 일들을 논의했다(12장 미래 휴리스틱에서는 시간과 사고를 약간 다른 식으로 논의할 것이다).

이처럼 시간과 거리는 설득적인 논쟁의 형태를 형성한다. 하지만 자신과의 논쟁에서도 그럴까? 우리가 일상에서 더 나은 자신이 되도록, 더 나은 일을 하도록 설득하는 일은 어떠한가? 사실, 심리적 거리가 자기통제에 영향을 준다는 증거들이 있다. 이러한 새로운 연구들 가운데 한 사례를 살펴보겠다.

이론상 먼 거리는 보다 고차원의 이상적인 사고로 이어지고, 더 큰 자기통제로 이어지게 만든다. 자기절제는 큰 그림, 즉 나무가 아니라 숲을 봐야 한다. 노력과 보상의 고통스런 계산에 휘둘려서는 안 된다. 이 실험은 건강함과 그러한 건강을 가져올 행동에 초점을 두고, 참가자들에 따라 두 가지 방식으로 틀을 짰다. 일부 참가자들은 화살표가 아래에서 위로 그려지고 연결된 4개 박스로 이루어진 순서도를 봤는데, 맨아랫쪽 박스에는 '신체를 건강하게 유지한다'라는 단어가 들어 있었고, 나머지 세 박스에는 '왜' 질문이 들어 있다. "왜 나는 신체적 건강을 유지해야 하는가?" 만일 대답이 학교생활을 잘하기 위해서라면, 다음 질문은 "왜 당신은 학교생활을 잘하길 원하는가?"라는 식이다. 반면 나머지 참가자들은 기본적으로는 같지만 '어떻게'라는 질문에 답해야 했다. "어떻게 당신은 좋은 건강을 유지하는가?" "운동을 통해서" "어떻게 운동하는가? 등.

참가자들이 추상적, 이론적 방식(왜) 혹은 매우 실용적인 방식(어떻게)으로 생각하게 하려는 의도다. 심리학자들은 모든 참가자들에게 만족감을 늦출 의향, 즉 전형적인 자기통제 요소에 대한 다양한 실험을 했다. 지금 혹은 나중에 DVD 플레이어나 레스토랑 식사를 위해 돈을 지불할 것인지 알아봤다. 실험 결과, 왜 건강하길 원하는지(좋은 건강의 이상적인 모습)에 유도된 사람들은 보상을 늦추고 자기절제를 한다는 게 밝혀졌다.

이후 심리학자들은 자기통제를 보다 직접적으로 측정했다. 참가자 모두에게 고차원 또는 저차원 사고를 하게 유도했다. 그리고 팔뚝을 강하게 만들기 위해 흔히 사용하는 운동기구를 개인별 강도의 차이를 통제한 후, 버틸 수 있는 한 오랫동안 쥐고 있게 했다. 추상적으로 사고하는 사람들이 고통을 더 많이 참고 오래 견뎌 자기통제를 더 많이 한다는 게 드러났다. 먼 미래에 자신을 투사하는 것만으로도 뇌를 추상적으로 생각하게 유도하고, 추상적 사고는 신체적 지구력을 증가시킨다.

하지만 심리적 거리와 추상적 · 이상적 사고의 단점이 있지 않을까? 그리고 근거리에서 실용성을 따지는 게 최선일 때가 있지 않을까? 물론이다. 이상적 사고는 실용성을 포기하고 이상에 초점을 둔다. 17세기에 모국을 떠나 버지니아와 매사추세츠의 새로운 식민지를 발견한 영국인 정착민들을 생각해보자. 용감한 식민주의자들은 영국에서 겪었던 박해나 경제적 고통이 전혀 없는 이상적인 사회를 꿈꿨다. 그러나 이들은 모기, 식수, 호전적인 원주민들, 가혹한 겨울 같은 실제 그들이 직면할 수 있는 일들은 생각하지 못했다. 그 결과 많은 정착민들이 죽음을 맞이했다. 그들은 실행 가능성에 대해 생각하지 않고, 대신에 다소 고차원적인 사고에 동기를 부여하고 그 방향으로 움직였다. 8000킬로미터나 떨어진 곳에서 그들이 미래의 비전을 세운 건 놀랄 일이 아니다.

대부분의 사람들에게 적용할 수 있는 사례가 있는데, 바로 '미루기'다. 우리는 누구나 이력서 업데이트, 다락방 청소, 운동 시작 등 해야 할 일에 대한 목록을 갖고 있다. 하지만 대부분 이러한 것들을 잘 이행하지 않는다. 이는 우리가 불성실하기 때문에 당장 시작하지 않는 게 아니다. 내일은 항상 그런 일을 하기에 더 좋은 때이기 때문이다. 그리고 또다시 내일, 내일, 내일이다.

미루는 것은 저주이자 매우 값비싼 대가를 치르게 한다. 미루기는 생산성 상실뿐만 아니라 각종 후회, 자존감 손상으로 이어진다. 이러한 이유들 때문에 심리학자들은 우리가 하려는 것들을 실제로 하기 어렵게 만드는 마음속에서 벌어지는 일에 대해 알고 싶어 한다. 우리가 계획과 노력과 일에 대해 생각하는 방식에서 근원적으로 문제가 있는 걸까? 당장 해야 한다는 생각을 자동적으로 누그러뜨리는, 마음의 괴팍한 습관이 있는 걸까? 인간은 원래 미루게끔 프로그램되어 있는 건가?

독일 콘스탄츠 대학교 션 맥크리의 주도하에 여러 국가의 심리학자들로 구성된 팀에서 이에 대한 연구를 했다. 연구원들은 우리가 임무를 생각하는 방식과 그것을 미루려는 경향 사이에 어떤 관계가 있는지 알아보고자 했다. 우리는 일부 업무를 심리적으로 '먼 것'으로 보고 지금 해치우기보다는 기약 없는 미래로 미루려는 경향이 있는 걸까? 맥크리와 동료들은 이 인지적 기이함이 우리가 시간과 업무에 대해 생각하는 방식에서 나타날 것이라고 추정했다. 그들은 은행계좌 개설과 일기 쓰기 같은 평범한 일들과 관계있는 질문지를 학생들에게 나누어준 뒤 3주일 내로 이메일로 보내달라고 했다. 그리고 학생들은 질문에 답하는 것과 관련해 별도의 지시를 받았다. 일부는 어떤 부류의 사람이 은행계좌를 개설하는지 등 각 활동이 개인적 자질에 대해 무엇을 암시하는지 생각해본 뒤 쓰라는 지시를 받았다. 다른 이들은 은행원과의 대화, 서류 작성하기, 첫 예금하기 등 각 활동의 중요 요소에 대해 간단히 썼다. 일부 학생들은 추상적으로 생각하고, 다른 학생들은 구체적으로 생각하게 만들려는 의도였다.

마감기한이 다가오자 학생들이 이메일을 보내오기 시작했는데, 일부 학생들은 한참 뒤에야 보내왔다. 심리학자들은 두 집단 사이에 차이가 있는지 알아보기 위해 반응 시간을 기록했는데, 큰 차이가 있었다. 질문지를 완성해 이메일을 보내면 돈을 받는데도 '그게 대체 무슨 의미가 있을까'라는 사고방식에 유도된 학생들은 미루는 경향이 있었다. 일부는 아예 제출하지도 않았다. 반면 언제 어디서 어떻게 그 일을 할지에 초점을 둔 학생들은 더 빨리 답변을 보내왔다. 그들은 미루지 않고 과제를 바로 해치운 것이다.

새로운 뭔가를 시도할 가능성에 대해 처음 생각할 때, 당신은 '왜'에 초점을 맞춘다. '목적은 무엇인가?' '이렇게 하는 게 타당한가?'라고 생각하지만 그건 여전히 먼 미래의 일이자 문제일 뿐이다. 하지만 기한일이 임박해 올수록 어떻게 할지 세세히 생각하기 시작한다. 거꾸로 말하면, 일을 '어떻게' 할지를 생각하면 지금 당장 해야 한다는 긴장감이 생긴다.

비록 그렇다 하더라도, 과학자들은 초기 결과를 다른 종류의 실험실 기법으로 이중 확인해보기로 결정했다. 이 실험에서, 참가자들에게 추상적이든 구체적이든 문장의 일부를 완성하라고 말했다.

일부 참가자는 "새의 한 종류는 (　　)다"라는 문장을 완성해야 했고, 다른 이들은 "새는 (　　)의 한 종류다"라는 문장을 완성했다. 첫 번째 것은 멋쟁이새나 풍금새처럼 구체적인 예를 요구하고, 두 번째 것은 온혈 척추동물처럼 추상적 범주를 요구한다.

다시 한 번 심리학자들은 참가자들을 이러저러한 인지적 스타일로 유도하고 이메일 반응 시간을 기록했다. 예상대로, 구체적 사고에 유도된 사람들은 추상적 사고에 유도된 사람들에 비해 미루거나 늦추는 경향이 덜했다. 그들은 임무를 더욱 즉각적인 것으로 보고, 훨씬 신속하게 행동에 나섰다. 애매하고 무정형의 대답을 하도록 유도된 사람들은 미루는 성향을 보였다.

심리학 실험들은 실용적인 메시지를 갖고 있지 않은 경우도 있는데, 이 실험은 그렇지 않다. 혹시 당신이 1월부터 운동을 시작하겠다고 말해왔다는 걸 기억하는가? 운동이 얼마나 당신의 자신감을 올려줄지, 얼마나 건강해질지, 얼마나 좋은 일인지는 잊자. 대신 오늘 오후에 운동화를 신고 운동하는 모습을 떠올려보자. 한 번에 하나씩. 헬스장 문을 열고 들어가 가장 먼저 보이는 러닝머신에 올라타 다리를 움직여보자. 오른쪽 다리부터.

》》

나는 감기가 유행하는 계절에 이 책을 쓰고 있다. 올해는 겨울에 나타나는 여러 유형의 감기뿐만 아니라 치명적인 신종플루까지 나타났다. 새로운 연구에 따르면, 누군가가 공공장소에서 재채기하는 걸 보는 것만으로도 감기 같은 질병만이 아니라 사고나 범죄로 생기는 심장발작과 부상 같은 심각한 건강 문제의 두려움을 유발한다고 한다. 어쩌면 재채기가 의료 서비스 개혁을 이끌어낼 수 있을지도 모른다.

터무니없는 소리 같지만, 이러한 각종 신체적 휴리스틱들이 우리 삶에서 엄청난 영향력을 행사한다. 이 책의 1부를 구성한 6개 장은 여러 방식으로 이 넓은 세상에서 움직이는 우리의 몸을 다뤘다. 때때로 우리 몸은 부들부들 떨고, 등반을 하거나, 여행과 거리를 심사숙고하기도 한다. 그리고 세상은 광활하고, 때로는 흔들리고, 위험과 시련과 징조로 가득하다. 핵심은, 우리의 먼 조상들은 매우 원시적인 방식으로 세상에서 살아가는 법을 배웠으며, 이러한 기본적인 지각 스킬과 헤쳐나가는 스킬은 우리의 신경세포에 내재되어 있다는 것이다. 그리고 오늘날 그것은 우리의 정서와 행동을 놀라운 방식으로 형성했지만 그 방식이 항상 혜택을 주는 건 아니다.

또한 이렇게 진화한 뇌는 수량으로 세상을 측정하고 확률과 위험을 따져보고 원시적으로 계산하는 법을 배웠다. 그 과정에서, 우리는 숫자를 '느끼게' 되었다. 숫자와 관련된 휴리스틱은 오늘날 최소한 신체적 휴리스틱만큼이나 강력하다. 7장에서 가장 기본적인 '산수 휴리스틱'부터 살펴보자.

뇌에 각인된 위험한 생각 습관

2부

7

산수 휴리스틱 The Arithmetic Heuristic

10개 중에 1개보다
100개 중에 9개가 커 보이는 이유

    1986년 영화 〈페기 수 결혼하다〉 속의 한 장면이 아직도 내 머릿속에 남아 있다. 중년의 페기 수는 결혼생활의 실패로 심란해하다가, 놀랍게도 고등학교 시절로 되돌아가게 된다. 그녀는 미래에 일어날 일을 모두 알고 있기 때문에 대수학 시간에 아주 무관심한 태도를 보인다. 엉망인 그녀의 시험 성적에 화가 난 수학 교사에게도 "저는 미래의 제가 대수학을 전혀 사용하지 않을 거라는 걸 이미 알고 있거든요"라며 별거 아니라는 식으로 말한다.

    20년 전 극장에서 사람들이 그랬듯, 오늘날에도 많은 사람들이 분명 페기 수에게 박수를 보낼 것이다. 기본적인 산수를 넘어선 수학은 장차 수학 교사가 될 사람들에게나 유용할 뿐, 단지 고등학생들을 고문하는 일이라는 것이 일반적인 인식이다. 불행히도, 숫자에 대한 그러한 혐오는 상당수 미국인들을 수학적 문맹으로 만들었다. 전문가들은 '수맹(數盲, innumeracy)'

이라는 용어를 사용한다.

새로운 증거에 따르면, 서투른 수학자들은 개인 건강에서부터 부동산에 이르기까지 모든 영역에서 매일 현명하지 못한 판단과 후회하게 될 결정을 내린다고 한다. 게다가 숫자에 약한 우리 같은 사람들은 나쁜 선택을 더 많이 내리는 것 같다. 점검되지 않은 감정에 이리저리 흔들리기 때문이다.

숫자와 정서를 혼합한 위험한 계산법

심리학자 엘렌 피터스는 인간의 판단과 선택에 대해 연구하는데, 특히 '프레이밍(framing, 틀 짓기)'이라는 현상에 관심을 가지고 있다. 프레이밍은 정보가 제시되는 방식이나 질문이 제기되는 방식과 관련된 의사결정과학의 한 개념이다. 예를 들어 사람들은 '지방 25퍼센트'보다 '무지방 75퍼센트'라는 라벨을 붙인 햄버거를 더 맛있고 덜 느끼한 것으로 평가한다. 실험실에서도 동일한 결과가 나타나는데, 일상적인 수맹의 좋은 사례이자 산수 휴리스틱이 작동하는 사례이기도 하다.

산수 휴리스틱은 가장 활발하게 활용되는 인지적 도구의 하나인 동시에 가장 위험한 도구의 하나다. 산수 휴리스틱은 대개 숫자의 정서적 내용과 관련 있다. '감정(affect) 휴리스틱'이라고도 알려진 이 정신적 지름길은, 우리 마음이 객관적 정보인 숫자, 퍼센트, 통계에 정서적 의미를 부여하게 만든다. 대부분의 사람들이 숫자를 제대로 처리하거나 이해하기 힘들어하는 것도 이러한 정서적 편향에 더욱 취약하다는 의미이기도 하다.

피터스와 동료들은 체계적으로 수맹, 프레이밍, 감정 사이의 관계를 검토했다. 감정을 넣은 이유는, 지방 25퍼센트보다 무지방 75퍼센트를 선택하는 건 논리적인 선택이 아니기 때문이다. 그들은 숫자에 밝은 사람들과 그렇지 못한 사람들을 비교하는 실험을 실시했다. 간단하게 그냥 천재들과 둔재들이라고 부르자. 이 실험에서 내 자신도 둔재 진영에 넣었기 때문에, 이런 명칭을 부담 없이 쓰겠다.

한 실험에서, 피터스는 참가자들에게 병원에서 방금 퇴원한 정신질환자가 수개월 후에 남들에게 위협스러운 인물이 될지 어떨지 판단하라고 했다. 그리고 그들에게 정신질환자 100명 가운데 10명이 혹은 10퍼센트가 폭력적 행위를 저지르는 경향이 있다고 말했다. 실제로 정신질환자들에 대한 부정적인 이미지를 심어주려는 것이 아니라 사람들의 판단에 두려움이 작용하게끔 하려는 의도에서 한 말이다.

그 결과는? 둔재들은 숫자보다 퍼센트로 얘기했을 때 정신질환자들을 덜 두려워했다. 숫자에 취약한 사람들에게는 특정 통계를 숫자 대신 퍼센트로 표현하기만 해도 그 영향력이 줄어드는 것처럼 보인다. 실제로 많은 연구들에 따르면 퍼센트는 마음에서 덜 해롭다는 이미지를 제공하는 반면, 숫자는 보다 부담스러운 이미지를 만들어낸다고 한다. 그러나 천재들은 분수와 퍼센트를 오가는 것에 전혀 부담을 느끼지 않기 때문에 이러한 책략에 속지 않는다.

피터스는 보다 자세히 살펴보기 위해 흔히 '젤리빈 연구(jelly bean study)'라고 하는 여러 가지 테스트를 설계했다. 큰 사발에 100개의 젤리빈이 있는데, 9개만 붉은색이고 나머지는 흰색이다. 작은 사발에는 10개의 젤리빈이 있는데, 1개만 붉은색이고 나머지는 흰색이다. 붉은색 젤리빈을 고를 확률이 작은 사발이 더 높다는 건 천재가 아니어도 누구나 알 수 있다. 이때 확률은 10분의 1이다. 게다가 둔재들이 현명한 선택을 할 수 있도록 도와주기 위해 큰 사발에는 '9퍼센트 붉은색', 작은 사발에는 '10퍼센트 붉은색'이라는 라벨까지 붙여놓았다. 하지만 의외의 결과가 나왔다. 눈을 감고 붉은색 젤리빈을 고르면 돈을 받을 수 있다고 말하자, 이길 확률이 더 낮음에도 큰 사발에서 고르려는 경향이 더 컸다.

심리학자들은 둔재들의 퍼센트와 비율을 대하는 비논리적 방식에 다채로운 이름을 붙였다. 피터스와 그의 동료 폴 슬로빅은 사람들이 퍼센트는 숫자만큼 두려워하지 않는다는 점에 착안해서 '자비로운 퍼센트(benign percentage)'라고 불렀다. 코넬 대학교의 심리학자 발레리 레이나와 찰스 브레이너드는 젤리빈 현상을 설명하기 위해 '분모 무시(denominate neglect)'라는 용어를 사용했다. 우리 가운데 상당수는 비논리적으로 100분의 9를 10분의 1보다 선호한다. 위의 숫자인 분자에 지나치게 초점을 맞춘 나머지, 아래에 있는 중요한 분모를 보지 못하기 때문이다. 이럴 경우 우리는 위험에 처하게 될 수도 있다.

큰 사발을 선택한 이유를 묻자, 사람들은 무엇이 그러한 선택을 유발했는지에 대해 제대로 말하지 못했다. 이는 9라는 숫자가 주는 정서적 '강타'가 그냥 지나치기엔 너무 강하다는 걸 보여준다. 그들은 큰 사발에 들어 있는 91개의 흰색 젤리빈을 무시하고 대신 화려하게 눈에 띄는 붉은색 젤리빈에 초점을 맞추었다. 왠지 붉은색 젤리빈이 더 많은 사발에 손을 뻗는 것이 옳은 것처럼 느껴진 것이다. 반면에 천재들은 숫자에 초점을 맞추기 때문에 부적절한 정서적 이미지에 의해 이탈하지 않았다.

산수 휴리스틱의 맥락에서, 정서의 의미를 분명히 해두는 게 중요하다. 우리는 질투, 자부심, 화 등 모든 범위의 정서에 대해 말하려는 게 아니다. 여기서는 좋음과 나쁨 그리고 적합과 부적합의 보다 근원적인 느낌, 다시 말해 상황이 우리 신경세포에서 옳게 여겨지는지 아닌지에 대해 말하고자 한다. 이러한 관점을 보여줄 또 다른 실험이 있다. 피터스는 두 가지 내기를 만든 뒤, 사람들에게 어느 쪽이 더 나은 내기라고 생각하는지 말해보라고 했다. 별 의미 없이 임의로 선택한 것이다. 한 내기에서는 36분의 7은 9달러를 받지만 36분의 29는 아무것도 없다. 두 번째 내기에서는 36분의 7은 9달러를 받지만 36분의 29는 5센트를 내야 한다. 여기서 핵심은 확률을 눈에 덜 띄게 만드는 것이다. 심지어 수치에 밝은 사람들에게도 쉽게 와닿지 않는다. 9달러를 따는 게 대단한 건가 아니면 그저 그런가? 36분의 7은 매력적인 제안인가?

흥미롭게도, 이러한 다소 애매한 상황에서 안 좋은 결정을 내린 건 천재들이었다. 그들은 상실 위험이 있는 내기를 선택했다. 아마도 별거 아닌 5센트를 잃을 가능성이 9달러를 받는 걸 더욱 끌리게 만드는 맥락을 제공했을 것이다. 이때 개입된 정신적·정서적 역학이 무엇이든 간에 여기서 주는 교훈은 우리 같은 둔재들도 알고 있듯이 천재들은 너무 똑똑한 나머지 때로는 손해를 보기도 한다는 것이다.

이러한 결과들은 모두 산수 휴리스틱의 작동을 보여준다. 산수 휴리스틱은 실생활에서도 그 모습을 드러낸다. 우리는 종종 의식하지 못하는 사이에 날마다 숫자와 계산을 다루기 때문이다. 다양한 선택과 기회에 대한 느낌이 우리에게 어떻게 영향을 주는지 보여주는 사례가 있다. 나는 매일 아침마다 헬스장에서 운동을 하지만 솔직히 운동하는 걸 갈망하진 않는다. 나는 기본적으로 게으르고 운동하는 걸 힘들어한다. 커피를 두 잔째 들이키거나 신문을 읽으며 미적대고 싶은 날이 많다. 하지만 내 자신과 협상했기 때문에 그렇게 하진 않는다.

나의 거래는 간단하다. 즉 나중에 건강과 행복이라는 큰 보상을 받기 위해 작은 비용을 치르는 것이다. 돈을 돌려받는 건 아니지만 내가 하려는 게 거래라는 걸 나는 안다. 사람들은 항상 비슷한 거래를 한다. 우리는 대학교나 대학원에 가기 위해 열심히 일하거나 공부하면서 많은 걸 참는다. 나중에 만족감을 얻기 위해 저축을 하고, 퇴직연금을 위해 겨울 휴가를 포기한다. 혹은 그렇지 않기도 한다. 많은 사람들은 돈을 그냥 원하는 데 써버린다. 즉 오늘을 위해 살겠다는 것이다. 왜 그럴까? 어떻게 일부는 특정한 거래를 이득으로 보는 데 반해, 다른 이들은 똑같은 거래에 끌리지 않는 걸까? 이러한 거래는 가치, 투자, 위험, 보상 등 넓은 의미에서 모두 숫자에 관한 것이며 정서와 엮여 있다. 이러한 질문에 호기심을 느끼는 건 심리학자들만이 아니다. 정책 입안자들도 충동적 의사결정으로 커다란 사회적 비용을 치르는 걸 보고, 어떻게 하면 충동적 의사결정을 교정할 수 있는지 알고 싶어 한다.

한 이론에 따르면, 사람들이 미래를 잘 예측하지 못하기 때문에 이런 일이 발생한다. 6장에서 살펴봤듯 만일 뭔가가 먼 거리에 있다면, 그것의 실용성을 제대로 보지 못하고 폄하하는 경우가 많다. 하지만 그러한 거래에 대해 다르게 생각할 수 있지 않을까? 나중의 더 나은 거래를 위해 즉각적인 보상을 미루는 일을 돕는 방식으로 말이다.

이때 산수 휴리스틱이 개입하게 된다. 스탠퍼드 대학교의 심리학자인 에란 마젠, 캐롤 드웩, 제임스 그로스는 프레이밍 개념을 사용해 실험실에서 개인별 자기절제에 대해 연구하고 있다. 특히 그들은 마음속에서 거래가 프레이밍된 방식이, 훗날의 더 큰 보상 대신에 즉각적인 작은 보상을 선택하는지의 여부에 영향을 주는지 궁금해했다.

예를 들어 2개의 경쟁적인 옵션을 거래로 생각해보자. 지금 당장 5달러를 받거나 아니면 한 달 후에 6.2달러를 받는 식으로 프레이밍하면 당신은 5달러와 6.2달러 사이의 차이인 1.2달러에 초점을 맞출 것이다. 1.2달러는 상당한 정서적 매력을 지닌 당장의 5달러보다 훨씬 적은 금액이다. 이는 많은 사람들이 숲 속의 새 두 마리보다 손 안에 잡은 새 한 마리를 선택하는 것과 동일한 이유다.

하지만 시간의 흐름에 초점을 두고 다른 방식으로 거래를 개념화한다면? 당신이 에스컬레이터에 서 있는데 인생이 지나간다고 상상해보자. 가끔 누군가가 당신에게 봉투를 주는데, 월급이 현찰로 들어 있다. 당신은 지금 5달러를 받을 수 있다. 하지만 그게 거래의 끝이 아니다. 시간은 계속 흘러 한 달 후에 누군가가 당신에게 또 다른 봉투를 주었는데 열어보니 아무것도 없다면 얼마나 실망스럽겠는가.

그게 바로 당신이 실생활에서 겪는 선택이다. 빈 봉투가 모든 차이를 만든다. 거래의 세부사항은 바뀌지 않았다. 빈 봉투는 원래 있던 것이었지만 숨겨져 있었다. 즉 5달러와 6.2달러 사이에서 선택하는 것은 시간상으로 고정된 선택임을 보여준다. 하지만 삶은 연속적이다. 실제로 거기에 두 월급날이 있는데, 하나는 아무것도 없는 제로다. 더 큰 실망을 하게 되는 미래의 날로 자신을 투사시키면 덜 실망스러운 옵션을 선택하게 된다.

심리학자들은 참가자들이 다양한 시나리오에서 즉각 돈을 받을 건지 아니면 나중에 받을 건지 선택하게 했다. 당장 5달러냐 아니면 나중에 6.2달러를 받겠냐는 식이다. 당장 5달러를 받고 나중에 0달러를 받겠느냐, 아니면 지금 0달러를 받고 나중에 6.2달러를 받겠느냐는 거래도 있었다. 0달러 월급날을 숨기지 않고 미리 말해주자 피험자들은 선택에서 덜 충동적이었다. 다시 말해 그들은 심지어 미래일지라도 텅 빈 봉투를 여는 느낌을 좋아하지 않았다. 그것은 옵션들을 더욱 이성적으로 저울질하게 만든다.

이게 운동이나 건강과 무슨 상관이 있을까? 당신이 헬스장에 빠지고 한 시간 정도 더 자거나 커피를 마시며 시간을 때운다고 가정해보자. 이는 지금 5달러를 받는 것과 같다. 하지만 개인의 건강과 관련해서 텅 빈 봉투가 의미하는 바를 생각한다면?

마케터들은 산수 휴리스틱을 들어본 적이 없음에도, 오래전부터 숫자의 정서적 힘에 대해 잘 알고 있었다. "하루에 몇 푼씩 모아"라는 오래된 마케팅 문구에 대해 생각해보자. 하루 몇 푼씩 모아서 사거나 할 수 있는 것은 아주 많다. 재미있는 잡지를 구독을 할 수도 있고, 건강검진을 요구하지 않는 멋진 생명보험에 가입할 수도 있다. 도움의 손길이 필요한 아프리카 어린이를 후원할 수도 있다. 최근에 나는 하루에 몇 푼씩 모으면 지구 온난화로부터 지구를 구할 수 있다는 기사도 읽었다.

그러한 슬로건을 생각해낸 사람이 누구든 간에 그는 분명 비범한 심리적 통찰력을 가진 사람이다. 실제로 과학은 이러한 마케터들이 사람들이 숫자를 처리할 때는 완전히 이성적인 건 아니라는 걸 감지했다는 걸 증명하기 시작했다. 게다가 우리가 규모와 비율과 확률에 대해 생각하는 방식은 우리를 신중하거나 혹은 무차별적인 소비자로 만든다.

이런 식으로 한 번 생각해보자. '하루에 몇 푼'은 의미 없는 비율이다. 우리가 매일 동전을 주머니에 넣어 다니는 것은 아니기 때문이다. 마케터들은 사람들이 그렇게 시각화하길 바라는 것일 뿐 우리 대다수는 그러한 계략에 속지 않는다. 우리는 수학적 계산을 전혀 하지 않아도 자동적으로 한 달에 몇 달러 그리고 일 년 혹은 수년에 수백 달러, 즉 어느 정도 의미 있는 기간의 금액을 말하는 것임을 알고 있다.

하지만 숫자의 조작이 더욱 애매하거나 복잡해진다면? 우리의 불완전한 마음을 속이는 마케팅 문구와 용어가 존재할까? 미시건 대학교 심리학자인 캐서린 버슨과 동료들은 그렇다고 믿으며, 우리가 일상생활에서 자주 접하는 이런 종류의 제안을 재현할 수 있는 몇 가지 흥미로운 실험을 했다. 그 사례를 들어보겠다.

당신이 전화상품 시장을 살펴보고 있다고 상상해보자. 시장조사를 쭉 한 후에 당신은 두 가지로 선택의 폭을 좁혔다. A상품은 1개월에 32달러를 내는데, 끊어지는 통화 수가 1000건당 42건이다. B상품은 1개월에 27달러를 내지만 끊어지는 통화 수는 1000건당 65건이다. 다시 말해 당신은 지불하는 가격만큼 서비스를 얻는다. 그리고 소비자들은 주어진 상황에서 자신에게 돈과 서비스 중 무엇이 더 중요한지 생각한 뒤 선택을 내린다.

하지만 같은 제안이 이런 식으로 표현된다면 어떨까? A상품은 1년에 364달러를 내는데 100건당 4.2건의 통화가 끊어지고, B상품은 324달러를 내는데 100건당 6.5건의 통화가 끊어진다. 아무것도 변하지 않았다는 걸 알아차리는 데는 수학이 전혀 필요 없다. 단위 규모가 변했다는 것만 빼면 제안은 전과 동일하다. 하지만 실제로 규모가 변했기 때문에 '하루에 몇 푼'처럼 보이지 않는다.

그럼 소비자들이 이러한 제안을 어떻게 처리할까? 실험 결과 소비자들은 1년당 더 낮은 가격으로 묘사될 때는 B상품을 선호했다. 하지만 1000건당 끊어지는 전화가 더 적다고 표현될 때는 A상품을 선호했다. 여기서 '1년'과 '1000건'이라는 단위가 중요하다는 걸 밝혀둔다. 규모를 더 크게 만들면 차이는 더욱 과장된다. 그래서 정서적으로 소비자들은 비용을 더 크게 절감하거나 훨씬 더 나은 서비스를 받는 것 같은 기분을 가진다. 소비자들은 더 큰 규모로 제시되자 선호를 바꿨다. 실제 기간은 그대로인데도 그들은 더욱 차별적으로 된 것이다.

이것은 매우 분명하면서도 당연히 그렇게 될 수밖에 없는 것처럼 보인다. 하지만 좀 더 살펴보자. 두 번째 실험은 영화 대여상품 선택에 관한 것이다. 이 시나리오에서 A상품은 매주 새로운 영화 7편을 받고 1개월에 10달러를 낸다. B상품은 매주 새로운 영화 9편을 받고 1개월에 12달러를 낸다. 앞선 실험과 마찬가지로 선택이 타당한지는 당신의 재정 상황과 영화감상 욕구를 충족시켜주느냐에 달려 있다.

그러고는 다시 조건을 바꿨다. 가격은 여전히 그대로지만, 소비자들은 매주가 아니라 1년마다 영화를 받게 된다. A상품은 1개월에 10달러로 매년 364편의 영화를 보고 B상품은 1개월에 12달러로 매년 468편의 영화를 본다. 영화 애호가는 이러한 제안을 어떻게 받아들일까? 매년 받는 영화로 표현될 경우 상당히 많은 소비자들이 B상품을 선택했다. 468이라는 숫자가 주는 정서적 영향 탓이다. 히치콕과 우디 앨런 등을 비롯해 많은 영화를 볼 수 있는 데다 1개월에 12달러만 내면 된다. 생각해보니 하루에 몇 푼만 모으면 되는 돈이 아닌가.

이것이 의미하는 바는 우리가 항상 숫자와 정서를 혼합하고, 종종 우리가 가장 잘 보고 느낄 수 있는 것에 근거해 선택과 결정을 내린다는 의미다. 하지만 일부 숫자는 정서적으로 이해하기에 너무 크다. 미국 작가 애니 딜라드가 중국인들에 대해 쓴 1999년 작품 《당분간(For the Time Being)》에서 이러한 점이 잘 드러났다. "현재 중국에는 1,198,500,000명이 있다. 이것이 의미하는 바를 느끼려면 당신 자신에 빗대어 생각해보자. 즉 당신의 특성, 중요성, 복잡성, 사랑을 1,198,500,000배 해야 한다. 알겠는가? 불가능하다." 딜라드는 빈정대며 말한 것이다. 우리는 이러한 종류의 숫자와 정서를 간단히 처리할 수는 없다. 너무 큰 숫자라서 우리의 뇌는 중국인의 인간애를 느끼는 정서적 계산을 할 수 없다.

너무 큰 숫자는 느끼지 못한다

앞서 언급한 '자비로운 퍼센트'를 증명한 심리학자들 가운데 한 명인 슬로빅은 이러한 사례를 사용해 우리의 인지적 한계가 어떤지, 특히 산수 휴리스틱에 대한 우리의 피드백이 어떤지 보여주는데, 바로 '정신적 마비(psychic numbing)'라고 알려진 현상이다. 제2차 세계대전 이후 홀로코스트(제2차 세계대전 중 나치에 의한 유대인 대학살—옮긴이)의 실체가 드러났을 때, 전 세계의 도덕적인 사람들은 결코 다시는 그런 일이 없게 하겠다고 맹세했다. 하지만 대량살상과 집단학살은 계속해서 일어났으며, 불행하게도 드문 일이 아니었다. 에티오피아, 캄보디아, 코소보, 르완다, 최근에는 수단의 다르푸르에서 일어났다.

슬로빅에게 이러한 것들은 단지 도덕적 실패만이 아니라 인지적 실패이기도 하다. 이는 휴리스틱적 덫이다. 그러한 비극은 인간 뇌의 근본적 결함의 결과이며, 우리가 그렇다는 걸 이해하기 전까지는 멈추지 않을 것이다. 우리의 뇌는 근본적으로 매우 큰 숫자를 제대로 이해하지 못하게 편향되어 있다. 그리하여 우리는 실제적인 측면에서 대규모의 고통을 느끼지 못한다.

이런 의미에서 대량살상이라는 말은 모순 어법이다. 개인이 개인을 살해하면 우리는 고통과 분노를 느끼지만, (딜라드가 증명했듯) 우리는 극악한 인간의 행동을 대규모의 숫자로 곱하지 못하기 때문에 집단학살에 걸맞은 분노를 느끼지 못한다.

테레사 수녀는 이렇게 말한 적이 있다. "만일 내가 대중을 봤다면 그들을 구원하려는 행동에 나서지 못했을 겁니다. 하지만 나는 단 한 명만을 봤고 행동에 나설 수 있었습니다." 이는 산수 휴리스틱을 서정적 언어로 표현한 것이다. 이러한 역설은 계속해서 증명된다. '베이비 제시카(Baby Jessica)'로 널리 알려진 제시카 매클루를 기억하는가? 18개월 된 그녀는 1986년 텍사스 주 미들랜드의 깊고 좁은 우물에 떨어졌다. 48시간 동안 전 세계 사람들은 구호팀이 그녀를 구출하는 모습을 애타게 지켜보며 그녀의 이야기에 주시했다. 그녀의 고향에 신문기자들과 TV 카메라가 밀려들었다. 전 세계 사람들이 제시카를 돕기 위해 기부에 나섰다. 구출된 기쁨을 담은 사진은 퓰리처상을 수상했고 제시카의 이야기는 곧 패티 듀크와 보 브리지스가 출연하는 TV 드라마로 만들어졌다.

또한 사람들은 동물의 곤경에 상당한 동정심을 보인다. 최근 유명한 미식축구 선수인 마이클 빅의 투견 파문(자신의 집에서 불법 투견장을 운영하며 개를 학대한 혐의로 기소된 사건-옮긴이)을 들 수 있다. 나는 사람들의 그러한 반응이 나쁘다기보다 단지 당혹스럽다. 투견에 대한 분노가 다르푸르 희생자들에 대한 정서적 반응을 압도하는 것 같기 때문이다. 참고로, 다르푸르 사건은 서부 수단의 '잔자위드'라는 무자비한 민병대가 계획적으로 사람들을 말살한 사건이다.

슬로빅은 그러한 비극을 막기 위해 1948년 만들어진 제노사이드 조약(집단살해범죄의 방지 및 처벌에 관한 조약-옮긴이)이 처음부터 실패할 운명이었다고 주장한다. 이 조약은 우리가 휴리스틱을 이해하지 못했을 때 만들어졌다. 그는 큰 숫자를 느끼지 못하는 우리의 불능을 뛰어넘어, 개입을 강제할 수 있는 식으로 협약이 다시 작성되어야 한다고 주장하고 있다. 그러한 행보는 산수 휴리스틱을 공공정책에 반영시키는 효과를 가져올 것이다.

>>>

당신이 매우 아끼는 골동품을 해외로 보낸다고 생각해보자. 물건이 분실되면 1000달러를 지급해주는 보험에 얼마나 낼 수 있겠는가? 50달러? 100달러? 그 이상? 대다수 사람들은 그들이 정서적 애착을 느끼는 뭔가에 대한 보험에 들 때 상당히 많은 돈을 지불하려고 한다. 심지어 그게 전혀 타당하지 않은데도 말이다. 더 높은 프리미엄이 있다고 해서 잃어버린 것이 되돌아오진 않는다.

2009년 후반, 미국 질병예방위원회는 유방암 검진에서 유방엑스선 사진의 새로운 지침을 세웠다. 득실을 따져볼 때, 40세 미만의 여성들은 유방 엑스선을 촬영할 필요가 없으며, 40~60세 여성들은 2년에 한 번씩만 받아야 한다는 내용이었다. 이것은 현존 의학 기준에서 상당히 벗어나 정치적 격론을 불러왔다. 또한 '건강 수리지식(health numeracy)'이라는 새로운 영역에 대중들의 관심을 집중시켰다.

이 분야의 선구자인 코넬 대학교의 발레리 레이나에 따르면, 낮은 건강 수리지식은 진짜 위험을 왜곡하고 의학 지침 준수를 줄이고 많은 고객들에게 불리한 건강 결과를 가져온다. 숫자에 능숙한 사람들도 작동하는 모든 변수들의 진짜 위험을 평가하는 데 어려움을 겪는다. 그래서 우리는 좋든 나쁘든 간에, 산수 휴리스틱에 의존한다.

숫자들은 지면에 나타난 형태에서 그치지 않는다. 그것들은 정서적인 수량이다. 산수 휴리스틱은 다른 휴리스틱과 마찬가지로, 독립적 행위자로 작동하는 경우가 드물다.

2부에서는 완벽과는 거리가 먼 우리 내면의 수학자와 하게 되는 여러 가지 거래, 정서와 숫자의 비이성적 상호작용을 보여준다. 우리는 보상을 늦추려는 개념이, 정서적 계산에 시간이라는 요소가 더해진 미래 휴리스틱에 울려 퍼지는 걸 보게 될 것이다. 그리고 8장 '희귀성 휴리스틱'에서는 가치와 갈망의 교묘한 상호작용을 보게 될 것이다.

8

희귀성 휴리스틱 The Scarcity Heuristic
쓸모없는 금에 사람들이 열광하는 이유

이혼을 한 뒤 몇 년간 데이트를 거의 안 하다가, 얼마 전부터 배우자를 간절히 원하게 된 친구가 있다. 그녀는 구혼 광고를 내고 인터넷 중매 서비스를 신청하고 싱글 사교댄스 모임에도 참가해봤지만 자신이 원하는 매력적이고 친절하며 단정한 사람을 찾지 못했다.

한 달 한 달 지날 때마다 그녀의 갈망은 강해졌다. 그리고 갈망이 강해질수록 그런 사람을 찾을 가능성은 점점 희박한 듯했다. 그런데 최근에 그녀의 태도가 확 바뀌었다. 자신이 찾는 괜찮은 남자는 없다고 믿게 된 것이다. 과장이 아니다. 그녀는 진심으로 그렇게 생각하며 괜찮은 남자는 거의 다 사라져서 더 이상 찾아다닐 이유가 없다면서 괜찮은 남자 찾기를 아예 포기했다.

심리학자들은 이러한 종류의 사고에 매우 관심을 보인다. 사실 내 친구는 괜찮은 남자들이 얼마나 있는지 정확하게 모른다. 어떻게 하면 알 수 있을까? 그건 확률적 질문이다. 고통스런 경험에도 불구하고, 그녀는 거기에 대답할 충분한 정보를 갖고 있지 않다. 하지만 그녀는 대답을 안다고 스스로에게 확신시켰고, 그래서 내린 대답은 한 명도 없다는 것이다. 과연 그녀의 머릿속에 무슨 일이 벌어진 걸까? 희귀성 휴리스틱이 작동한 것이다.

못생긴 인형에 150달러나 지불하는 사람들

희귀성 휴리스틱은 만일 뭔가가 드물다면 그건 분명 가치 있는 거라고 그리고 뭔가가 가치 있다면 그건 분명 드물 것이라고 말한다. 금이 소중한 이유는 그걸 갖고 마천루를 짓거나 암을 치료할 수 있어서가 아니라 주위에 별로 없기 때문이다.

1980년대 양배추 인형 광풍은 어떤가? 양배추 인형은 지나치게 큰 머리, 커다란 눈, 헝겊 몸통을 가진 약간 바보스러운 모습이다. 인형마다 이름이 정해져 있고, 인형을 구입하면 입양 서류가 딸려 온다. 한동안 양배추 인형이 큰 인기를 끌자 품귀 현상이 일어났다. 희귀성은 실제 시장의 공포를 가열시켰다. 부모들은 백화점 복도에서 서로 양배추 인형을 차지하려고 난리였고, 상점들은 양배추 인형을 전담하는 경호원까지 고용했다. 그런데도 여러 상점들이 약탈을 당했고, 암시장에서 150달러 이상의 고가에 거래되기 시작했다.

이것은 희귀성 휴리스틱의 가장 극단적이고 생생한 사례다. 물론 모든 상품의 희귀성이 인간의 최악의 모습을 끌어내는 건 아니다. 하지만 모든 희귀성은 진짜 가치에 대한 우리의 감각을 편향되게 만들 잠재력을 갖고 있다. 심리학자들과 상품 이론가들은 여러 상품에서 희귀성의 왜곡된 힘을 증명했다. 그 반대(때로 가치 휴리스틱이라고 불린다) 역시 왜곡된다. 앞서 예로 든 괜찮은 남자 찾기를 체념한 그 친구는 분명하고 단순한 것, 즉 자신이 높게 평가하는 갈망을 복잡하고 잘 알지 못하는 통계자료로 자신도 모르게 대체했다.

단지 데이트만이 아니다. 한 연구원 집단은 건강과 질병 판단에 대한 흥미로운 연구를 했는데, 이는 우리가 의사결정을 내릴 때 희귀성 휴리스틱이 얼마나 만연한지를 잘 보여준다. 단지 가짜 의학 실험실에서 이루어진 정교한 실험이었다. 참가자들은 건강 관련 포스터들, 청진기, 시력 검사표, 가운을 걸친 의사 등 의료 관련 대상들로 꾸며진 실험실로 안내되었다. 모두에게 TASRT라는 의료 검사를 받을 거라고 말한 뒤 검사를 했다. 물론 지어낸 검사명이지만 그럴듯했다. 정교한 계획에 따라, TASRT 검사는 TAA라 불리는 췌장 효소의 부족을 스크린에 나타냈다. 사실 TAA 부족은 연구원들이 실험을 위해 만들어낸 가짜 장애다.

TASRT에는 일종의 리트머스 종이와 비슷한 가늘고 긴 노란 종이가 사용된다. 실험의 목적을 위해 참가자 일부에게는 종이가 녹색으로 변하면 효소가 결핍된 거라고 말하고, 다른 이들에게는 정반대로 녹색으로 변하면 상태가 괜찮은 거라고 말한다. 사실 그 종이는 늘 녹색으로 변한다. 한마디로 그 테스트는 속임수였다.

테스트를 하자 참가자의 절반은 양성반응이 나왔고, 다른 절반은 음성반응이 나왔다. 의사는 일부에게는 TAA 결핍이 흔히 있는 것(다섯 명 가운데 네 명꼴)이라고 말하고, 다른 사람들에게는 TAA가 드문 것(다섯명 가운데 한 명꼴)이라고 말했다. 효소 부족과 관련해서 참가자들의 마음속에서 희귀한 것 혹은 반대로 흔한 것이라는 느낌을 심어주기 위해서다. 연구원들은 참가자들이 희귀성 휴리스틱에 유도되는 것이 치료 방법을 구할지 말지 여부를 결정하는 데 영향을 주는지 알아보고자 했다.

그러한 장애가 희귀하다고 믿는 사람들은 검사 결과를 더욱 심각하게 받아들였다. 반면 흔한 장애라고 믿는 사람들은 덜 위협적인 것으로 받아들였다. 그리고 장애의 심각함을 무시한 환자들은 치료를 받으려는 성향이 덜했다.

희귀성 원칙은 수년간 다양한 맥락에서 증명되었지만 최근에야 비로소 심리학자들은 희귀성 원칙의 이면이 어떻게 혼란을 일으키는지에 대해 진지하게 탐구하기 시작했다. 심리학자 시안치 다이, 클라우스 웨텐브로치, 미구엘 브렌들로 구성된 국제적인 팀은 이러한 정신적 편향의 힘을 보여줄 아주 단순한 실험을 했다. 한 실험에서, 젊은이 집단에 100장의 사진을 보여줬다. 반은 새 사진이고 반은 꽃 사진으로, 무작위 순서로 보여준 다음 사진을 마구 섞어 다시 보여주면서 일부 참가자들에게는 꽃을 발견할 때마다, 다른 참가자들에게는 새를 발견할 때마다 돈을 줬다. 그러고는 모두에게 사진 무더기에서 꽃 사진의 숫자와 새 사진의 숫자를 추정하라고 했다.

그 결과는 이론과 일치했다. 꽃 사진을 찾을 때마다 돈을 받은 사람들은 새보다 꽃 사진이 더 적다고 말했고, 새 사진을 찾을 때마다 돈을 받은 사람들은 꽃보다 새 사진이 적다고 말했다. 누구도 꽃과 새 사진의 정확한 숫자를 알지 못했다. 실질적으로 뭔가에 대한 갈망이 그들에게 잘못 지각된 희귀성을 야기했다는 걸 누구도 눈치채지 못했다.

물론 이것은 옳지 않다. 하지만 뇌의 많은 지름길들은 그렇게 여기지 않는다. 결과를 재현하기 위해 과학자들은 또 다른 실험을 했다. 내 친구가 실생활에서 겪은 딜레마와 다소 비슷하다. 참가자들은(여기에 참여한 남녀는 모두 이성애자다) 남자와 여자의 초상화를 바라봤다. 일부는 매력적이고 일부는 아니다. 나중에 질문을 해보니, 남녀 모두 매력적인 동성보다 매력적인 이성이 더 적다고 여겼다. 이번엔 못생긴 초상화만 보여주자 희귀성을 지각하지 못했다. 하지만 또다시 참가자들은 정서적 갈망을 현실적인 계산으로 대체했다. 결국엔 그들이 원하는 것은 찾기 힘들다고 믿게 되었다.

이러한 인지적 도구들은 오랜 세월 동안 진화해오면서 오래전의 적응적 목적에 부응했을 것이다. 아마 배우자 추구자들을 덜 까다롭게 만들어 최적의 배우자를 계속 찾아다니기보다는 주변에 있는 후보들 가운데 한 명을 골라 관계를 맺게 했을 것이다. 너무 고르는 것은 초기 인간들에게는 적응이 되지 않았다. 번식할 수 있는 시간이 제한적이기 때문이다. 하지만 불확실한 상황에서 의사결정을 내리는 건 현대 사회에서는 더욱 어려울 수 있다. 이러한 정신적 지름길이 외로운 독신을 선택하게 만들거나 부적절한 배우자를 선택하게 만들기도 한다.

물론 가치를 지각하고 평가하는 방법은 많다. 시간에 대해 생각해보자. 우리 모두 정말로 지루한 강의나 회의에 참석했을 때 언제 끝날지 시계만 쳐다본 경험이 있을 것이다. 시간은 돈이라고 하는데, 이러한 매우 불쾌한 경험은 소중한 시간을 낭비하게 만든다. 정반대는 심리학자들이 말하는 '몰입하기'다. 몰입하면 뭘 경험하든 간에 너무 즐겁고 푹 빠져 시간이 지나가는 줄도 모른다.

심리학자들은 희귀성(가치) 휴리스틱을 이런 식으로 바라본다. 프랑스 소르본 대학교의 한 실험에서 참가자들은 짧은 음악을 들었다. 베르디의 레퀴엠이나 마일즈 데이비스의 곡이 아니라, 감정을 휘저을 건 하나도 없는 음악이다. 그런 다음 일부 참가자들에게 그 음악을 다시 듣는 데 돈을 얼마나 지불할지 물었다. 반대로 다른 이들에게는 돈을 얼마나 주면 다시 들을 건지 물었다.

애매모호한 상황에 직면했을 때 돈을 얼마나 낼 건지 질문을 받은 사람들은 그 경험을 즐겁거나 가치 있는 걸로 가정한다. 하지만 돈을 얼마나 받겠냐는 질문을 받은 사람들은 정반대로 가정한다. 그 경험은 가치가 거의 없고 심지어 별로 좋지도 않다. 이후 심리학자들은 모든 참가자들에게 얼마나 오래 음악을 들었는지 시간을 추정하라고 요구했다. 결과는 어떠했을까? 돈을 지불해야 한다고 생각한 사람들은 돈을 지불받는 것에 대한 질문을 받은 사람들보다 음악 감상 시간을 짧다고 생각했다. 실제로 돈이 교환된 건 아니지만 돈을 지불한다는 생각이 그들에게 가치를 지각하게 만들어 희귀성(가치) 휴리스틱을 유도한 것이다. 그 결과 그들은 상당히 즐거운 음악을 많이 듣지 못했다며 희귀성을 지각하게 되었다.

실생활에서도 이런 사례를 쉽게 찾아볼 수 있다. 최근 들어 록 콘서트 티켓 값이 매우 비싸졌다. 심지어 나이든 로커들의 콘서트도 어떤 장소 어떤 자리냐에 따라 100~200달러 정도 한다. 그래서 실제로 티켓 구매 사이트에 큰돈을 지불하기 전에 그 가치에 대해 생각해봐야 한다.

당신은 특정한 공연이 그 정도 가치가 있다고 상상한다. 록음악을 즐길 멋진 저녁을 기대하며 티켓을 사고 베이비시터와 약속을 잡는 등 모든 준비를 해놓는다. 마침내 그날 밤이 되었다. 당신은 콘서트홀에 도착하고 밴드가 연주를 시작한다. 50분 후 밴드는 연주를 끝내고 이렇게 말한다. "멋진 밤이었습니다. 여러분, 와주셔서 감사합니다." "엥?" 이게 끝이라니. 미련을 떨칠 수 없어 손바닥이 부르트도록 박수를 치는데 앵콜곡도 없다. 사기꾼이 당신 지갑에서 돈을 가져간 것처럼 속은 기분이다. 당신은 상실감을 느낀다.

이번에는 당신이 공원을 돌아다니다 무료 콘서트를 보게 되었다고 상상해보자. 콘서트가 거의 끝날 무렵이지만 몇 곡을 들을 수 있었다. 30분 정도 음악을 들은 듯하다. 사기 당한 기분이거나 상실감이 느껴지는가? 아마 그렇지 않을 것이다. 마치 예기치 못한 보너스를 받은 기분일 것이다. 무료 콘서트를 볼 때는 당신 돈의 가치를 계산하지 않기 때문에 어떤 희귀성이나 박탈감을 느끼지 못한다.

그럼, 이것이 무료로 공연하는 공연자들을 과소평가한다는 의미일까? 천박하고 비이성적으로 들리지만 어느 정도는 사실이다. 앞서 언급한 연구원들은 콘서트에서 가치 휴리스틱과 희귀성 휴리스틱이 순환적인 방식으로 서로를 강화하면서 작동하는지 알아보기 위해 여러 실험을 했다.

한 연구에서, 그들은 참가자들에게 희귀한 우표의 가치에 대해 생각하게 함으로써 가치와 희귀성의 무의식적 연관을 유도한 뒤 참가자들에게 음악을 듣게 했다. 절반은 시시한 음악을 듣게 하고 다른 절반은 클래식 음악을 듣게 했다. 그러고는 모든 참가자들에게 많은 질문을 했는데, 그중에는 음악 감상의 대가로 얼마나 일할 의향이 있느냐는 질문도 있었다.

결과는 흥미로웠다. 가치와 희귀성에 대해 생각하도록 유도된 사람들은 클래식 음악 공연시간을 보다 짧게 지각했다. 즉 그들은 가치 있는 무엇인가의 희귀성을 지각했다. 게다가 이들은 음악 감상을 위해 더 많이 일할 의향이 있다고 말했다. 다시 말해 경험을 가치 있게 평가하는 것이 희귀성을 지각하게 만들고, 그건 다시 가치의 감각을 강화시켰다. 두 인지적 편향의 순환적 상호작용이 처음 믿음을 강화시켰다.

이러한 결과들은 경험의 가치와 관련 있는데, 연구원들은 소비재를 통해서도 살펴보고자 했다. 시카고 대학교의 한 실험에서, 참가자들에게 여러 가지 생수병 광고를 보여줬다. 일부는 사막과 낙타를 배경으로 찍힌 생수병을 보고, 다른 일부는 눈 덮인 정상을 배경으로 한 생수병을 봤다. 사막 장면은 갈증과 희귀성의 내면 감각을 자극하는 걸 의미한다.

그리고 연구원들은 참가자들에게 예술작품 두 점을 보여줬다. 하나는 살바도르 달리의 작품이고 다른 하나는 헨리 마티세의 작품이다. 자신이 선호하는 것을 고르라고 한 뒤, 같은 예술가의 다른 그림을 찾아내는 게 얼마나 어려운지 예측하게 했다. 그런 다음 각 그림의 시장 가치를 평가하라고 했다. 결과는 앞 실험과 마찬가지였다. 사막과 낙타에 유도된 사람들은 자신이 좋아하는 예술가가 그린 예술 작품이 더 희귀하다고 믿고 시장 가치도 더 높게 평가했다. 다시 말해 물에 대한 갈망이 뇌의 가치 휴리스틱을 유발시켜, 전혀 관련 없는 영역인 예술 시장에서 희귀성의 감각을 만들어냈다. 그리고 그것이 참가자들이 선택한 예술가의 작품에 대한 시장 가치를 높였다.

여기서 정말로 흥미로운 것은, 이러한 휴리스틱이 어떤 식으로 인간의 욕구와 갈망의 전범위에 걸쳐 있는가다. 당신은 목마름과 갈망과 물이 현대 예술과 거의 상관없다고 생각할 것이다. 하지만 뇌는 그러한 구분을 하지 못한다. 희귀성과 가치는 뇌에서 긴밀하게 연결되어 있어, 맥락에 관계없이 한 경험을 하면 다른 어딘가에서 그러한 연결을 유발하고 굳히는 효과를 낸다.

이 모든 것이 인위적이고 실생활과 관련 없어 보일지 몰라도 전혀 그렇지 않다. 우리는 각종 선호를 갖고 있다. 물건마다 다른 가치를 매기고 공급에 대해 다양한 방식으로 생각한다. 이러한 실험들이 보여주는 것은 서로 엮인 두 휴리스틱이 순환적인 방식으로 작동하며 선호를 한쪽으로 몰아 강화시키는데, 그게 항상 유익한 건 아니라는 것이다.

예술 같은 고상한 차원이 아니라 돈과 실제 소비자 행동 측면에서 이러한 생각을 검토해본 한 가지 실험을 더 살펴보자. 자선과 관련된 실험인데, 연구원들은 참가자들에게 멸종위기에 처한 자이언트 판다 기금에 후원해달라고 요청했다. 하지만 그들 행동의 순환 과정을 관찰하기 위해 약간 방식을 달리했다.

연구원들은 참가자들 가운데 누가 진정으로 자이언트 판다의 운명에 대해 신경 쓰는지 알지 못했기 때문에, 귀여운 판다 사진을 일부에게 보여줌으로써 신경 쓰는 정도를 조작했다. 그러고는 일부에게 세상에 남아 있는 자이언트 판다의 숫자를 추정하게 한 뒤 멸종위기 종을 보호하기 위해 어느 정도의 돈을 내놓을 의향이 있는지 물었다. 사진을 본 사람들은 다른 이들에 비해 자이언트 판다의 가치를 더 높게 매겼으며, 자이언트 판다가 더 희귀하다고 추정했다. 그 결과 자이언트 판다는 위험에 처한 종이라는 생각을 갖게 되었고, 그것은 판다를 구하기 위해 더 많은 돈을 기부할 마음을 갖게 만들었다. 가치가 희귀성에 대한 지각을 불러오고, 그것이 판다에 대한 지각상의 가치를 증가시킨 것이다.

살을 빼려면 초콜릿을 곁에 두어야 한다

이제껏 설명한 실험의 대다수는 당신이 살면서 시장에서 원하거나 원하지 않은 (그리고 돈을 지불할 의향이 있는) 상품과 관련 있었다. 하지만 희귀성(가치) 휴리스틱은 돈이나 시장과는 관련 없는 일상의 많은 행동에서도 작동한다. 사실 우리에게 해를 주는 것들에 '안 돼'라고 말하는 자기절제의 토대이기도 하다.

중독에 대해 생각해보자. 중독 회복 프로그램에 다음과 같은 격언이 있다. "당신이 이발소에 계속 간다면 결국엔 머리를 깎게 된다." 이는 다시 말해 "유혹에서 멀찍이 떨어져 있어라"는 의미다. 술집, 파티, 초콜릿, 경마 등 중독이 무엇이든 간에, 그 근처를 어슬렁거리면 당신의 자기통제는 언젠가 실패하게 될 거라는 게 일반적으로 받아들이는 지혜다.

하지만 그게 사실일까? 유혹하는 뭔가가 공급되고 손쉽게 이용 가능하다고 해서 저항 의지가 약해질까? 그 해답은 공공건강 전문의에게는 이론적 흥미 이상이다. 그리고 심각한 중독 장애를 넘어선 영역에서도 생각해볼 수 있다. 전국적으로 비만 위기가 커지면서 전문가들은 자기절제와 통제의 어려움에 계속 주목했다. 우리에게 흔하고 익숙한 유혹인 사탕에 주목해보자. 모든 자기절제의 난제는 단것을 입에 넣고 싶은 욕구의 충족과 좋은 영양물을 섭취하려는 의지 사이의 이러저러한 거래다. 집 안 어디에도 사탕을 두어서는 안 된다는 것이 직관적으로 명백하지만 또 다른 심리학 이론은 희귀성 원칙의 강력한 영향력에 근거해 정반대를 주장한다. 즉 우리는 이용 가능한 것들에 대해서는 크게 신경 쓰지 않는다. 우리는 희귀한 걸 탐낸다. 이것이 금단의 열매 개념 이면에 있는 이론이다. 물건을 숨겨두는 건 우리의 갈망을 더 강렬하게 만들 뿐이다.

최근 세 심리학자들은 희귀성 원칙에 근거해 자기절제의 역설적 관점을 테스트하기로 결정했다. 시카고 대학교의 크리스틴 오브 미세스와 아예렛 피시바흐, 뉴욕 대학교의 야코브 트로프는 사탕이 주변에 널려 있으면 그에 대한 갈망이 줄어들 것이라고 예측했다. 더 나아가, 사탕의 이용

가능성이 건강이라는 더 숭고한 목표를 위협하기 때문에 그런 결과를 가져온다고 추측했다. 더 큰 선을 보호하기 위해 마음이 갈망을 누그러뜨리는 것이다. 간단히 말해 유혹이 되는 사탕을 계속 주변에 둠으로써 사탕을 덜 끌리게 만들 수 있다.

그들이 이러한 반직관적인 개념을 어떻게 테스트했는지 살펴보자. 그들은 헬스장 입구에 서서 헬스장을 나서는 젊은 여성들을 붙들고 그래놀라 바(granola bar, 곡물에 꿀 등을 첨가해 만든 간편한 건강식품—옮긴이)나 초콜릿을 선택하게 한 뒤, 각각에 대해 그들의 갈망을 평가하게 했다. 매우 간단한 방법이지만 일부는 선택하기 전에 갈망을 먼저 평가하고, 다른 이들은 선택 후(하지만 먹기 전)에 갈망을 평가했다. 이용 가능할 때의 갈망과, 공급이 없어졌을 때의 갈망을 비교하기 위해서다.

그들은 헬스장의 젊은 여성들이 건강을 의식하고 있어서 두 선택 사이에서 갈등할 거라고 추정했다. 사실 여성들은 몸에 좋은 그래놀라 바를 더 선호하고 초콜릿을 저평가했다. 하지만 그래놀라 바를 선호한다고 말한 뒤 더 이상 초콜릿을 선택할 수 없는 상황이 되자마자, 그래놀라 바에 대한 강한 선호는 사라졌다. 그래서 자기통제는 유혹하고 있는 것에 대한 갈망을 줄임으로써 역설적으로 움직이는 것처럼 보였다. 요컨대 이러한 자기통제는 사탕이 바로 눈앞에 있을 때 가장 잘 작동한다.

하지만 당신이 마음을 바꿀 수 있다면 어떨까? 그래놀라 바를 버리고 초콜릿을 미친 듯이 먹을까? 아니면 유혹이 옵션으로 있는 동안은 갈망을 억제할까? 심리학자들은 테스트를 해보기로 했다. 하지만 이번에는 초콜릿 대신에 일과 놀이가 개입된 자기절제 거래를 만들어냈다. 그들은 시카고 대학교 MBA 대학원생 집단을 연구했다. 불행히도 이들은 고문처럼 지루한 필수과목 수업을 듣고 있었는데, 영화감상이나 파티 같은 많은 여가활동을 얼마나 원하는지 평가하게 했다.

일부는 지루한 수업 취소라는 옵션이 있는 상태에서 여가활동을 평가한 반면에, 다른 이들은 수업 취소 마감일이 지난 뒤에 여가활동을 평가하게 했다. 다시 말해 일부에게는 결정을 되돌릴 수 있게 했고 다른 이들은 그렇지 못했다. 여가를 위해 수업을 취소할 옵션을 가진 학생들은 놀고 싶은 충동을 억제할 수 있었다. 마감일이 지난 뒤에야 그들은 재미있게 놀 수 있는 상실된 기회에 대해 아쉬워했다. 즉 유혹에 넘어가지 않게 스스로를 보호한 듯하다.

그리고 학자들은 일부 호기심 어린 질문들을 내놓았다. 다이어트를 하는 사람들은 간식이 널려 있는 환경이 더 이로운 걸까? 모순적으로 자기통제를 돕기 위해서 알코올 중독자들은 술 보관대에 술을 넣어두어야 하나? 직관적인 대답에 따르면 "아니다". 하지만 이러한 연구들에서 나온 증거는 그렇다고 주장한다. 즉 장기적인 자기절제는 유혹과 함께함으로써 강화될 수 있다.

>>>

진지한 코미디 영화의 고전 〈해럴드와 모드〉에서 해럴드는 죽음과 죽는 것에 집착하는 열아홉 살 난 소년이다. 그는 반복적으로 자신의 자살을 꾸며대고 영구차를 운전하며 낯선 이의 장례식에 재미로 참석한다. 그러다 자신과 같은 취미를 가진 일흔아홉 살의 할머니 모드와 사랑에 빠진다. 이런 해럴드가 염세적인 삶의 방식을 접고 삶을 새롭게 받아들이게 만든 건, 모드의 죽음이다.

그런 사례는 실생활에서도 찾아볼 수 있다. 죽음 가까이 갔다 살아난 사람들은 종종 삶의 평범한 것들에 대해 더욱 욕망이 강해졌다고 말한다. 최근 미주리 대학교에서 이루어진 일부 연구들은 이것이 희귀성 휴리스틱 작동의 궁극적 사례라고 주장한다. 휴리스틱적 마음에서 보면, 죽음은 삶의 희귀성이며 우리에게 남겨진 삶을 소중하게 여기게 만든다. 어떤 것의 수량(최소한 수량에 대한 우리의 지각)은 주관적이며 우리의 희망과 갈망에 의해 빚어진다.

다음 장인 '닻 휴리스틱'에서 보듯, 사실과 숫자와의 비이성적인 관계는 사소한 것부터 다른 사람들의 믿음까지, 모든 것에 대한 우리의 판단을 형성한다.

9

닻 휴리스틱 The Anchor Heuristic
사람들은 왜 모르는 문제에도 답을 말할까

지난 3년 동안 IBM에서는 인공지능과 자연언어처리(natural language processing)를 다루는 20명의 전문가들이 회사의 설립자 토마스 왓슨의 이름을 딴 '왓슨'이라는 컴퓨터 프로그램을 위해 혼신을 다해 연구하고 있다. 이 프로젝트의 목적은 유명한 퀴즈쇼 〈제퍼디〉의 참가자들과 경쟁할 수 있는 컴퓨터 참가자를 만들기 위함이다.

IBM은 왜 이 퀴즈쇼를 위해 그렇게 많은 돈과 시간을 들이는 걸까? 〈제퍼디〉가 어떤 건지 짐시 살펴보자. 이 퀴즈쇼는 방대한 양의 지식을 처리하는 인간의 능력을 평가하는 테스트다. 정보들을 연결시키고 정보들 사이의 관계를 평가하고 필요 없는 사실은 버리고 순식간에 가장 적절한 것에 초점을 맞춘다. 한마디로, 사람들의 경험 지식에 근거해 추측하는 '지적 유연성'을 테스트한다.

사실 이는 우리가 날마다 하는 행동이다. 대개는 우리가 의식하지 못한 채 이런 행동을 하지만, 이는 분명 뛰어난 능력이다. 사실 그게 〈제퍼디〉를 만들었다. 이 퀴즈쇼에서 우승하려면 천재들이 벌이는 체스 대회보다 더 많은 인지적 유연성이 필요하다. IBM 과학자들은 '딥 블루'라는 컴퓨터 프로그램을 개발해 체스 세계 챔피언인 게리 카스파로프를 이겼다. 그건 체스가 한정된 가능성을 가진 규칙 기반 게임이기 때문이다. 하지만 인간의 지식은 소소할지는 몰라도 끝이 없다.

생각의 소용돌이에 인지적 닻을 내리다

만일 IBM의 과학자들이 성공한다면 인간 마음에서 작동하는 가장 강력하면서도 교묘한 인지적 도구 가운데 하나를 파악하게 될 것이다. 바로 심리학자들이 닻 휴리스틱이라 부르는 것이다. 이것의 작동을 이해하려면 범선의 닻을 생각하면 된다.

당신은 항해 중 잠시 쉬었다 가기로 결정하고 작은 석호에 선박의 닻을 내린다. 닻은 모래 바닥의 특정 지점에 선박이 안전하게 머무르게 해준다. 하지만 닻이 고정되어 있어도 선박 자체는 한곳에 머무르지 않는다. 바람과 조류와 조수에 따라 다소 흔들린다. 해안선 혹은 바다 쪽으로 9~18미터 정도 왔다 갔다 하며 일정 범위 내에서 움직인다. 이와 비슷하게, 우리의 마음도 인지적 조류와 조수에 따라 고정된 닻 주위를 표류하는 경향이 있다. 닻은 세상에 대한 사실, 지각, 논의에 대한 관점이나 문제일 수 있다. 심지어 친구나 배우자에 대한 당신의 태도일 수도 있다. 핵심은 우리의 생각이 역동적으로 움직이지만, 정신의 닻이 우리의 선택을 제한한다는 것이다.

다시 〈제퍼디〉로 돌아가보자. 그것은 우리가 날마다 하는 정보처리 과정의 미니 버전이기 때문에 좋은 예시가 될 수 있다. 당신이 퀴즈쇼의 실제 참가자라고 상상해보자. 이제 결선이다. 당신은 다른 두 명의 참가자들과 열띤 경쟁을 한다. 이번 퀴즈 테마는 미국 건국의 아버지들이다. 당신은 18세기 역사에 대해서는 어느 정도 자신이 있다. 알렉스 트레벡이 결선 문제를 낸다. "조지 워싱턴이 당선된 해는?" 당신은 확실히는 모른다. 많은 돈이 걸려 있고 당신에게는 대학교에 보내야 할 자녀도 둘이나 있다. 당신은 경험과 지식에 근거해 추측할 것이다.

그럼 어떻게 당신은 최고의 추측을 해낼까? 18세기를 전공한 역사학자를 제외하고는, 조지 워싱턴이 당선된 해를 정확하게 알고 있는 사람은 별로 없다. 이것은 당신이 날마다 기억할 필요가 있는 유형의 정보가 아니다. 우리의 기억에 필요로 하는 정확한 답이 없을 때, 우리는 차선의 것, 사실의 닻을 사용한다. 당신은 관련된 다른 역사적 사실을 머릿속에 저장해놨을 것이다. 이를테면 1776년에 독립선언을 했다는 건 누구나 안다.

좋다. 이제 1776년이 최소한 출발점이 되었다. 하지만 당신은 그것만으로는 게임에서 승리를 거둘 수 없다는 걸 안다. 시간은 자꾸 흐른다. 당신은 그러한 정신적 닻에서 출발해 표류하기 시작한다. 분명 1776년 이전은 아니다. 다음 해인 1777년인가? 아니면 5년 후? 어쩌면 20년이나 지나서인가? 노대체 그 시대에 무슨 일이 벌어진 거지? 헌법이 작성된 때는? 1780년대였던가? 당신의 마음에서, 즉 당신은 닻에서 점차 움직이며 그럴듯한 범위 내의 해답들을 생각해낸다. 그리고 시간이 다 되면, 가능성들 가운데 최선의 것을 적어낸다.

'닻 내리기와 조율하기'로 알려진 이 기본적 과정은 수년간 연구되고 수정되었다. 대다수 인지심리학자들에겐 성전과 같은 존재다. 하지만 여전히 풀지 못한 많은 문제들이 있다. 가장 대표적인 질문은 "왜 우리의 지식과 경험에 근거한 추측은 상당히 자주 틀릴까?"다. 〈제퍼디〉 참가자들을 한 집단으로 보면 열 번 중 여덟 번가량 맞춘다. 대단한 성공률이지만 이는 20퍼센트는 틀렸다는 의미도 된다. 사실 닻 내리기와 조율하기가 완벽한 인지적 전략이라면 〈제퍼디〉는 예측 가능하고 재미없는 게임쇼에 불과했을 것이다. 우리의 삶 또한 더 쉬워졌을 것이다. 하지만 닻 내리기와 조율하기는 각종 편견과 문제로 이어지는 불완전한 과정이다.

우리가 그것의 힘을 알아차리지 못한다면 말이다. 우리는 일상생활에서 이 휴리스틱의 사용을 관찰하고 미세 조정할 수 있다. 심리학자들은 우리가 이렇게 내재된 경향을 어떻게 사용하는지 살펴보고 이론을 다듬기 위해 실험실에서 다양한 실험을 하고 있다.

한 실험에서 시카고 대학교의 니콜라스 에플리와 코넬 대학교의 토머스 길로비치는 참가자들에게 〈제퍼디〉에 나오는 것과 유사한 질문에 대답하게 했다. 예를 들어 새끼를 키우는 어미의 범주에서, 코끼리가 출산하기 전 새끼를 뱃속에 품고 있는 개월 수와 보드카의 빙점 문제가 나온다(앞서 살펴본 조지 워싱턴의 사례도 나온다).

실험 결과 그들은 사람들이 여러 방식으로 닻을 만든다는 사실을 밝혀냈다. 대부분의 참가자들이 조지 워싱턴의 사례처럼, 그들이 생각하기에 해당 질문과 막연하나마 연결되어 있는 사실이 뇌에 저장되어 있으며, 만약 닻으로 삼을 게 전혀 없으면 그저 맹목적으로 추측할 뿐이었다.

흥미로운 것은 심지어 닻이 자의적인 추측인 경우에도 사람들은 여전히 그걸 중심으로 조율한다는 것이다. 원래 닻은 우리 마음에서 인지적 인력(引力)을 발휘하므로 닻에서 더 멀리 벗어날수록 덜 그럴듯해 보이게 만든다. 석호의 범선을 생각해보자. 그것은 표류 범위가 있지만 확보 범위에 따라 제한된다. 그 결과 실험 참가자들은 그럴듯해 보이는 날짜에 도달할 때까지, 가능한 범위 내에서 이리저리 조율해본다.

서문에서 과학자들이 이것을 '적정만족추구'라고 부른다는 것을 언급했다. 우리가 살아가는 데 있어서는 대개 그 정도로도 충분하다. 실제 지식에서뿐만 아니라 각종 문제해결에서도 종종 정확한 대답이 필요하지 않은 경우가 있기 때문이다. 또한 최적에 미치지 못하는 상황, 시간 압박, 정서적 스트레스, 각종 방해 속에서 선택을 내려야 할 때도 있다. 에플리와 길로비치는 닻 내리기의 만족스러운 방법을 밝혀낼 수 있을지 알아보기 위해 실험을 했다. 왜 어떤 사람들은 남들보다 현명한 선택을 내리는지 그 이유를 알아보고자 했다.

한 연구에서 그들은 표준 성격 테스트를 사용해 가장 심사숙고를 덜 하는 학생들과 가장 심사숙고하는 학생들을 분류했다. 머리를 쥐어짜며 궁리하는 학생들이 충동적으로 대답하는 학생들보다 경험과 지식에 근거한 추측을 더 잘하는지 알아보기 위해서였다. 실험 결과는 예측대로였다. 속도를 늦추고 고민하기만 해도 닻 내리기를 더욱 정확하게 처리했다.

두 번째 실험에서, 그들은 같은 〈제퍼디〉 질문을 대낮에 술을 마신 학생들에게 던진 뒤, 술을 마시지 않은 맨 정신의 학생들과 비교했다. 어느 쪽이 더 잘했는지 쉽게 추측할 수 있을 것이다. 마지막으로, 그들은 〈제퍼디〉 실험실 버전을 방해받은 학생들과 그렇지 않은 학생들을 대상으로 했다. 당연히 술을 안 마신 학생들과 방해를 덜 받은 학생들이 추측을 조율하고 정확한 대답에 근접하는 능력이 더 뛰어났다. 그들이 일련의 연구로 증명한 것은 경험과 지식에 근거한 추측에는 많은 정신적 노력이 들며, 다양한 것들이 그러한 노력을 고의로 파괴할 수 있다는 점이었다.

다시 〈제퍼디〉 결선으로 돌아가서 어떻게 할지 생각해보자. 당신은 심사숙고하는 유형이거나 혹은 그렇지 않을 수도 있다. 전국 방송에서 재치를 테스트하기 전에 마티니를 마시지 말라고 조언해줄 심리학자는 필요 없다. 지금 이 순간 당신이 주의를 기울여야 할 유일한 것은 조지 워싱턴이 당선된 해다. 당신은 닻을 내리고 조율하고 가장 그럴듯한 답을 내놓는다. 1788년이 아닐까? 짜잔, 새로운 〈제퍼디〉 챔피언이 탄생했다.

하지만 나는 당신이 뭘 생각하는지 안다. 이것은 별난 퀴즈게임에 사용하기엔 아주 좋은 방법이지만, 그러기 위해서 얼마나 많은 시간을 들여야 할까? 실제로 많은 시간을 들여야 한다. 하지만 당신은 여러 가지 추측을 하면서도 이렇게 흔한 인지적 전략을 알아차리지 못할 것이다. 우리는 항상 닻을 내리고 조율하며 때때로 남들보다 더욱 성공적으로 해낸다. 예를 들어 입찰을 하거나 물물교환할 때, 가치에 가격을 매길 때 그런 과정을 사용한다.

19.5달러에 팔아라

우리가 실생활에서 인지적 닻을 어떻게 사용하는지 보다 즐겁고 적절한 사례를 살펴보겠다. 알프레드 히치콕의 스파이 스릴러 영화 〈북북서로 진로를 돌려라〉의 명장면은 경매 장면이다. 주인공인 로저 손힐은 시카고 경매장에서 적에 의해 위기에 처한다. 그가 탈출할 유일한 방법은 사람들의 관심을 자신에게 집중시키는 것이다. 한 골동품에 2250달러가 입찰될 때 손힐은 "1500!"이라고 외친다. 경매인이 정중하게 나무라자 그는 큰 소리로 입찰 금액을 변경한다. "그럼, 1200!" 그러더니 "13달러!"라고 불쑥 내뱉았다. 고상한 군중은 분노했겠지만 손힐은 원하던 바를 얻었다. 경매인은 결국 경찰을 불러 그를 무자비한 적국 스파이인 반담의 부하들로부터 안전하게 호위하게 한다.

이것은 멋진 코미디다. 그 이유들 가운데 하나는 손힐이 가격과 가치를 서로 협상하는 방식에 대한 모든 심리적 규정을 위배했기 때문이다. 중고차를 사든 치료방법을 선택하든, 심지어 배우자 선택에 있어서도 인생의 많은 부분은 일종의 경매라 할 수 있다. 하지만 목숨을 구하기 위해 규정을 뻔뻔하게 무시한 손힐과 달리, 우리 대다수는 공정한 거래에 대한 갈망으로 동기가 부여된다. 그리고 우리는 제안을 저울질하고 반응을 보이는 등 합의에 도달하기 위해 주고받는 과정에서, 정교한 인지 도구를 사용한다.

그렇다면 인생의 거래는 뇌에서 어떻게 작동할까? 그리고 이것은 우리가 원하는 걸 얻기 위해 사용할 만한 신뢰할 수 있는 도구인가? 심리학자들은 한동안 인지적 교환, 정확하게 앞서 언급했던 것과 같은 종류의 인지적 닻 내리기와 표류에 대해 연구했다. 예를 들어 일종의 입찰을 시작하는 것은 정신적 닻, 따라야 할 심리적 책략의 출발점으로 지각된다. 만일 우리가 입찰의 시작 가격을 근본적으로 부정확하거나 불공정한 것으로 지각한다면, 우리는 또 다른 대체적인 범위의 뭔가로 반박함으로써 그걸 거부한다. 과연 무엇이 우리를 어떤 한 반응에 생각하게 만드는 것일까?

플로리다 대학교 마케팅 교수인 크리스 야니체브스키와 댄 유이는 근원적인 뭔가가 진행되고 있다고 추측했다. 즉 입찰의 시작 가격의 일부 특질 자체가 뇌가 가치에 대해 생각하게 하고 입찰 행동에 영향을 준다고 봤다. 그래서 그들은 정확한 가격으로 입찰을 시작할 때 뇌가 어떻게 활동하는지 살펴보고자 했다. 이를테면 상점 주인이 상품 가격을 딱 떨어지는

20달러 대신 19.95달러로 매긴다면 우리는 이에 반응할까?

야니체브스키와 유이는 이런 생각을 테스트하기 위해 가상의 시나리오로 일련의 실험들을 했다. 참가자들은 지식과 경험에 근거해 추측해야 했다. 이를테면 참가자들에게 고해상도 플라즈마 TV를 사는 시나리오에 대해 생각하게 하고 도매가격을 추정하게 했다. 그들에게 소매가격과 소매업자들이 TV 가격을 경쟁적으로 책정하기로 유명하다는 이야기를 들려줬다.

소매가격을 둘러 싼 세 가지 시나리오가 있다. 가상의 구매자들 일부는 소매가격을 5000달러로, 반면에 다른 이들은 4988달러로, 또 다른 이들은 5012달러로 들었다. 구매자들에게 도매가격을 추정하라고 하자, 머릿속에 5000달러가 있는 사람들은, 딱 떨어지지 않는 소매가격을 심사숙고한 사람들보다 훨씬 낮은 가격을 추측했다. 즉 닻에 우수리가 없을 때(뒤에 푼돈이 붙지 않고 딱 떨어질 때) 정신적 닻에서 더 멀리 이동했다. 게다가 정신적 닻을 정수로 시작한 사람들은 정수로 된 도매가격을 추측할 가능성이 높았다.

이러한 실험을 다른 시나리오들로 다시 해봤더니 언제나 같은 결과를 얻었다. 보다 정확한 닻은 더 강한 닻이라는 점이 드러났다. 사람들은 우수리 없는 닻보다 정확한 닻에서 흔들리는 걸 더 불편해했다.

왜 이런 일이 생기는 것일까? 플로리다 대학교 심리학자들은 사람들은 시작 가격(opening bid)을 보고 정신적 잣대를 만들며, 증가의 크기는 시작 가격에 달려 있다는 주장을 펼쳤다. 즉 우리는 20달러 토스터기를 보고 그것이 19달러, 18달러, 21달러 가치가 있는지 생각해본다. 우리는 정수로 사고한다. 하지만 출발점이 19.95달러라면 정신적 잣대는 달라진다.

우리는 여전히 잘못된 가격이라고 생각하지만 마음속에서 달러 대신에 센트로 생각한다. 그래서 19.50달러나 19.25달러의 가치가 있는지 판단해본다.

심리학자들은 실험실에서 내린 결과를 현실에서 검토해보기로 했다. 플로리다 알라추아 카운티에서 5년간 일어난 부동산 매매에서 판매자가 내놓은 가격과 실제 매매 가격을 비교해 살펴봤다. 그들은 예를 들어 50만 달러가 아니라 49만 4500달러라는 정확한 가격을 내놓은 판매자들이 자신이 원하는 가격에 더 가깝게 판다는 걸 발견했다. 달리 말해 구매자들은 정확한 가격의 매물을 접했을 때 가격을 협상하려는 성향이 덜 했다. 따라서 판매자가 시장에서 구매자와 거래할 때 유리한 한 가지 방법은, 시작 가격을 정수가 아닌 가격으로 정하는 것이다.

단순히 퀴즈 쇼에서 우승하는 걸 넘어서, 생사가 결정되는 의학 분야에서도 이런 방식을 이용할 수 있다. 카네기멜론 대학교의 인지심리학자 로버트 클라츠키는 사람들이 정상적이며 바람직한 것이 무엇인지에 대한 길잡이로 정신적 닻을 제공받으면, 중요한 건강검진 일정을 비교적 더 잘 지킨다는 것을 발견했다. 예를 들어 의사가 당신의 나이와 컨디션에 따라 6개월마다 건강검진을 받는 게 좋다고 말하면 환자들은 내과의사의 지침을 완벽하게 따르지 않지만, 이상형에 보다 가까이 다가간다. 마치 그것을 닻으로 시작해 그 주위에서 조율하듯이.

그런데 내과의사가 특정 혈압 치료에 반응할 확률이 좋다고 말하거나 반응할 확률이 80퍼센트라고 말하면 환자들은 종종 이러한 평가에 혼란스러워한다. 퍼센트가 더욱 정확하게 들리기 때문에 환자들은 숫자 닻에서 많이 벗어나지 않을 것이다. 하지만 많은 연구들은 환자들이 '좋다'와 같은 애매한 일반성을 선호하고, 의사들도 그걸 사용하는 경향이 있다는 걸 보였다. '좋다'와 같은 닻에 무슨 일이 일어난 걸까? 생명이 경매라고 상상해보자. 그의 마음에서 환자는 의사와 거래하고 있다. 왜 좋다는 걸 훌륭하다는 것과 거래하지 않겠는가? 환자는 좋다는 걸 '훌륭하다'로 반올림하고, 약이 실제보다 더 효과적이라고 결론을 내린다. 치료 방법의 선택이 걸려 있을 때 경매장은 실로 위험한 곳이 될 수 있다.

하지만 닻 내리기와 조율하기가 항상 표적이 있다고 생각해선 안 된다. 그것은 우리의 일상생활과 모든 관계 속에 스며들어 있다. 에플리와 길로비치는 다른 사람들이 무엇을 생각하고 믿는지 이해하려는 기본적인 행동, 즉 '상대방 관점 취하기'에 대한 일련의 멋진 실험들을 했다. 그리고 다른 누군가의 생각을 이해하려고 할 때 이러한 인지적 휴리스틱이 일상에서 핵심 역할을 한다는 걸 증명했다.

너도 그렇게 생각하지?

톰은 시카고에 사는 평범한 남자다. 그는 종종 스티브와 지나라는 두 친구와 어울린다. 어느 날 밤 세 명은 함께 저녁을 먹고 있었다. 지나는 얼마 전 근처에서 새로 쇼를 시작한 신인 코미디언을 보러 가자고 톰을 꼬드긴다. "그를 꼭 봐야 한다니까." 그녀는 애원한다. "다들 재미있다고 난리야." 톰은 지나의 취향을 믿고 그 신인 코미디언을 보러 갔다. 여기까지는 같다.

이제부터 이야기는 달라진다. 첫 번째 시나리오는 톰이 너무 크게 웃어 배가 아플 정도로 재미있어 했다는 내용이다. 두 번째 시나리오는 톰이 그 쇼를 지루하다고 여겼으며 그 코미디언을 오만하게 봤다는 내용이다.

톰은 심리학자들이 만들어낸 가상의 인물이다. 두 시나리오는 인지적 닻이 상대방 입장에 대한 고려와 감정 이입에 영향을 주는 방식을 살펴보려는 실험의 일환으로 설계되었다. 시카고 대학교의 일부 학생들은 첫 번째 시나리오를 읽고, 나머지 학생들은 두 번째 시나리오를 읽었다. 그러고는 모두 음성 메시지를 들었다.

톰은 쇼를 본 후에 스티브에게 이러한 음성 메시지를 남겼다. "스티브, 나 톰이야. 잘 지내? 혹시 지난번에 지나가 말한 코미디언 기억나? 어제 쇼를 보고 왔는데 너도 가서 직접 확인해보라고 말해주고 싶어. 시간 될 때 전화해. 주말에 뭐 할지 계획을 세우자고." 그의 어조는 무미건조하고 단순히 사실만 말했다. 당신은 이 메시지를 어떻게 해석할까? 그가 정말로 이 신인 코미디언에 대해 말하고자 하는 바는? 그의 마음속에서는 무슨 일이 생긴 것일까?

음성 메시지는 인생의 많은 것들처럼 애매모호하다. 이것이 실험자의 의도다. 연구원들은 참가자들이 이 시나리오를 자기중심적 닻을 중심으로 긍정적 혹은 부정적으로 사용한다는 걸 알아냈다. 즉 그들은 톰이 쇼를 싫어했다는 걸 안다면 음성 메시지를 빈정대는 것으로 해석할 것이다. 반대로 그가 쇼를 좋아했다는 걸 안다면 음성 메시지를 진심으로 해석할 것이다. 당연히 그럴 것이다.

하지만 스티브는 어떻게 생각할까? 어떻게 그는 애매모호한 메시지를 해석할까? 그에겐 당신이 가진 정보가 없다. 그는 톰이 그 코미디언에 대해 어떻게 느끼는지 모른다. 닻이 되어줄 어떤 내부 정보도 없는데 그 메시지를 냉소적 혹은 열정적으로 들을까?

'정확한' 답은 없다. 이 실험은 참가자들이 자신의 머리에서 나와 다른 사람의 머리로 얼마나 유능하게 들어가는지, 그리고 그 과정이 인지적 닻 내리기에 얼마나 많이 도움을 받는지 혹은 방해받는지 알아보기 위한 것이었고, 그 결과는 흥미로웠다.

대다수는 스티브에게 자신들이 가진 정보가 없다는 걸 깨닫고 톰의 진짜 의도를 확실하게 알 수 없다고 생각했지만 그들의 조율은 부적절했다. 톰이 그 쇼를 싫어했다는 걸 안 사람들은 스티브가 (그들처럼) 메시지를 냉소적으로 들을 거라고 생각하는 경향이 더 컸다. 반면에 다른 이들은 그가 진심임을 탐지할 거라고 생각했다. 하지만 스티브는 톰이 의도하는 바를 추측할 수 없었다. 충분한 정보가 없으니까.

이러한 연구 결과들은 관계에서 닻 내리기와 조율하기가 도처에 있으며 그것이 어떻게 실패하는지 보여준다. 시간이 충분하고 곰곰이 생각한다면, 우리의 관점에서 벗어나서 조율할 수 있다. 하지만 그 닻은 우리의 사고에 강한 영향력을 행사한다. 즉 진정한 감정이입이 작동한다. 이것은 일상적인 우정이나 친밀한 관계에서도 마찬가지다.

심리학자들은 무엇이 닻 내리기와 조율하기에 영향을 주는지 알아보기 위해 일련의 실험을 한 뒤 다음과 같은 의견을 내놓았다. 일단 날짜, 양, 관점 등 분명한 닻이 있으면 우리는 짧은 인지적 '점프'로 거기서 벗어날 수 있다. 닻에서 매번 점프해서 벗어날 때마다 우리는 '여기가 멈추어야 할 지점인가'라는 가설을 테스트하기 위해 잠시 멈춘다. 이유가 뭐든 간에 우리가 그렇지 않다고 판단하면 다시 점프한다. 그리고 다시 테스트하고 다시 점프하는 식이다.

이 모든 행위는 물론 매우 빨리 이루어지는데, 다양한 것들이 멈추려는 결정에 영향을 줄 수 있다. 앞서 언급했던 적정만족도 그렇다. 만일 당신이 너무 지치거나 너무 바쁘거나 멋진 여름 날씨에 주의가 산만해진다면 당신은 이렇게 말하게 될 것이다. "최소한 지금은 이 정도로도 충분해." 이처럼 너무 성급하게 조율 과정이 멈추면 다른 사람들의 관점을 보다 덜 이해하게 되는 결과가 이어진다. 연구원들은 이러한 개념을 흥미로운 실험으로 테스트했다.

퀸의 노래 〈언아더 원 바이츠 더 더스트(Another One Bites the Dust)〉가 기억나는지? 불법 마약을 부추기는 메시지를 담고 있는 노래라는 소문이 있었다. 어떤 사람들은 코러스 부분을 뒤로 연주하면, 즉 '백마스킹(backmasking, 어떤 음원을 반대방향으로 재생하는 것을 말하는데, 악마 찬양 등 엉뚱한 메시지가 나온다고들 한다—옮긴이)'을 하면 '마리화나 피는 건 재미있다'라고 들린다고 주장한다. 누구도 의도적으로 가사에 암호 메시지를 삽입하지 않았다. 그런 건 없다. 하지만 사람들은 자신이 분명 그 내용을 들었다고 확신한다. 마치 들어야 마땅한 걸 들었다는 것처럼. 우리는 그런 식으로 임의성에 질서를 부여하는데, 이는 심리적 충동에서 비롯된 것이다.

자기기만의 이러한 경향을 감안해, 에플리와 그의 동료들은 〈언아더 원 바이츠 더 더스트〉에서 제기된 백마스킹을 실험에 사용했다. 그들은 코넬 대학교 학생 집단에게 그 노래를 거꾸로 들려줬다. 일부 학생들에게는 마약 메시지에 대해 말했고 다른 학생들에게는 그 사실을 말하지 않았다. 무엇을 들었냐고 질문하자, 백마스킹에 대해 들었던 거의 대부분 학생들은 마약이라는 단어를 들었다고 말했다. 반면 후자의 학생들은 메시지를 듣지 못했다고 말했다.

연구원들은 무작위로 선발된 학생들에게 그것에 대해 말해주지 않을 경우 과연 그들 가운데 얼마나 많은 이들이 그 메시지를 들었다고 할지,

참가자들에게 추정하게 했다. 그들은 그 닻(메시지가 숨겨져 있거나 혹은 그렇지 않다는 믿음)이 메시지를 받아들이는 데 영향을 줄 거라고 생각했다. 또한 그들은 참가자들이 제대로 조율할 시간이 없다면 더 자기중심적이고 감정이입이 덜 될 거라고 추정했다. 그리고 그런 결과를 얻었다.

퀸의 노래에 담겨 있는 마약 메시지를 들었다고 잘못 믿은 학생들은 많은 이들이 분명 그들의 믿음을 공유할 거라는 관점을 향해 인지적 뜀박질을 했다. 충분한 시간이 주어졌다면 그들은 이러한 비이성적 관점을 수정하거나 최소한 조율했을 것이다. 하지만 그들은 방해를 받는 바람에, 다시 말해 제대로 조율할 시간이 없어 왜곡된 관점을 갖게 되었다.

모든 사회적 상호작용은 이러한 종류의 상대방 관점 취하기가 개입된다. 그리고 우리가 제대로 조율하기 전에 연인, 부모, 교사, 사업 파트너 등으로부터 끊임없이 방해를 받는다. 모든 이들이 남이 이렇게 생각할 거라는 것에 근거해 행동하지만 우리 대다수는 우리가 남의 생각에 대해 알고 있는 것을 상당히 과대평가한다. 오래전 우리 내면에 각인된 불완전한 닻 내리기와 조율하기 휴리스틱 때문에, 우리는 다른 사람들이 우리의 관점을 공유한다고 생각한다. 종종 그렇지 않은 때도 말이다. 결국 이러한 휴리스틱이 가져오는 결과는 단지 퀴즈 쇼에서 상금을 못타는 것보다 훨씬 더 중요한 결과를 가져오기도 한다.

>>>

우리는 즉각적, 자동적으로 다른 누군가의 견해, 갈망, 관점이 우리의 것과 같다고 판단한다. 단지 그게 우리 마음에서 가장 잘 와 닿는다는 이유만으로 말이다.

좋은 의사소통의 비결은 우리가 자기중심적으로 닻을 내린 관점을 잘 조율해 자동적인 관점에서 얼마나 멀리 벗어날 수 있는지에 달려 있다. 만일 우리가 가능한 여러 관점을 취하는 법을 배울 수 없다면 우리는 오해하고, 오해받을 것이다. 상대방 관점 취하기는 공정함의 토대다. 이러한 공정함은 다음 장의 주제인 '칼로리 휴리스틱'과 관련 있다. 칼로리 휴리스틱은 기본적으로 교환과 통화(通貨)에 대해 다루지만, 여기서 통화는 배고픔, 돈, 빈곤 그리고 존중받음이라는 가장 기본적 인간의 감각을 포함해 광범위하게 정의된다.

10

칼로리 휴리스틱 The Calorie Heuristic
왜 빈곤층에 비만이 더 많을까

나는 형과 나이 차이가 별로 안 난다. 우리는 어린 시절 각자의 공정한 몫에 대해 아주 예민하게 반응했다. 특히 간식에 관해서는 거의 목숨을 걸 정도였다. 어머니는 늘 벌어지는 이러한 다툼을 막기 위해 갖가지 묘안을 냈다. 예를 들어 마지막 남은 파이 한 조각을 두고 싸울 경우, 어머니는 두 명 한 가운데 한 명을 골라 파이를 반으로 자르라고 했다. 그런데 자르기 전에 이런 말을 덧붙였다. "대신에, 안 자른 사람이 먼저 원하는 조각을 고르는 거야."

이 짧은 말로 어머니는 나이프를 잡는 즐거움을 앗아갔으며, 실제로 경쟁우위를 전환했다. 어머니는 늘 우리의 어린 마음속에 이기심과 공정함을 혼란스럽게 만들었다.

사실 어머니가 파이 자르기 계략을 처음으로 생각해낸 건 아니다. 인간들은 실제 파이든 은유상의 파이든 간에 각종 파이들을 유구한 세월 동안 잘라왔다. 원시 조상들에게 음식은 영양 보충 그 이상의 의미를 지녔을 것이다. 그것은 자산이자 최초의 통화였다. 다시 말해 음식은 돈과 같고 돈은 음식과 같다. 그래서 이 두 자원이 오늘날 현대인의 마음에서 뗄 수 없게 연결되고 호환성이 남아 있는 건 당연하다.

경제학자들이 돈과 부와 예산을 나타낼 때 파이 그림을 많이 사용하는 건 우연이 아니다. 그건 음식, 현금, 공정성을 엮으려는 뇌의 성향을 보여주는 칼로리 휴리스틱의 반영이다. 어린 시절 어머니의 공정한 계량 덕분에 우리 형제는 잘 정립된 (한편으론 매우 냉소적인) 인생관을 갖게 되었다. 그러한 관점에 따르면, 우리 모두는 실리적 이기심이 지배하는 이성적 계산기처럼 행동한다. 하지만 정말 그럴까? 공정성은 단지 그렇게 해야 유리해질 때만 사용하는 책략일까? 언제나 우리는 남들이 자기 이득만 챙길 거라고 기대할까? 아니면 순전히 공정성을 위한 공정성 같은 게 있을까?

공정성 vs. 배부름

많은 심리학자들은 최근 몇 년 동안 순수한 공리주의 관점은 너무 단순하다며 거기서 벗어나려고 했다. 그러려면 탐욕이나 욕망 같은 자기 부합적 동기에 의해 오염되지 않은 진정한 공정성이 실제한다는 걸 증명해야 했다. 최근 인지과학과 신경과학의 발달로 심리학자들은 다양한 방식으로 이러한 질문에 접근할 수 있게 되었고, 일부는 흥미로운 결과를 얻어냈다. 잠시 후 칼로리와 연결시켜 다루겠지만, 우선 공정성과 이기심에 관한 간단한 연구를 살펴보자.

UCLA의 심리학자 골나츠 타빕니아와 동료들은 '최후통첩게임 (ultimatum game)'이라는 고전적 심리학 테스트를 사용했다. A는 23달러가

들어 있는 저금통을 갖고 있는데, B와 원하는 방식으로 나눌 수 있다. B가 할 수 있는 것은 A의 제안을 수용하거나 거부하는 것이다. 협상은 전혀 없다. A는 실험자들이 투입한 인물로, 관대한 제안부터 공정한 제안이나 쩨쩨한 제안까지 넓은 범주의 여러 가지 제안을 한다. 피험자들은 그러한 제안들을 저울질한 뒤 반응한다.

A가 B에게 무슨 제안을 하든 간에 그것은 뜻밖의 횡재다. 23달러 가운데 고작 5달러에 불과해도 말이다. 그래서 엄격한 공리주의에 따르면 무조건 돈을 받아서 나가야 한다. 하지만 실험실에서는 그렇지 않았다. 심리학자들은 피험자들이 횡재한 액수가 아니라 제안의 공정성에 반응하게 하기 위해 금액을 달리해가며 실험을 했다. 때때로 5달러는 인색한 금액이 되기도 하고 전체 금액이 10달러인 때에는 공정한 금액이 되기도 했다.

그들은 참가자들에게 '행복'부터 '모멸' 등급까지 스스로를 평가하게 했는데, 매우 흥미로운 결과가 나왔다. 즉 같은 금액의 공돈을 얻을 때도 참가자들은 공정한 제안에 더 행복해했다. 그리고 균형을 잃은 자기중심적인 거래는 경멸했다. 심지어 공돈을 놓치게 되는 경우에도 많은 사람들이 매우 불공정한 거래는 거부했다. 이는 존중에 대한 느낌이 이성적·계산적 마음을 눌렀다는 걸 의미한다. 그들은 누군가가 자신을 이용한다는 생각에 민감하게 반응했다.

그 자체는 흥미롭지만, 이는 단지 우리가 다른 사람에게 부당하게 대우받는 걸 좋아하지 않는다는 의미일 수도 있다. 크게 놀랄 일은 아니다. 따라서 심리학자들은 그러한 차원을 넘어서 존중받는 것에 대한 내재적 보상 같은 게 있는지 찾아내기 위해, 참가자들이 공정한 제안과 부당한 제안을 저울질하는 동안 역겨움과 보상에 관련된 뇌의 영역을 스캔했다. 그 결과 뇌의 두 영역이 모두 발화된다는 걸 알게 되었다. 뇌는 이기심만 챙기는 행동을 감정적으로 불쾌하게 여겼으며, 공정성을 유쾌한 것으로 받아들였다. 그리고 이러한 정서적 발화는 즉각적이고 자동적으로 발생했다.

공정성에 대한 이러한 충동은 이성적인 게 아니라 원시적이며 깊숙이 내재되어 있는 듯하다. 갈등에 직면했을 때 뇌는 기본적으로 공정한 거래를 요구한다. 그렇기 때문에 불공정함은 근원적으로 뇌에 부조화를 가져오고 공정성은 보상을 받은 느낌을 준다. 이러한 내면의 형평감은 최근 개에게서도 발견될 정도로 매우 근원적이다. 비엔나 대학교의 연구원들은 개들이 악수를 하면 (혹은 하지 않으면) 보상을 줬다. 그런데 혼자서 테스트를 받을 때는 소시지나 빵 등을 주지 않아도 발을 내밀지만, 보상을 받는 또 다른 개가 옆에 있으면 명령을 잘 따르지 않으려고 했다. 보상 자체가 부족해서가 아니라 불공정함을 지각했기 때문이다.

하지만 우리는 실생활에서 공정하지 못한 제안을 날마다 수용한다. 최후통첩게임 연구에서도 그런 결과가 나타났다. 과학자들이 돈을 위해 자존심을 버린 사람들의 뇌를 스캔했는데 신경세포 발화에서 뚜렷한 패턴을 보였다. 실제로 이성적·실리적 뇌가 잠시나마 뇌의 모욕 중추를 억누를 수 있는 듯했다. 하지만 경제적 파이가 불공정하게 잘라졌을 때 모욕감은 사라지지 않았다. 단지 숨어 있었을 뿐이다.

그럼 우리의 기본적 욕구와 행동들은 어떤가? 배고픔, 폭식, 절약, 자선, 인색함은 뇌에서 연결되어 있을까? 간단히 말해 만족스러운 음식은 재정적 안정감으로 전환될 수 있을까? 포만감과 관대함은 연결되어 있을까? 우리는 말 그대로 돈에 굶주릴 수 있을까?

돈에 대한 갈망이 더 먹게 만든다

벨기에의 루벤 가톨릭 대학교의 심리학자들은 이러한 기본적 욕구와 돈 사이의 역학관계를 탐구하고자 했다. 바바라 브라이어스와 그녀의 동료들은 영양 섭취와 개인 재무관리 사이의 연결을 밝히기 위해 세 가지 실험을 실시했다.

첫 번째 실험에서, 그들은 일부 사람들에게 4시간 동안 음식을 주지 않았다. 아사할 정도는 아니지만 마음속으로 충분히 음식을 떠올릴 만한 시간이다. 나머지는 평상시대로 먹었다. 그리고 여러 대의명분을 내세우며 기부 요청을 받는 시뮬레이션에 참가하게 했다. 배가 꼬르륵거리는 사람들은 자선단체에 기부금을 적게 냈다. 이는 한 영역에서 희귀성을 감지하면 다른 영역에서 자원을 보존한다는 걸 암시한다. 달리 말해 신체적 갈망을 가진 사람들은 관대함을 베풀 기분이 안 난다.

두 번째 실험에서, 브라이어스는 참가자들이 평상시대로 먹게 했다. 하지만 일부에게는 실험실 안으로 잘 구운 초콜릿 케이크 냄새를 풍겨 식욕을 자극했다. 그러고는 앞선 시뮬레이션과 같은 방식으로 관대함을 테스트했다. 마음속에 음식에 대한 갈망이 있는 사람들은 이번에도 역시 자신의 돈을 나누려는 의지가 부족했다. 초콜릿 케이크에 대한 갈망이 사람을 구두쇠로 만들 정도로 충분히 강력하다는 의미다. 흥미로운 것은 참가자들 가운데 누구도 실제로 배가 고프지 않았다는 점이다.

이 실험은 매우 설득력 있는 증거지만 이들은 다른 식으로도 살펴보고자 했다. 즉 돈에 대한 갈망이 먹는 양에 영향을 주는지 보고 싶었다. 그들은 참가자들에게 복권 당첨에 대한 상상을 하게 했다. 하지만 일부에게는 약 2만 5000달러 정도의 큰돈을, 나머지에게는 약 25달러 정도의 훨씬 적은 상금을 생각하게 했다. 그 후 모든 당첨자들에게 스포츠카나 스테레오 등 가상의 횡재로 살 수 있는 것들을 상상하게 했다. 기본적으로 참가자들의 일부를 탐욕스럽게 만들려는 의도였다.

그러고는 모든 참가자들에게 두 종류의 M&M 초콜릿 맛을 테스트하게 했다. 참가자들은 연구원들이 자신들이 먹는 양을 측정하고 있다는 걸 알지 못했다. 예상대로, 탐욕스러움에 유도된 사람들은 단것을 더 많이 먹었다. 돈이나 물건을 축적하려는 갈망은 칼로리를 축적하려는 고대적 적응의 현대 버전처럼 보인다. (하지만 몸무게에 신경 쓰는 사람들은 커다란 스크린 TV의 유혹에도 다이어트를 포기하지 않았다. 이는 우리의 동기가 명확하고 신중하다면 자동적 사고를 억누를 수 있는 증거다.)

마지막 실험은 1940년대의 고전적 연구인, 동전의 크기를 과대평가하는 가난한 아이들과 그러지 않는 부유한 아이들 연구를 따라했다. 이 실험은 또한 여자의 몸매에 대한 남자의 선호가 남자의 경제적 위치에 따라 직접적으로 변함을 보여주는 교차문화 연구와 결과가 일치한다. 심리학자 네이프 넬슨과 에반 모리슨은 이 두 실험 결과의 흥미로운 연결을 증명하고자 했다. 그들은 현금이 없는 학생들은 돈을 잘 쓰는 학생들보다 재정적으로 덜 만족할 거라고 추정했다. 그리고 대규모 학생들을 고용해서 지갑 안에 얼마나 많은 돈이 있는지 물어본 뒤 데이트 파트너의 체중에 대한 선호도를 살펴봤다.

모든 정보를 분석한 결과, 돈이 없는 남자들은 지갑이 두둑한 남자들보다 체중이 나가는 여자들을 더 선호했다. 재무 상태에 대한 생각이 데이트 선호에 영향을 준다는 첫 번째 증거였다.

심리학자들은 약간 다른 방식으로 이러한 초기 결과들을 다시 살펴보기로 했다. 수중에 현금이 있는지 묻는 대신에, 참가자들에게 은행에서 얼마나 많은 돈을 인출할 수 있는지 물었다. 하지만 상대적 박탈감을 조작하기 위해서 일부에게는 0~500달러라는 제한을 두었고 다른 이들에게는 0~40만 달러 제한을 두었다. 그 결과 일부는 남들에 비해 부자인 느낌을 가졌고, 다른 이들은 다소 박탈감을 느꼈다. 그런 다음 파트너에 대한 선호도를 확인했다. 역시나 재정적 여유를 느낀 사람들이 더 날씬한 여자들을 선호했고, 재정적 결핍을 느낀 남자들은 좀 더 체중이 나가는 파트너를 원했다. 마치 파트너의 지방이 그들을 배고픔에서 구해줄 것처럼 말이다.

여기서 작동한 역학은 무엇인가? 이처럼 이상한 정신적 연결을 어떻게 설명할 수 있을까? 넬슨과 모리슨은 그게 실제적 배고픔과 관련 있다고 생각한다. 즉 현금이나 저축 부족이 적은 음식과 연결되는 심리상태를 유발한다. 그리고 그걸 원하는 기분이 더 많은 칼로리와 지방에 대한 기본적 욕구를 유발한다. 이러한 생각을 테스트하기 위해, 연구원들은 직접 스탠퍼드 대학교 식당 문 앞에 서서 식사하러 드나드는 학생들에게 데이트 질문지를 나눠줬다. 어떤 학생들에게는 들어올 때 주고, 또 다른 학생들에게는 나갈 때 줬다. 배고픔이 해소된 상태와 배고픔을 느끼는 상태일 때 데이트에 대한 생각의 차이를 확인해보기 위함이었다. 실제로 배고픈 남자들은 더욱 풍만한 여자들을 선호했다.

'하나'라는 단위의 함정

칼로리 휴리스틱은 뇌에서 음식과 돈 그리고 공정성의 고대적 연결에서 비롯되었다. 음식과 돈은 보상이고, 그것은 쾌락을 준다. 그리고 둘 다 (그리고 다른 보상들도) 보상을 즐기는 데 열심인 동일 신경세포 집단에서 처리된다. 내재된 신경학적 기제가 무엇이든 간에, 그 발견은 오랫동안 공공 건강 관계자들을 당혹하게 만들었던 현상, 즉 사회의 가장 불우한 계층에서 생명을 위협할 정도의 비만이 만연한 모습을 설명하는 데 도움이 된다.

빈곤한 사람들이 더 많은 칼로리를 소비하는 건 직관에 반하는 것으로 보인다. 하지만 브라이어스에 따르면, 사람들이 부를 획득하지 못해 좌절하면 그들의 뇌는 관련 있는 다른 보상으로 전환하게 된다. 음식이 공용 통화였던 원시 상태로 되돌아가는 것이다. 그래서 근근이 살아가는 사람들은 좋은 음식이 아니라 먹을 것 자체를 위해 일한다.

음식과 돈의 이러한 고대적·자동적 연계성은 다이어트에 대해서도 시사점을 던져준다. 미국인들은 주로 227그램짜리 요구르트를 먹는 데 반해 프랑스인들이 주로 먹는 요구르트는 140그램도 채 안 된다. 이렇게 의미 없어 보이는 사소한 사실은, 인간이 어떻게 자신의 소비를 규제하는지에 대한 근원적인 심리학적 진실, 즉 우리가 살면서 내리는 각종 선택에 대한 진실을 숨기고 있다. 최소한 펜실베이니아 대학교 심리학자 앤드류 가이어와 그의 동료들의 이론에 따르면 그렇다.

그들은 이른바 '단위 편향(unit bias)'을 연구하며, 하나라는 단위가 '자연적 단위(natural unit)'라고 주장한다. 여기서 하나라는 단위는 음식과 다이어트 영역에서 한 번 먹는 걸 의미한다. 프랑스인들은 미국인들과 동일한 칼로리나 음식 양을 섭취하기 위해 작은 요구르트를 두 통 먹지는 않는다. 한 통 먹은 후에 그만 먹을 뿐이다. 결국 프랑스인들은 전반적으로 덜 먹는다는 이야기다. 그러니 미국인들에 비해 더 날씬하고 건강한 것이다.

요구르트 용기의 크기가 비만이라는 커다란 사회적 부담과 관련 있다니 놀랍지 않은가? 가이어와 동료들은 일상 환경에서 하나가 주는 힘을 테스트하기 위해 세 가지 친숙한 실험을 했다.

첫 번째 실험에서, 그들은 누구나 먹을 수 있게 초콜릿 캔디를 한 그릇 내놨다. 어느 날은 초콜릿 캔디가 크고 다른 날은 작았다. 두 번째 실험에서는 필라델피아 스타일의 부드러운 프레첼(매듭이나 막대 형태의 딱딱하고 짭짤한 비스킷—옮긴이)을 이용했다. 어느 날은 프레첼을 통째로 내놓고 다른 날은 반으로 잘라 놨다. 세 번째 실험에서는 M&M 초콜릿이 담긴 커다란 그릇을 내놓았는데 어느 날은 서빙 스푼이 테이블스푼 크기였고 어느 날은 그 네 배가 되는 큰 스푼이었다.

결과는 아주 분명했다. 선택한 음식이 뭐든 간에, 사람들은 슈퍼 사이즈 분량으로 제공받을 때 더 많이 먹었다. 역으로, 작은 분량을 제공하자 사람들은 먹는 양을 효과적으로 통제했다.

왜 군것질하는 사람들은 하나라는 숫자에 집착하는 걸까? 아마도 하나라는 개념이 살아가면서 기본적으로 해야 하는 일들과 정체성에 근원적 의미를 가지기 때문일 것이다. 각각은 한 사람이고, 대다수 사람들이 한 명의 파트너와 한 채의 집을 갖고 있다. 그리고 이렇게 뿌리 깊게 자리 잡은 편향은 경험과 문화의 힘에 의해 강화될 수 있다. 이를테면 많은 미국 아이들은 일찍부터 접시를 싹싹 비우라고 교육받는데, 이는 하나의 접시에 담긴 양이 적당한 식사량이라는 개념을 강화시킨다. 사람들은 탐욕스럽거나 게걸스럽게 보이지 않기 위해 한 번 분량에 스스로 제한을 둔다.

작동하는 역학이 무엇이든 간에 연구원들은 단위 편향이 우리가 매일 내리는 많은 선택에 영향을 준다고 보았다. 우리는 영화가 90분짜리든 3시간짜리든 영화 두 편이 아니라 한 편을 보러 간다. 놀이공원에서는 롤러코스터의 길이에 상관없이 한 번만 탄다. 또한 단위 편향은 약물과 알코올 중독 회복 프로그램들의 토대가 되기도 한다. 성공적인 프로그램들은 '하루씩 실천하자'에 초점을 맞춘다.

이러한 스낵 음식 실험은 미국인들의 웰빙을 위협하고 있는 과식과 비만과 관련된 공공건강 영역에 분명한 암시를 준다. '다우드 샌드위치(Dagwood sandwich)'를 알고 있는가? 일부 독자들은 게으른 남편이자 아버지인 대그우드 범스테드가 매일 점심마다 고기패티와 치즈와 채소와 빵을 층층이 올린 기다란 샌드위치를 먹는 코믹만화 〈블론디(Blondie)〉를 기억할 것이다. 단위 편향이 작동한 풍자만화다. 흥미롭게도 음식 마케터들은 좋은 방식으로든 나쁜 방식으로든 간에 심리학적 통찰력을 가진 것 같다. 많은 레스토랑들은 계속 해서 초대형 크기의 단위로, 그것이 일반적이고 정상적인 한 번 분량인 양 고객들을 현혹한다.

미시건의 한 마이너리그 구장에서는 1.8킬로그램이나 나가는 4800칼로리의 치즈버거를 20달러에 판다. 그건 하루 동안 내가 소비하는 칼로리의 두 배다. 그 거대한 치즈버거는 광고 묘기로 치부될 수도 있지만, 사실 패스트푸드 체인점에서 1인분의 개념은 그보다 다소 덜 과장되었을 뿐 이 거대한 치즈버거와 같다.

하지만 몇몇 식료품 회사들은 보다 건전한 방식으로 단위 편향을 이용해 돈을 번다. 예를 들어 몇 년 전에 나비스코는 정크 푸드를 100칼로리 단위로 팔기 시작했다. 체중을 의식하는 미국인들에게 큰 인기를 얻어 일년에 1억 달러어치나 팔았다. 다른 식료품 회사들도 금세 뒤를 따랐다. 이제는 프링글스부터 스프라이트와 칩스아호이까지 모두 100칼로리 스낵을 판매한다. 그래도 여전히 감자칩은 감자칩일 뿐이다. 하지만 패밀리 사이즈로 마구 퍼 먹는 것보다는 낫지 않겠는가.

내 어머니도 이것을 직관적으로 알고 있었다. 어린 시절 우리 집은 항상 살림이 빠듯해 먹을거리를 살 때도 절약정신을 발휘했다. 어머니는 늘 이코노미 사이즈나 패밀리 사이즈로 포장된 스낵을 샀다. 하지만 어머니는 거기서 멈추지 않았다. 집에 오자마자 포장을 뜯어 스낵을 다시 재포장했다. 내용물을 작은 단위로 나누어 비닐봉지에 넣어두었다. 이렇게 함으로써 사실상 우리는 어느 때든 먹기 적당한 한 번 분량이 얼마나 되는지 저절로 터득하게 되었다. 어머니에게 절제와 공정성은 동일한 것이었다.

>>>

나는 스피닝 수업을 일주일에 두세 번 가는데, 최근에 흥미로운 점을 발견했다. 강사들이 측정 단위로 노래를 사용한다는 것이다. "세 곡 남았어요! 최선을 다하세요"라고 크게 소리친다. 혹은 "이제 마지막 곡입니다. 여기에 맞춰 끝내죠!" 물론 노래는 정말로 의미 있는 단위가 아니다. 한 곡은 3분 12초 혹은 5분이거나 33초일 수도 있기 때문이다. 하지만 모든 스피너들은 강사가 의미하는 바를 안다. 이는 동기부여와 운동의 단위를 의미하는 것이다. 그만큼의 칼로리를 태워야 하니 에너지를 쓰라는 의미이다. 그건 음식의 이면이지만 한편으론 통화다. 그리고 이 모든 건 돈, 에너지, 음식, 욕구를 혼합하는 칼로리 휴리스틱에 의해 움직인다.

칼로리 휴리스틱의 근원은 그러한 것들의 부재에 대한 두려움이다. 두려움은 우리가 내리는 선택들, 심지어 우리가 내리지 못한 선택의 상당수에 영향을 미친다. 사실 고른다는 행위는 두렵기도 하지만 어쩔 수 없이 하게 되는 필수적인 일이다. 그래서 우리는 어떻게든 선택하는 걸 피하려고 애쓴다.

다음 장에 나오는 '미끼 휴리스틱'은 잘못된 선택에 대한 근심을 누그러 뜨리는 마음의 도구들 가운데 하나다. 왜 당신이 현재 그 집에서 사는지, 왜 지난 대선에서 민주당에 투표했는지, 심지어 왜 당신이 특정한 사람을 매력적으로 여기는지 설명해줄 것이다.

11

미끼 휴리스틱 The Decoy Heuristic
어떻게 의미 없는 선택지가 운명을 바꿀까

당신은 새로운 동네로 막 이사와 살 곳이 필요하다. 당신은 적당해 보이는 두 아파트로 선택의 폭을 좁혔다. 첫 번째는 약 70제곱미터지만 새 직장에서 24킬로미터나 떨어져 있다. 상당히 긴 통근 거리다. 두 번째는 약 40제곱미터로 다소 좁지만 직장과 보다 가까운 11킬로미터 거리다. 당신은 고민스러워하며 신문 광고 면을 펼치다가 세 번째 아파트를 발견한다. 약 30제곱미터에, 직장에서 16킬로미터 떨어져 있다. 당신은 즉시 선택을 해야 한다. 일주일 후부터 새 직장에 나가야 하므로. 어떤 걸 고를까? 대부분의 사람들과 마찬가지로 당신은 두 번째 아파트를 고를 것이다. 그건 완벽하게 좋은 선택일 것이다. 거기서 행복할지도 모른다. 하지만 그건 이성적인 선택은 아니다. 그 이유를 살펴보자.

세 번째 아파트를 배제하는 것은 힘든 일이 아니다. 두 번째 아파트에 비해 더 작고 더 멀다. 그래서 첫 번째와 두 번째 사이에서 계속 고민하다가 둘 중 하나를 고를 것이다. 하지만 실제로 당신은 그렇게 하지 않는다. 당신은 세 번째 아파트를 두 번째 아파트와 비교했기 때문에 여전히 그 비교에 동요되어 두 번째 아파트를 고를 것이다. 그게 넓은 아파트인 첫 번째 아파트보다 낫기 때문이 아니라, 최악의 아파트보다 더 낫기 때문이다. 비록 세 번째 아파트는 이미 배제했지만 말이다.

인지심리학자들은 이러한 세 번째 아파트를 '정신적 미끼'라고 부른다. 그것은 다른 2개보다 열등하다. 넓지도 가깝지도 않다. 그래서 선택목록에 들어가서는 안 된다. 하지만 그걸 배제한다고 해서 완전히 마음속에서 사라지는 건 아니다. 세 번째 아파트는 당신의 마음에서 심리학자들이 말하는 '유인효과(attraction effect)'를 끌어내 두 번째 아파트를 선택하게 한다.

나도 모르는 새 '낚였다'

미끼 휴리스틱은 비논리적이며 단점이 있긴 하지만 매우 강력한 선택 도구다. 우리는 항상 선택을 내려야 한다. 저녁에 뭘 먹을지, 어떤 영화를 볼지, 어느 대학교에 갈지, 누구랑 데이트하고 결혼해야 할지를 결정한다. 그리고 우리가 고른 많은 것들은 비이성적이며 부적절한 미끼 정보의 영향을 받는다.

휴리스틱 뇌가 왜 이런 식으로 작동하는지는 아직 정확히 밝혀지지 않았지만 그 이유를 설명하는 다양한 이론들이 있다. 앞에서 예로 든 아파트 딜레마를 수백만 년 전의 시대에서 생각해보자. 초기 인류로 원시 부족의 일원인 당신은, 집단 내에서 당신의 위치를 확고히 하려고 한다. 당신은 물이 공급되는 강 근처의 땅에 에너지를 쏟아 부어야 할까, 아니면 다가오는 위협을 더 잘 볼 수 있는 산등성이의 작은 땅이 나을까? 전반적으로 어떤 것이 당신을 더 안전하게 해줄까, 그리고 어떤 것이 권력의 자리에 더 가까이 가게 해줄까? 아마 당신에게는 이웃의 중심 바로 옆에 있는 작은 땅이 가장 좋은 선택일 것이다. 그게 분명 가장 안전하다.

선택은 중요하며, 일부 선택은 더 중요하다. 그리고 우리의 마음이 생존에 적응할 당시에는 더욱 그러했다. 원래 우리의 조상은 상실을 막게끔 동기부여가 되어 있었으며, 우리는 직감적으로 그러한 상실 위험에 대한 혐오를 느낀다. 재산, 친구, 배우자에 관한 잘못된 선택은 큰 대가, 심지어 우리의 생명을 요구할 수도 있다. 그래서 우리는 전혀 해가 없는 즉각적이고 보수적인 선택에 강한 편향을 보이는 것이다. 이러한 면에서 볼 때 우리는 위험의 두려움에 근거해 선택을 내리도록 미리 프로그램되어 있다고 할 수 있다.

마케팅 교수인 윌리엄 헤지콕과 악쉐이 라오는 거래는 항상 일종의 상실을 수용해야 하기 때문에 위협적이고 불쾌하게 여겨진다고 말한다. 우리는 선택하는 걸 싫어하고 두려워한다. 미끼는 더 쉽고 스트레스가 적은 선택을 내리게 함으로써, 그런 부담에서 정서적으로 벗어나게 해준다. 하지만 이것은 머리를 제대로 쓴 게 아니다. 헤지콕과 라오는 이러한 생각을 신경과학 실험실에서 탐구해보기로 했다.

그들은 특정 업무를 하는 동안 뇌의 어떤 영역이 발화하고 어떤 영역이 무반응인지 살펴보기 위해 뇌 스캐너를 사용해 뇌를 관찰했다. 이 실험에서 주어진 과제는 아파트 딜레마와 유사하다. 단지 가격과 안전 사이의 거래가 포함되었을 뿐이다. 더 높은 월세를 내면 범죄가 덜한 안전한 지역에 살 수 있고, 월세를 적게 내면 보다 위험한 지역에 살아야 한다(이 딜레마는 실제로 우리 조상들이 직면했던 딜레마와 많이 비슷하다. 피난처에 대한 선택이 사실은 물리적 안전의 계산이기 때문이다).

연구원들은 참가자들에게 이러한 선택을 주고 뇌의 어떤 영역이 발화하는지 지켜본 뒤, 미끼 옵션인 세 번째 선택안을 제시했다. 그것은 안전성과 가격 면에서 두 번째 선택안보다 약간 못한 곳이다. 지켜본 결과, 놀라운 점을 발견했다. 두려움과 부정적 정서를 처리하는 부분으로 알려진 뇌 영역이 원래 두 아파트 사이에서 거래하는 동안 발화되었다가, 미끼 옵션이 등장하자 차분해졌다. 다시 말해 어려운 선택은 뇌의 두려움 중추를 유발하고, 미끼는 그러한 두려움을 없앤다. 헤지콕과 라오는 더욱 큰 딜레마로 실험을 했다. 직업 선택, 유치원이 제공하는 옵션들, 호텔들, 차 수리 등 많은 현대적인 딜레마에서 그들은 동일한 결과를 얻었다.

하지만 여기에 부정적인 면이 있다. 보수적 인지 전략은 생존이 더욱 위태로울 때는 타당했지만, 오늘날 우리가 내리는 선택들에서는 종종 부적절할 때가 있다. 많은 휴리스틱들처럼, 우리는 보다 이성적이고 심사숙고적인 사고가 요구되는 상황에서도 반사적으로 미끼 휴리스틱을 적용한다.

유인효과는 듀크 대학의 조엘 휴버 교수가 소비자와 소비자 선택에 관한 연구에서 처음 확인했다. 실험 내용의 상당수는 사람들이 어떻게 쉽게 비교할 수 없는 상품들을 비교하고 종종 후회스러운 구매를 하는지 살펴보는 것이었다. 레스토랑부터 자동차, TV 등 우리는 계속해서 형편없는 선택을 내린다. 우리에게는 상실을 피하려는 성향이 내재되어 있고 세상의 온갖 미끼들에 휩쓸리기 때문이다.

그렇다면 인생에서의 선택은 어떤가? 우리는 직업, 연애, 건강에 관련해서도 똑같이 비이성적인 나쁜 선택을 함으로써 후회를 하게 된다. 내과의사의 비논리적인 처방약 사례를 생각해보자. 40명의 내과 레지던트들에게 우울증, 축농증, 질염의 증상을 보이는 세 환자의 사례를 검토하라고 했다. 이 세 가지는 내과의사들이 보는 가장 흔한 병으로, 교과서적 진단과 치료가 예상되었다. 서로 다르긴 해도 잘못된 게 아닌 처방약의 두 가지 옵션이 주어지자 그들은 동등하게 골랐다. 하지만 한 처방약보다 분명 뒤처지는 세 번째 옵션이 주어지자 그들은 비이성적으로 마음을 바꿨다. 미끼는 뇌에서 인지적 유인효과를 만들어냈고, 결과적으로 한 약품 대신에 다른 약품에 대한 강한 선호로 이어졌다. 《메디컬 디시전 메이킹(Medical Decision Making)》에 이러한 내용이 실렸는데, 내과 의사들에게 질염 치료제나 항우울제를 고를 때 각자의 인지적 편향을 인식하라고 당부하기 위해서다.

더 많은 선택이 주어지는 게 항상 좋은 건 아니다. 심지어 우리가 그렇다고 믿을 때도 말이다. 예를 들어 정치를 생각해보자. 미국 유권자들은 거의 모든 예비 선거나 대선에서 고전적인 선택 딜레마에 직면한다. 제3당의 후보자는 잠재적 미끼다. 2008년 버락 오바마와 힐러리 클린턴이 민주당원들의 마음을 놓고 열정적으로 경합을 벌였던 민주당 예비선거로 돌아가보자. 존 에드워즈의 입후보가 차이를 만들었을까? 그가 힐러리 클린턴이나 오바마의 표를 끌어 모았을까? 혹은 그의 입후보는 전혀 영향이 없었나? 그럼, 치열하던 2000년 조지 부시와 앨 고어 사이의 경합에서 녹색당 랠프 네이더의 입후보는 어떤가?

고전적 정치이론에 따르면 제3의 후보자는 가장 닮은 후보자에게 피해를 준다. 비슷한 성향을 가진 유권자들의 표를 갈라먹기 때문이다. 민주당원들이 네이더를 욕하는 것도 부시에게 표를 몰아줬다는 이유에서다. 하지만 인지심리학자들은 정반대라고 주장한다.

아메리칸 대학교 심리학 교수인 다이앤 로웬탈에 의하면, 네이더의 입후보는 유권자들을 오히려 고어 쪽으로 몰아줬다. 즉 네이더를 고려했다가 그를 뽑지 않기로 결정한 유권자들은 부시 대신에 고어에게 표를 줬다.

로웬탈은 참가자들에게 가상의 의회 대결을 제시함으로써 실험실에서 대선을 재현했다. 민주당 후보자는 새로운 2000개의 일자리와 50만 달러의 새로운 사업을 자기 지역에 가져오겠다고 약속했다. 반면에 공화당 후보자는 1500개의 일자리와 90만 달러의 새로운 사업을 약속했다. 당신이 실업자라면 민주당 후보자의 일자리 창출 프로그램에 마음이 갈 것이다. 하지만 만일 중소기업가라면 공화당 후보자의 약속이 더욱 매력적일 것이다. 어느 쪽이든 합리적인 결정이다. 사람들에게 투표를 하게 하자 61퍼센트는 민주당을, 39퍼센트는 공화당을 선택했다.

재미로 제3당의 입후보를 넣어보자. 녹색당의 후보다. 그녀는 1000개의 새로운 일자리와 80만 달러의 새로운 수입을 약속한다. 유권자들은 이제 어떻게 고를까? 녹색당 후보자는 실업 상태 노동자나 기업가 누구에게도 매력이 없다. 하지만 그녀는 유권자들을 흔들어놓을 수 있다.

그녀의 약속은 공화당 후보자의 약속과 유사해 보인다. 그래서 유권자들은 결국 두 약속을 비교한 뒤 공화당 후보자에게 투표한다. 로웬탈이 예상한 것과 같다. 심지어 민주당이나 공화당이 선거 공약을 전혀 바꾸지 않았는데도 제3당의 후보자가 끼어들자 58퍼센트가 공화당에 투표하겠다고 말한다. 민주당의 승리에서, 일방적인 공화당 승리로 선거를 바꿀 정도의 변화다.

이처럼 미끼 휴리스틱은 잘못된 TV를 사는 것 이상의 위험을 갖고 있다. 그리고 이러한 휴리스틱 덫은 데이트와 배우자 선택에도 영향을 미친다. 영국 사우샘프턴 대학교의 심리학자 콘스탄틴 세디키데스의 가설을 살펴보자. 로리는 앤트완과 서지에게 청혼을 받았다. 앤트완은 정말 멋진 사람으로 그녀가 아는 남자들 가운데 가장 잘생겼다. 하지만 그는 가장 똑똑한 사람은 아니다. 반면에 서지는 평범하게 생겼지만 재치가 정말 뛰어나다. 로리에게 이것은 사과와 오렌지를 비교하는 것과 마찬가지다. 잘생긴 얼굴과 똑똑함? 그녀는 둘 다 원했지만 둘 다 가질 순 없다.

여기에 트라얀을 넣어보자. 그 역시 잘생겼지만, 앤트완 정도는 아니다. 그리고 앤트완만큼 영리하다. 즉 그다지 똑똑한 건 아니라는 말이다. 트라얀은 어떤 기준에서 봐도 부족하다. 하지만 그렇다고 해서 트라얀이 그녀의 사고를 형성하지 않았다는 의미는 아니다. 그는 인지적 미끼다. 사실 그의 존재만으로도 로리를 앤트완 쪽으로 기울게 하고 서지에게서 멀어지게 했다. 재치 있는 서지에게는 매우 부당한 일이 아닐 수 없다.

세디키데스와 그의 동료들이 테스트하기로 한 이론에 따르면 그렇다. 그들은 이와 같은 데이트에서 고려해야 할 가능성들의 범주를 넓혔다. 신체적 매력과 지능 외에도, 정직, 유머감각, 신뢰성과 같은 고려해야 할 다양한 자질들을 포함시켰다. 다시 말해 부정적인 것과 긍정적인 것이 혼합된 실생활과 유사한 딜레마를 만든 것이다.

그들은 대학생 대집단을 참가자로 고용했다. 대다수는 20대 초반의 젊은이들이어서, 비록 연구 당시에는 애인이 없었지만 마음속에 데이트를 염두에 두고 있었을 것이다. 심리학자들은 참가자들에게 로리를 연기하게 하고 로리-앤트완-서지 삼각관계 같은 수많은 삼각관계를 만들었다. 각 참가자는 유머감각이 신뢰성보다 우선인지 혹은 정직이 외모보다 우선인지 등을 판단해야 한다.

이때 실험자는 미끼를 도입해 문제를 복잡하게 만들었다. 트라얀처럼 미끼들은 분명 열등하지만 각 자질 면에서 어떤 것과 유사하거나 혹은 달랐다. 어떤 사람은 다소 신뢰성이 떨어지고, 또 어떤 사람은 유머감각이 조금 있긴 해도 아주 재밌난 사람은 아니다. 예측대로 미끼들은 대다수 참가자들을 동요시켜 미끼와 가장 닮은 사람을 선택하게 만들었다. 다시 말해 데이트를 전혀 고려하지 않을 남자와의 잘못된 비교에 근거해 이 사람보다 저 사람에게 비이성적인 매력을 느끼게 된 것이다.

충동을 제어하는 방법

과학자들은 우리의 파트너 선택이 완전히 무작위적이라고 말하지는 않지만, 최소한 초기 데이트 단계에서 우리의 선택은 불완전하고 비이성적이라고 주장한다. 그리고 이론상 이러한 선택은 장기적인 영향을 끼치는 여러 심리적 과정들을 유발한다. 예를 들어 당신이 비이성적으로 고른 사람과 데이트를 하게 된다고 가정해보자. 이것은 친분으로 이어지고 어느새 좋아지다가, 서로 사귀자는 약속과 일종의 유대, 심지어 결혼서약으로 연결된다. 이 모든 게, 적당히 잘생겼지만 유머 없는 타인이 선택의 방에 우연히 들어와서 생긴 일이라니!

물론 우리는 신중한 논리적 선택도 할 수 있다. 즉 잠시 멈추어 미끼가 불러일으킨 비이성적 매력에서 벗어나 이성적으로 생각할 수도 있다. 하지만 도대체 우리가 인생에서 특정한 선택을 다루는 방식을 결정하는 건 무엇일까? 우리의 인지적 레퍼토리 가운데 어떤 것이 오늘 작동할지 어떻게 알 수 있을까?

플로리다 주립대학교의 몇몇 심리학자들이 일부 대답을 내놓고 있다. E. J. 마시캄포와 로이 바우마이스터는 "만일 뇌가 정말로 하이브리드 엔진 같다면 왜 연료 시스템을 살펴보지 않을까?"라고 추론한다. 인지적 곤란을 해결하기란 쉬운 일이 아니다. 수고스러운 심사숙고는 특히 에너지를 탐욕스럽게 원한다. 이는 단지 은유가 아니다. 그래서 심리학자들은 뇌의 연료 공급, 즉 '혈당'이 우리의 논리적 선택 혹은 비이성적 선택을 결정하는지를 탐구해보기로 했다.

실험은 아주 간단했다. 우선 모든 참가자들이 힘, 그러니까 의사결정과 자기통제의 연료가 되는 의지력과 포도당을 소진하게끔 운동을 시켰다. 특히 참가자들에게 어떤 여자가 말을 하는 비디오를 틀어주면서 동시에 일련의 단어들을 스크린에 비췄다. 그러고는 피험자들에게 단어들을 무시하고 만일 단어가 방해가 되면 비디오 속 여자에게 다시 관심을 집중하라고 지시했다. 실제로 하기 힘든 일이었다. 눈앞의 단어들을 읽지 않기 위해서는 상당한 정신적 노력이 필요하니까.

여기서 목적은 단거리 전력 질주가 그들의 근육과 폐를 지치게 하듯 참가자들을 정신적으로 지치게 하는 것이었다. 일단 모든 참가자들이 지친 상태가 되자 레모네이드를 제공했다. 하지만 그 가운데 일부만이 진짜 설탕이 든 레모네이드를 마셨고, 나머지는 감미료를 이용해 인공적으로 단맛을 낸 레모네이드를 마셨다. 전자는 지적 기능을 정상으로 회복시키고 후자는 인지적 고갈 상태에 두려는 의도였다.

마지막으로, 참가자들에게 아파트 딜레마와 매우 유사한 고전적 미끼 선택 임무를 줬다. 이론상으로 보면 에너지가 고갈된 참가자들은 이 시점에서 정신적으로 더 약해져서 수고스럽고 심사숙고적인 결정을 내릴 능력이 떨어질 것이다.

실험 결과, 에너지 고갈 상태의 참가자들은 미끼 아파트에 더욱 휩쓸려

형편없는 결정을 내렸다. 에너지를 다시 회복한 사람들은 열등한 미끼에 어떤 에너지나 시간도 낭비하지 않았고 거기에 휩쓸리지도 않았다. 따라서 더 넓은 아파트와 더 나은 위치의 아파트를 선택했다.

이 연구는 레모네이드와 아파트 찾기만이 아니라, 인생의 많은 딜레마들에서 신체와 마음의 복잡한 상호작용을 보여준다. 스트레스, 방해, 멀티태스킹 등 많은 것들이 우리를 인지적으로 타협하게 만든다. 이러한 결과는 휴리스틱 사고의 상당 부분에 대해 질문을 하게 만든다. 만일 휴리스틱 사고가 비이성적이거나 해롭다면, 우리는 그처럼 순간적이고 자동적인 처리를 막을 수 있을까? 우리는 비이성적 사고를 억누르고 더욱 심사숙고적이고 분석적인 사고 전략으로 대체하는 법을 배울 수 있을까?

토론토 의과대학교의 두 학자가 이러한 면에서 일부 희망을 주는 연구를 제시했다. 김성한과 린 하셔는 의사결정에서 나이가 주는 일반적인 효과를 살펴보고자 수백 명의 대학생들과 노인들을 고용했다. 그들은 참가자들에게 두 가지 딜레마를 줬다. 하나는 식료품 쇼핑이, 다른 하나는 교과 과정 이수에서 추가 점수를 얻는 것이 개입된다. 그리고 각 시나리오에서 어떤 집단이 이성적으로 혹은 비이성적으로 생각하는지 보기 위해서 다른 미끼 임무와 비슷하게 두 가지 옵션과 하나의 미끼가 주어졌다. 이들은 나이 든 참가자들은 노련하므로 상점에서 너 현명하게 행동하고 미끼에 덜 흔들릴 거라고 예측했다. 또한 추가 점수 시나리오에서는 대학생들이 더 잘할 거라고 예상했다.

이들의 추측은 반은 맞았고 반은 틀렸다. 대학생들은 자신의 전문영역인 추가 점수 시나리오에서는 이성적으로 생각하고 덜 익숙한 영역인 식료품 쇼핑에서는 비이성적으로 생각했지만, 노인들은 두 영역 모두에서 훌륭하게 행동해 미끼를 무시하고 이성적인 선택을 내렸다. 임무가 뭐든, 노인들은 자신들의 자동적인 휴리스틱 판단을 억누르는 능력을 가진 것 같았다. 그렇게 행동하는 데 필요한 스킬, 즉 충동에 근거한 선택임을 알아채고 그걸 교정하는 스킬이 바로 우리가 말하는 '지혜'다.

>>>
집을 고르고 배우자를 고르는 것은 인생의 중대한 선택이다. 슬프게도, 우리 대다수는 인생에서 그러한 결정을 내려야 할 때 제대로 내릴 수 있는 지혜를 갖고 있지 못하다. 하지만 미끼와 비이성적 유인효과의 힘을 인식하는 것만으로도 우리 마음에서 일부 부당한 끌어당김을 막는 데 도움이 된다.

정해진 순간에 이러한 선택들을 내리기는 매우 어렵다. 하지만 대다수 판단과 선택은 그렇게 순간적이거나 고정적이지 않다. 즉 시간이 지날수록 상황이 어떻게 변하는지, 우리가 어떻게 변할지에 대한 예측이 포함된다. 다음 장에서 살펴볼 '미래 휴리스틱'은 정신적·정서적 예측의 어려움과, 앞날에 무엇이 있을지 더 잘 판단하는 방법에 대한 통찰력을 제공한다.

12

미래 휴리스틱 The Futuristic Heuristic
미래는 왜 과거보다 비쌀까

    이제는 기억에서 시들해진 순간이지만, 지난 2008년 대선은 많은 사람들에게 강한 인상을 남겼다. 나는 당시 흑백의 젊은이들이 워싱턴 D. C. 유스트리트 지역으로 쏟아져 나와 함께 어우러진 모습이 보기 좋았다. 유스트리트는 1960년대 인종폭동으로 불이 나서 파괴되기 전까지 워싱턴 D. C.에서 흑인계 미국인 문화의 중심이었다. 이 지역이 그러한 불화에서 벗어나는 데 수십 년이 걸렸다. 그래서 젊은 희망이 약동하는 걸 보니 매우 기분이 좋았다.

    오바마가 미국의 44대 대통령으로 당선된 것은 정치적 성향에 상관없이 역사적인 사건이었다. 수많은 미국인들과 마찬가지로 나 역시 희망과 기대로 충만했다. 하지만 당시 나는 지금으로부터 1~2년이 지난 뒤에는 내가 그리고 이 나라가 어떻게 느낄지 궁금했다. 지금 우리가 느끼는 흥분과 호의를 그대로 미래로 가져갈 수 있을까? 기대가 너무 높은 걸까?

심리학자들은 오바마의 당선 같은 사건을 마음이 어떤 식으로 처리하는지, 이러한 사건들이 어떻게 희망 섞인 기대 혹은 후회와 실망으로 전환되는지에 매우 관심을 보인다. 오늘의 경험이 내일의 정서를 얼마나 효과적으로 만들어낼까? 그리고 우리는 미래를 얼마나 잘 예측하고 우리의 오늘을 길잡이로 잘 사용할까? 간단히 말해 무엇이 미래의 행복을 예측할 수 있을까?

심리학자들은 이를 '정서적 예측하기'라고 부른다. 인간은 미래의 세세한 시나리오를 생각해내며 존재하지 않는 걸 상상하는 능력을 가진 유일한 동물이다. 이는 상당히 진화된 뇌의 능력이지만, 우리가 마음의 상태를 잘 예측하지 못하는 걸로 보아 그러한 능력은 더 이상 진화하지 않은 듯하다.

많은 연구들이 우리의 예측이 헛다리를 짚는다는 것을 보여준다. 예를 들어 우리는 복권에 당첨되면 행복해질 거라고 믿지만 그런 경우는 드물다. 또한 우리는 연인에게 차이면 인생이 끝났다고 생각하지만 거의 언제나 다시 멀쩡해진다.

말도 안 되는 생각이라는 걸 알아

왜 우리는 미래 예측을 잘 못하는 것일까? 하버드 대학교의 다니엘 길버트와 버지니아 대학교의 티모시 윌슨을 비롯해 많은 심리학자들이 정서적 예측하기라는 인지적 장치와 그것의 실패를 탐구하고 있다. 그들은 각자 미래에 대한 상상이 틀리는 몇 가지 이유들을 지적하는데, 이를 총합해 미래 휴리스틱이라 부른다.

우리가 미래와 과거에 대해 생각하는 방식에는 근원적인 비대칭 요소가 있는 것 같다. 분명 똑같은 사건에 대해 이야기하는데도 미래는 과거보다 더욱 흥미롭고, 더욱 중요하고, 더욱 소중하다. 몇 주 혹은 몇 달 후에 다가올 일, 생각만 해도 흥분되는 일에 대해 생각해보자. 이를테면 새로운 직장, 멋진 데이트 혹은 당신이 두려워하는 것일 수도 있다. 이번에는 과거의 동일한 사건을 생각해보자. 당신은 과거에 그것이 중요했다는 걸 안다. 당시에는 그것이 당신의 감정을 휘저어놓았지만 지금은 그것 때문에 좀처럼 흥분하거나 분노하지 않는다.

이것은 진화적 관점에서 타당하다. 심지어 우리의 가장 원시적인 뇌도 미래가 생존 측면에서 중요하다는 감각을 갖고 있었다. 과거는 지나간 것으로, 더 이상 위협이나 약속이 되지 못한다. 반면에 미래는 둘 다 갖고 있다. 최소한 이론상으로는 그렇다.

길버트와 윌슨은 시카고 대학교의 유진 카루소와 함께 연구하며 이러한 관점을 검토했다. 이들은 하버드 대학교 학생들에게 5시간 동안 컴퓨터에 데이터를 입력하는 모습을 상상하라고 했다. 그 일은 지루하긴 해도 끔찍한 건 아니다. 하지만 분명 호기심을 자극하는 일도 아니다. 일부는 이 지루한 잡무를 앞으로 한 달 내로 완료한다고 상상하게 했고, 나머지는 한 달 전에 이미 완료했다고 상상하게 했다.

두 가지는 동일한 임무고 소요 시간도 같지만 단지 기간이 떨어져 있을 뿐이다. 하지만 결과는? 심리학자들이 참가자들에게 일에 대해 입찰하게 한 뒤, 지루한 5시간의 일에 대해 얼마를 받아야 공정할지 물었다. 미래에 투사된 사람들은 이미 완료한 상태에서 입찰한 사람들보다 101퍼센트 더 높은 가격을 받아야 한다고 말했다. 즉 똑같은 일을 과거 한 달 전이 아닌 미래 한 달 후에 한다고 생각할 때 거의 두 배가량 가치를 더 높게 매겼다.

이는 과거 시간보다 미래 시간을 더 중시한다는 의미다.

  심리학자들은 이러한 비대칭을 '시간의 주름'이라 부른다. 이는 시공간의 주름을 통해 여행하는 이야기를 담은 매들렌 렝글의 아동도서 《시간의 주름》에서 따온 명칭이다. 이 책으로 렝글은 뉴베리 상을 수상했다. 심리학자들은 시간의 주름을 검증하기 위한 실험을 했다. 특히 그들은 우리가 이러한 종류의 판단을 비이성적이라는 걸 알면서도 자동적으로 하는지 궁금해했다.

  우리는 데이터 처리에 드는 5시간이 미래든 과거든 동일한 5시간이라는 걸 안다. 하지만 우리의 판단은 시간의 주름에 의해 왜곡된다. 그건 인지적 휴리스틱의 본질로, 우리 안에 깊이 새겨져 있고 신속하게 반응한다. 하지만 우리가 속도를 늦추고 우리의 생각과 행동을 분석한다면, 우리는 종종 그것들이 타당하지 않다는 걸 깨닫게 된다.

  실험실에서 정교한 통계 분석으로 이러한 성향을 테스트하는데, 이 책에서는 '말도 안 되는 생각이라는 걸 알아 테스트'라고 부르겠다. 예를 들어 당신이 누군가에게 이주노동자들의 건강과 멸종 위기 동물의 건강 사이에서 더 중요한 것을 고르라고 한다면, 거의 대부분의 사람들이 동물보다는 노동자의 건강에 더 큰 가치를 둔다. 하지만 다른 것을 언급하지 않고 한 번에 하나씩 가치를 매기라고 한다면 어떻게 될까? 많은 사람들이 이주노동자들의 건강보다는 멸종 위기 동물의 건강을 더 가치 있게 여기는 걸로 드러났다. 정신 나간 소리 같지만 사실이다. 이 모순되는 대답은, 우리가 사람보다 동물을 중시하는 게 말도 안 되는 생각이라는 걸 알고 있다는 암시다.

  또 하나의 '말도 안 되는 생각이라는 걸 알아 테스트'를 실시했다. 참가자들은 친구가 해변의 별장을 사용하게 해준다는 제안을 했다고 상상했다. 하지만 여기에는 두 가지 시나리오가 있다. 한 시나리오는 해변 별장에서 일주일을 보내고 막 돌아왔다고 상상하는 것이고, 다른 시나리오는 일주일 후에 해변으로 떠날 것이라고 상상하는 것이다. 그 후 모든 참가자들에게 여덟 병의 와인 설명서를 읽고 마음씨 좋은 주인에게 적절한 선물이 될 와인을 고르라고 했다. 와인의 가격은 10달러부터 400달러까지 다양했다.

와인은 참가자들이 미래와 과거를 평가하는 방식의 대리인인 셈이다. 모든 참가자들의 답변을 분석한 결과, 장차 해변 별장에 머물기를 고대하는 사람들은 해변 여행이 과거가 된 사람들이 고른 와인보다 37퍼센트 더 비싼 와인을 골랐다. 그런데 흥미로운 부분은, '말도 안 되는 생각이라는 걸 알아 테스트'를 할 때, 참가자들은 자신들의 비대칭적 사고가 비이성적이고 왜곡되었다는 걸 분명 알고 있었다는 점이다. 그럼에도 그들은 그렇게 행동했다.

또한 연구원들은 음주 운전자에게 부상당한 여자에게 보상하는 시나리오 등 다양한 시나리오를 갖고 여러 방식으로 테스트했다. 그리고 모든 테스트에서 자동적이고 비이성적인 사고 패턴을 발견했다. 언제나 미래 사건이 과거의 동등한 사건보다 더 높게 평가되었다. 왜 그럴까? 한 가지 가능성은 우리가 미래 사건에 대해 곰곰이 생각할 때는 이미 한 일에 대해 심사숙고할 때보다 더 많은 정서적 부담감을 안고 심사한다는 것이다.

이러한 생각을 살펴보기 위해 참가자들에게 친구가 새 아파트로 이사하는 걸 돕는 상상을 하게 했다. 데이터 입력이 지루한 일이라면, 친구 이사를 돕는 일은 다들 회피하는 일이다. 우리 모두 사는 데 바빠, 일요일에 TV

로 축구경기를 보는 것 대신에 소파 들어 올리는 일을 하고 싶어 하지는 않는다. 정말 친한 친구여도 말이다. 그러므로 시간을 내서 이사를 도와준 데 대한 고마움의 표시로 정말 좋은 와인을 상상하는 건 놀랍지 않다.

하지만 참가자들에게 과거의 이삿날과 미래의 이삿날에 대해 묻자, 미래의 이삿날을 더 지치고 더 스트레스를 받고 생각만 해도 더욱 끔찍한 것으로 설명했다. 다시 말해 그들은 미래의 이삿날을 과거의 이삿날보다 더 불쾌한 것으로 봤기 때문에 그 일에 더욱 높은 가치를 부여했다.

사실 우리는 이게 비이성적인 생각임을 안다. 인간에게는 사건들을 서로 비교해보는 성향이 깊이 내재되어 있는데 이것은 가끔 공정하고 정확한 예측의 걸림돌이 되기도 한다. 이러한 편향을 잘 보여주는 실험이 있다.

한 실험에서 연구원들은 참가자들에게 감자칩이 담긴 접시를 응시하며 먹는 상상을 하게 했다. 일부 참가자들의 근처에는 정어리 통조림이 아무 설명도 없이 놓여 있었고, 나머지 사람들의 테이블 위에는 맛있는 스위스 초콜릿이 놓여 있었다. 참가자들은 그게 실험의 일부인지 알지 못했다.

그 결과, 정어리 통조림 근처에 있던 사람들이 초콜릿을 응시한 사람들에 비해 감자칩을 더 맛있는 걸로 예측했다. 그 자체는 놀랍지 않다. 그들은 분명 통조림 생선(혹은 초콜릿)과 감자칩을 비교했으며 어떤 쪽이 승리할지는 뻔한 일이다. 하지만 흥미로운 부분은, 그들이 실제로 감자칩을 먹을 때는 근처에 정어리 통조림이 있든 초콜릿이 있든 간에 즐거움을 느끼는 데 전혀 차이가 없었다는 것이다. 다시 말해 그들이 예측한 쾌락과 실망은 착각이었다. 과학자들은 이를 '잘못된 바람(miswanting)'이라고 표현하는데, 이는 의미 없는 비교에서 비롯된다. 감자칩을 실제로 먹는 현실이 상상보다 우세했다.

길버트는 그러한 상상의 실패는 실제 세상에서 항상 일어나고, 인생에서의 선택과 행복에 영향을 준다고 말한다.

직업을 선택하려는 사람들에게 다음 두 가지 제안을 해보자. 한 직업은 첫해에 3만 달러, 두 번째 해는 4만 달러, 세 번째 해는 5만 달러를 받는다. 나쁘지 않다. 다른 직업은 첫해에 6만 달러를 받지만 그다음엔 5만 달러, 마지막엔 4만 달러를 받는다. 왜 그런지 설명할 순 없지만, 대다수 사람들은 첫 번째 직업을 고른다. 총액 면에서 보면 돈을 덜 버는 데도 말이다.

왜 그럴까? 간단히 대답하면 사람들은 임금 삭감을 싫어하기 때문이다. 이는 인간이 절대적 숫자보다 상대적 숫자를 선호하는 괴팍함과 관련 있다. 즉 첫 번째 직업 시나리오에서 수입의 상대적 증가는 두 번째 직업 시나리오의 더 큰 총액보다 더욱 매력적이다. 임금 삭감을 받아들이는 심리적 불편함을 피하느라 사람들은 3년 후를 상상하지 못한다. 실제로(그리고 피할 수 있었던) 3만 달러의 손실이 그들을 불행하게 만든다.

길버트의 하버드 실험실의 또 다른 사례를 들어보자. 이들은 "왜 우리 대다수는 100달러 라디오를 50달러 싸게 사기 위해 도심을 가로질러 완전히 반대쪽으로 운전해가지만, 10만 달러 차를 50달러 싸게 사기 위해서는 그런 불편을 감수하지 않을까?"라는 의문을 가진다. 그건 우리가 절대적이 아니라 상대적 관점에서 생각하기 때문이다. 좋은 라디오를 반값에 사는 건 좋은 거래지만, 멋진 차를 9만 9950달러에 사는 것은 전혀 멋진 거래 같지 않다고 느끼는 것이다. 그러한 추측과 행동은 경제학자들을 당혹스럽게 만든다. 경제학자에게 50달러는 그저 50달러일 뿐이다. 하지만 역설적이게도, 이러한 분명한 진실을 이해하기 위해서는 상당한 상상력을 발휘해야 한다.

행복 연장의 기술

미국 대선 당일 그 밤의 황홀감과 기쁨에 넘친 사람들이 품었던 희망을 생각해보자. 왜 우리는 그러한 감정을 유지하기 힘든 것일까? 사건들을 비교하려는 강한 성향 외에도, 사람들은 '영속성 편향'에 영향을 받는다. 영속성 편향이란 우리가 정서적 경험을 할 때 예를 들어 낙관성과 흥분 같은 정서가 미래에도 그만큼 강렬하게 계속될 거라고 자동적으로 가정하는 걸 일컫는다. 다시 말하지만 그건 비이성적이다.

하지만 우리의 뇌는 내일은 다소 덜 흥분되고 그 다음날에 조금 덜 흥분되는 식으로, 시간이 지나면서 정서가 점진적으로 소실될 것이라 예상하지 않는다. 사실, 대다수 사람들의 정서는 나쁘든 좋든 간에 현재의 정서적 세트포인트(setpoint, 테니스, 배구, 탁구 따위에서 해당 세트의 승패를 결정짓는 마지막 한 점-옮긴이)로 점점 되돌아온다. 하지만 절정을 경험하고 있는 때가 언제인지 알아차리기는 매우 어렵다.

우리의 뇌는 냉소주의가 아니라 정반대, 즉 근거 없는 기대를 하게끔 되어 있다. 그건 좋기도 하고 나쁘기도 하다. 우리의 뇌는 미래가 다가오는 걸 알 정도로 영리하지만 자동적으로 그 안에 우리를 투사시키고 미래 사건을 냉정하게 분석할 정도로 영리하진 않다. 이러한 왜곡은 다른 내재된 인지 성향, 즉 사건을 어떤 맥락도 없이 진공 상태에서 보려는 성향에 의해 더 악화된다.

오바마의 승리 이후 현실적으로 우리 자신을 미래에 투사하기 위해, 일종의 역사적 관점에서 민주당의 승리를 보기 위해, 우리는 자신에게 이렇게 말해야만 한다. "이건 놀라운 사건이야. 역사상 유례가 없지. 하지만 불가피한 정치적 현실과 걸림돌이 여전히 있어. 게다가 내일 나는 직장을 구하기 위해 이력서를 다시 써야 해. 또 내 아이들은 감기에 걸릴지도 몰라. 내 낡은 자동차의 전동장치가 나가버릴지도······."

다시 말해 우리 인생에서 많은 일들이 일어나듯 뇌에서도 그렇다. 당신이 역사적 사건을 축하할 때는 다른 모든 일들이 가려지지만, 시간이 지나면서 다른 일들이 다시 초점 속으로 들어온다. 그럼 어쩔 수 없이 우리의 기분은 저하된다.

하지만 그건 불가피한 일인가? 이러한 인지적 함정을 피할 방법이 없을까? 길버트와 윌슨과 동료들은 사람들이 정서적 예측하기의 실수를 피하도록, 스스로를 훈련시킬 수 있다고 믿는다. 그들은 약간의 희망을 주는 일련의 실험을 했다. 오랜 라이벌인 버지니아 대학교와 버지니아 테크 학생들에게 미식축구 경기 전후에 장차 승리(패배)가 얼마나 기쁠지(슬플지) 예상하라고 한 뒤 행복감을 측정했다.

일부 학생들에게는 경기 전에 예상 일기를 쓰게 했다. 학생들은 공부를 하거나 친구와 파티를 하거나 과제를 하거나 비디오 게임을 하는 등 자신을 미래로 투사해 승리나 패배 후에 무엇을 할지 상상해 적었다. 기본적으로 실망스런 패배(혹은 기쁜 승리)를 일상생활의 관점에 집어넣은 사람들은 미래의 행복에 대해 훨씬 더 현실적인 기대를 갖고 있었다. 사건은 좋든 나쁘든 언젠가는 효능을 상실하게 된다. 인생의 작은 승리를 맛본 직후에는 그런 일기를 쓰고 싶지 않을 것이다. 미식축구 승리의 기쁨을 맘껏 누리고 싶기 때문이다. 하지만 그런 일기는 커다란 실망감의 정서를 완화하는 역할을 한다.

꼭 일기를 쓸 필요는 없다. 당신이 시간이 있고, 그러고 싶다면 해도 무방하지만 스스로에게 말하는 것으로도 같은 효과를 거둘 수 있다. 그러한 행동을 통해 우리는 절정의 경험을 적절한 시각에서 유지할 수 있다.

심리학자들은 '조지 베일리 효과(George Bailey effect)'라고 부르는, 실망감을 피하는 데 유용한 것으로 드러난 또 다른 기법을 연구했다. 조지 베일리는 프랭크 카프라 감독의 영화 〈멋진 인생(It's a Wonderful Life)〉에 나오는 은행원이다. 은행 재무 문제와 자신의 꿈이 무너져내린 데 좌절한 베일리는 다리 위에서 뛰어내려 모든 걸 끝내려고 하지만 그의 수호천사가 끼어들어 살아남는다. 천사는 그를 데리고 다니며 그가 없어진 뒤 그의 가족과 지역사회가 예전에 누리던 즐거움을 누리지 못하는 모습을 보여준다. 그 과정에서 그는 다시 희망을 갖게 된다.

이 영화는 크리스마스면 늘 사랑받는 영화다. 하지만 새로운 조사에 따르면, 수호천사가 있건 없건 간에 우리는 동일한 심리적 과정을 재창조할 수 있다. 버지니아 대학교의 심리학자 구민경은 조지 베일리처럼 긍정적 사건의 부재에 대해 생각하는 식으로, 긍정적 사건을 정신적으로 없애는 것이 삶의 활력소가 될 수 있다고 생각했다. 얼핏 보기엔 반직관적이다. 좋은 것의 상실을 생각하는 것은 불쾌하기 때문이다. 하지만 그녀는 그러한 부정적 사고가 긍정적 경험을 더 좋게 만든다고 추정했다. 달리 말해 '현재 갖고 있는 축복을 생각하며 감사하라'는 철학은 근본적으로 문제를 안고 있다.

이러한 생각을 테스트하기 위해, 그녀는 일부 참가자들에게 감사하는 사건에 대해 생각하며 그 사건이 어떻게 일어났는지 쓰라고 했다. 건강, 소유물, 일의 성공 등과 관련 있는 사건들에 대해 자세히 쓰게 했다. 일부 참가자들에게는 그러한 사건뿐만 아니라 그 사건이 일어나지 않았다면 어떨지, 그 일이 일어났을 때 얼마나 놀라웠는지에 대해서도 쓰게 했다. 그리고 이후 모든 참가자들의 고민과 우울함뿐만 아니라 감사, 기쁨, 고마움 등을 측정했다.

그 결과는? 조지 베일리 효과를 경험한 사람들은 긍정적 정서의 모든 측정에서 점수가 더 높았다. 그들은 한결같이 더 행복해했다. 구민경과 동료들은 그러한 사건의 부재에 대해 생각하는 것이 그것의 가치를 새롭게 한다고 봤다. 우리는 시간이 지나면 우리에게 생긴 좋은 일들에 대해 정서적으로 적응하게 된다. 기쁨, 감사, 흥분을 계속 유지할 수는 없다. 하지만 축복 없는 삶을 상상하는 것은, 우리의 상황을 다시 한 번 새롭고 놀라운 시각으로 바라보게 만든다.

이것은 연애 관계에서도 효과가 있다. 심리학자들은 평균적으로 14년 동안 장기적 관계를 맺고 있는 사람들에게 비슷한 실험을 했다. 일부 사람들에게는 어떻게 만났는지, 어떻게 관계가 진전되었는지, 어떻게 서로 사귀기로 했는지 등 지나온 과정을 회상하게 했다. 다른 이들에게는 사귀지 않았더라면, 만남이 없었더라면, 서로가 없었다면 인생을 어떻게 살았을지 상상하게 했다. 그런 뒤 만족도, 갈망, 문제 등 그들의 관계에 대한 일련의 질문들을 했다.

다시 한 번 심리학자들은 인생에서 좋은 것들이 없었더라면 하고 생각하는 훈련이 전면적으로 만족감을 늘린다는 걸 발견했다. 하루에 몇 분 정도 '이런 행운이 없었더라면 어떠했을까'라는 생각만으로도 그것들을 되살리고 기분을 더 좋게 만든다. 그렇다고 대선날 밤의 생생한 기억을 만끽하지 말라거나 좋아하는 축구팀을 응원하지 말라는 얘기가 아니다. 절정의 경험들은 인생에 즐거움을 가져다준다. 하지만 우리는 선거, 미식축구 경기, 인간관계를 균형 잡힌 시각에서 바라봐야 한다는 점을 인지해야 한다.

그리고 그러려면 우리의 축복을 하나하나 세어보는 것만으로는 부족하다.

>>>

숫자와 연애? 우리는 가장 친밀한 관계에서는 계산적인 모습을 떠올리고 싶어 하지 않는다. 그러나 사실 우리 모두는 낭만적인 오즈 메이커(oddsmaker, 내기·선거·경기 등에서 승산의 비율을 측정하는 사람-옮긴이)다. 숫자들은 단지 수학 교과서에 인쇄된 형태에서 그치지 않고 정치적 결정, 직업 선택, 심지어 제노사이드에 대한 정서 반응에 이르기까지 중요한 영향을 미친다. 물론 이러한 숫자와 관련된 휴리스틱은 단독으로 움직이지 않는다. 우리를 인간답게 만드는 고차원 사고를 형성하는 강력한 인지적 경향의 또 다른 세트와 어우러져 있다.

우주에서 우리 자신의 위치에 대한 느낌과 알려지지 않은 것에 대한 호기심, 우리의 믿음을 형성하는 '의미 창출 휴리스틱'들이 이 책의 3부를 구성한다.

마음이 저절로 따르는 위험한 생각 습관

3부

13

설계 휴리스틱 The Design Heuristic
세상은 인간을 위해 만들어졌다?

다소 야생적인 시나리오를 생각해보자. 당신은 동부 아프리카 사바나에서 생계를 꾸려나가는 초창기 인간이다. 어느 날 아침 당신은 아침거리를 구하러 나선다. 그런데 많은 손잡이와 번쩍거리는 전등을 단 은색 로봇이 길을 가로막고 있다. 당신은 어떻게 해야 할까?

우선 당신은 그게 뭔지 파악해야 한다. 당신의 사고 수준이 원시적이라는 걸 기억하자. 알고리즘은 고사하고 로봇이라는 단어를 알려면 당신은 앞으로 수십만 년 동안 진화해야 한다. 하지만 현재 당신의 원시적 뇌는 로봇을 생각의 범주에 넣고자 한다. 그럼 스스로에게 어떤 질문을 던져야 할까? 당신은 그게 무엇을 어떻게 먹고사는지 궁금할까? 어떻게 움직일까? 어떻게 번식할까? 당신은 본능적으로 다음과 같은 질문을 스스로에게 던질 것이다. '이것의 목적은, 내게 도움이 될까?'

인간은 세상의 중심이다

놀랍게도 심리학자들은 이러한 질문을 연구해왔다. 그들은 현대인의 마음이 무한한 다양성을 어떻게 다루는지 알고자 했다. 기본적으로, 어떻게 우리가 세상 속에서 발견한 것들을 식별 가능한 질서 속에 편입시키는지 말이다. 세상과 그 안에서의 우리에 대해 우리가 직관적으로 알고 있는 건 무엇인가? 우리는 설계와 목적에 대해 어떻게 생각하는가?

간단하게 답하자면, 인간은 단순함과 질서에 대한 강력한 충동을 갖고 있는데 그게 바로 '설계 휴리스틱'이다. 인간의 발견 과정에서 중요한 부분은 동물, 식물, 구름, 자전거 등의 차이를 나타내기 위해서 사물을 범주화하고 명칭을 붙이는 걸 터득하는 것이다. 심리학자들이 그러한 설명적 과정을 탐구하는 한 가지 방법은, 낯선 것을 막 탐구하기 시작한 미취학 아동들의 마음을 연구하는 것이다. 아이들은 주위의 세상에 대해 순진하다는 면에서 초기 인간과 유사해, 종종 인간의 근원적 심리과정에 대한 통찰력을 제공한다.

예일 대학교의 마리사 그리프와 동료들의 여러 실험들을 살펴보자. 그리프는 미취학 아동들에게 동물들과 인공물들의 사진을 보여줬다. 그 동물들은 실제로 존재하는 것들이지만, 천산갑이나 큰코영양처럼 어른들에게도 낯선 것들이었다. 그리고 인공물들은 각각의 이름과 목적을 갖고 있었다. 이를테면 가플롬(garflom)은 나무로 된 발마사지기처럼 생겼지만 실험상 공식 목적은 타월 개기다. 리에팡크(riepank)는 목수가 사용하는 C바이스(공작물을 끼워 나사로 죄어 고정시키는 기계-옮긴이)처럼 생겼는데, 찰흙 놀이할 때 구멍 내는 데 사용된다.

그들은 평균 네 살 반 정도의 아이들에게 이것들에 대해 질문을 하게끔 했다. 아이들의 질문(추측)은 놀라웠다. 예를 들어 아이들은 행동에 대해 물을 때, 그 질문이 동물과 인공물 모두에게 적절한지(몸체를 돌릴 수 있는가?), 동물에게만(나무를 오를 수 있는가?) 혹은 인공물에만(자르는 데 사용하는 것인가?) 적절한지를 구분했다. 놀랍게도, 아이들은 거의 실수를 하지 않았다. 즉 동물이나 인공물에 대해 부적절한 질문을 하지 않았다. 이를테면 안경원숭이나 천산갑에게 "이건 작동해?"라고 묻지 않았다. 이와 비슷하게, 낯선 동물들에게는 생존에 관련된 질문을 했지만, 인공물인 리에팡크가 어떻게 번식하는지, 가플롬이 무엇을 먹는지에 대해서는 질문하지 않았다.

이는 아이들이 세상을 이루는 두 가지 근본적인 카테고리를 본능적으로 이해하고 있다는 것을 과학자들에게 알려주었다. 네 살 반인 아이들은 너무 어려서 감수성을 명확히 표현할 수는 없지만, 동물과 인공물의 뚜렷한 특질에 대해서는 알고 있는 것 같다. 게다가 인간의 내재된 감각에 따라 세상은 '설계'되었고 동물(인간)의 본질은 '살아 있는 것'이며 인공물의 본질은 도구로서 '인간에게 도움이 되는 것'이라는 사실을 알고 있는 것 같다.

이건 분명 종 중심적 관점이다. 핵심은, 그러한 관점이 세상에 대한 정확한 해석이 아니라 우리 인간에게 흔하고 보편적이라는 것이다. 그것은 휴리스틱이 작동한 것이다. 우리 모두는 의미를 만드는 생명체이자 직관적인 분류학자다. 우리는 놀라울 정도로 복잡하고 위협적인 세상을 헤쳐 나가기 위해 본능적으로 설명하고, 그러한 설명을 평가한다. 가장 즉각적으로 나오기 쉬운 설명은 세상이 단순하다는 것이다. 그리고 그러한 설명을 타당하다고 평가하며 우리를 세상의 중심에 놓는다.

하지만 세상은 그렇게 만만하지 않다. 세상의 복잡성은 단순화하려는 우리의 기본적 충동을 어렵게 만든다. 우주를 동물과 인공물로 나눈다고 치고, 더 자세히 구별할 수 없는가? 인간의 마음은 어떻게 하마, 이끼, 모기, 진달래 같은 다양한 것들을 서로 관련지을까? 어떻게 우리는 이러한 다양한 것들을 의미 있는 범주로 분류할까? 간단히 말해 우리는 생명에 대해 어떻게 생각할까?

성숙한 마음은 어떤 식으로 생명체의 세계를 분류할까? 그리고 우리는 다른 생명체와 관련해 우리를 어느 위치에 놓을까? 이것은 철학과 종교와 도덕과 관련된 문제로, 생각처럼 분명하게 구분되진 않는다. 예를 들어 움직임을 생각해보자. 많은 생물은 움직인다. 하지만 강, 구름, 로켓도 움직인다. 그리고 산호 같은 일부 생물은 전혀 이동하지 않는 것 같다. 그래서 생명을 정의하는 것은 움직인다는 사실이 아니라, 왜 그리고 어떻게 움직이는지다. 어린아이들은 여기에 혼란스러워하며 무엇이 생물이고 무생물인지에 대해 많은 실수를 한다. 시간이 지나 어른이 돼서야 우리는 원시적인 유치한 생각을 벗어버리고 자연 세계에 대해 세련된 관점으로 대체한다.

하지만 과연 그럴까? 세상을 경험하고 복잡성에 대해 배우면 우리는 순진한 사고를 버릴까? 펜실베이니아 대학교의 심리학자 로버트 골드버그와 샤론 톰슨실은 실험실에서 이러한 질문들을 탐구해 흥미로운 결과들을 얻었다. 그 가운데 한 실험을 살펴보자.

대학생들에게 긴 목록의 단어들을 한 번에 하나씩 아주 짧은 시간 동안 보여줬는데, 일부에게는 식물의 명칭, 다른 이들에게는 동물의 명칭, 또 다른 이들에게 무생물의 명칭들이었다. 무생물은 빗자루처럼 움직이지 않는 물건들, 표석 같은 움직이지 않는 자연적인 것, 트럭처럼 움직이는 인공물, 강처럼 움직이는 자연물로 나눴다. 얼마나 빨리 정확하게 참가자들이 움직임과 자연성을 이용해 생물과 무생물을 분류하는지 알아보기 위해서다.

과학자들은 특히 우리가 식물을 어떻게 생각하는지, 거대한 사물의 분류표에서 식물을 어디에 넣을지 관심을 가졌다. 식물은 흥미로운 변칙이다. 최소한 어린아이들에게는 그렇다. 식물은 어떤 행동도 하지 않으며 대신 우리가 그것에게 뭔가를 한다. 예를 들어 타고 올라가기도 하고 물을 주거나 가지치기를 한다. 설사 식물은 움직인다고 해도 알아차리기 힘들다. 당연히 아이들은 종종 식물을 무생물로 잘못 분류한다.

하지만 대학생은 어떨까? 모든 정규교육을 받았음에도 그들 역시 실수를 했다. 참가자들은 식물을 분류할 때 실수를 하고 망설였다. 어린애 같은 유치한 분류를 신중하게 억제하게 위해 더 시간이 걸린 것이다. 그리고 움직이는 것과 무생물, 자연을 판단할 때는 더욱 느려졌다. 이는 움직임과 자연성이 그들을 난처하게 만든 특질임을 암시한다.

사실 그들은 생물학 전공자들이 아니었으며, 연구원들은 그들이 엄밀한 과학적 훈련을 그다지 받지 않은, 단지 대학교에 입학하는 학생들이라는 사실도 알고 있다. 하지만 이제부터 흥미로워진다. 이번에는 학생들에게 자연 세계에 대해 가르치는 게 직업인 생물학 교수들을 대상으로 같은 실험을 했다. 이들은 생물학을 평균 25년 정도 가르친 명문대 교수들이다. 과연 어떤 결과가 나왔을까?

교수들은 대학생들보다는 나았지만, 과학 엘리트에게 기대한 만큼 뛰어난 건 아니었다. 심지어 이런 전문가들조차 동물보다 식물을 분류하는 데 서툴렀다. 평생 고급 과학 훈련을 받아도 식물을 인공물로 보려는 순진한 충동을 이기기 힘들었다.

일부 독자들은 《식물의 정신세계》라는 책을 기억할 것이다. 1973년, 식물에게도 감각이 있고 심지어 영적인 존재라고 주장함으로써 한때 유명세를 탔던 책이다. 과학적인 장점은 별로 없는 책이지만, 인간이 세상의 중심이고 고유한 존재라는 주장에 도전장을 냄으로써 반향을 일으켰다. 심리학계에서는 문화적으로 선풍을 일으킨 이 기이한 현상을 우리 내면 깊숙이 내재된 계획과 목적에의 편향에 도전한 것이라고 설명한다.

우리 모두는 타고난 분류학자지만 완벽과는 거리가 멀다. 설계 휴리스틱은 세상을 설계된 단순한 것으로, 그리고 인간을 모든 것의 중심으로 보려는 강한 충동이며, 기본적으로는 '진단(diagnosis)'이라 부르는 인지적 과정이다.

단순함, 그 거부할 수 없는 매력

〈하우스〉라는 미국 드라마가 있다. 매회 미스터리한 의학 문제의 발생으로 시작해 유능하고 염세적인 진단 전문의 그레고리 하우스가 무엇이 잘못된 건지 알아내면서 끝이 난다. 그 과정에서 그는 상당한 착오와 잘못된 방향을 바로잡고, 증상을 분류하는 목록을 만들어, 가장 간결한 답을 찾는 식으로 진행된다.

우리는 각자 자신의 세상에서 진단 전문의다. 우리는 괴팍한 하우스만큼 똑똑하지 않을지는 몰라도 그와 같은 지능적인 방법을 사용한다. 또한 하우스처럼 사물에 대한 가장 단순하고 간결한 설명을 강하게 원한다.

불쌍한 트레다의 병에 대해 생각해보자. 트레다는 거주자가 750명에 불과한 작은 행성 조그에 사는 외계인이다. 그녀는 컨디션이 좋지 않았다.

보라색 반점이 나타나고 신체 일부인 민텔이 쓰라렸다. 방문 내과의인 당신은 그녀를 진단해야 한다. 당신이 알고 있는 건 다음과 같다. 우선 트리쳇 증후군은 민텔이 쓰라리고 보라색 반점을 일으키는 걸로 알려져 있다. 모라드 병은 항상 쓰라린 민텔을 야기하지만 결코 보라색 반점은 야기하지 않는다. 그리고 조그 행성인들은 휴멜에 감염되면 하나같이 보라색 반점이 생기지만, 그 감염이 민텔에 통증을 야기했다는 사례는 아직 없었다. 그녀에게 나타난 증상을 설명하는 질병은 이게 전부다. 어떤 게 최선의 진단일까?

트레다와 조그는 버클리 대학교의 심리학자 타니아 롬브로조가 만들어 낸 가상의 이야기다. 학생들에게 이 이야기를 들려주며 가장 그럴듯한 질병을 고르게 했다. 즉 트리쳇 증후군, 모라드 병, 휴멜 감염 혹은 트리쳇 증후군과 모라드 병에 동시에 걸렸거나, 모라드 병과 휴멜 감염이 동시에 일어난 것 가운데 하나를 골라야 한다. 압도적 다수인 96퍼센트가 단일 원인으로 설명하는 트리쳇 증후군을 골랐다.

이것은 그 자체로 보면 놀라운 일이 아니다. 증상을 설명하는 데 한 가지 이상의 원인이 필요하다고 생각할 필요가 없다. 트리쳇 증후군은 두 증상을 설명하기에 충분하기 때문이다. 하지만 사실 그 진단은 틀린 것일 수도 있다. 보라색 반점과 민텔 통증이 각각 다른 질병에 의해서 생긴 것일 수도 있다. 트레다는 두 가지 혹은 심지어 세 가지 문제를 갖고 있을 수도 있다.

롬브로조가 참가자들에게 각자의 진단을 정당화하라고 했을 때, 그들의 대답은 의미심장했다. 많은 이들은 자신의 진단이 보다 단순하다고 말했고, 그보다 더 많은 사람들은 자신의 진단이 더 타당하다고 말했다. 그러한 믿음을 지원할 정보가 없음에도 말이다. 게다가 그들은 자신의 판단을 설명하기 위해 '덜 복잡함' 혹은 '더 모양새가 좋음' 등의 용어를 사용했다. 더 단순한 설명이 발산한 직관적 매력이 실제 가능성에 대한 이성적 계산을 능가한 것이다.

롬브로조는 단순함에 대한 이러한 편향이 매우 강력하다는 걸 증명하기 위해 두 번째 실험을 실시했다. 이 실험도 기본적으로 역시 트레다 딜레마를 다루고 있지만, 참가자들에게 세 가지 장애 발생에 관한 일부 정보를 줬다. 그녀는 50명의 조그 행성인들이 지금 트리쳇 증후군으로 고생하고 있다고 덧붙였다. 발병 비율은 매번 조금씩 달랐지만 머리를 조금만 쓴다면 이러저러한 장애의 진짜 가능성을 계산할 수 있는 충분한 정보가 있다. 하지만 거의 대다수의 참가자들이 냉철한 계산이 아닌 간단하고 직관적인 설명을 선호했다.

실험 참가자들은 대략 스무 살의 미국 명문대 학생들이었다. 그들은 세상에 대해 그다지 순진하지 않았다. 하지만 세상을 단순한 것으로 생각하거나 단순화해서 생각하는 걸 분명 더 선호했다. 왜? 그런 유치한 관점은 어디서 나왔을까?

롬브로조는 단순성에 대한 이러한 충동이 어린 시절에 시작되었는지 알아보기 위해서 미취학 아동을 대상으로 이 질문을 탐구해보기로 했다. 한 실험에서, 그녀는 네 살 반 된 아이들에게 특별 제작된 장난감을 줬다. 설명하기엔 복잡하지만 기본적으로 붉은 장갑, 초록 부채 혹은 둘 다 동시에 작동시키는 등 여러 기능들을 담당하는 여러 색깔 칩을 가진 장난감이다. 아이들의 일은 조그 행성의 의사 역할과 비슷하다. 즉 어느 칩(혹은 칩들)이 어떤 기능을 작동시킬지 판단하는 것이다. 롬브로조는 아이들이 확률에 근거해 조리에 맞는 결정을 내릴 수 있는 방식으로 칩의 숫자들을 다양하게 했다. 단순화하려는 충동과 이성적으로 생각하려는 힘을 대립시키기 위함이었다.

다시 한 번 단순성이 승리했다. 하지만 흥미로운 반전이 있었다. 문제를 논리적으로 생각할 수 있게 해준 정보가 더 많을수록, 그들은 더욱 논리적인 태도를 보였다. 하지만 그런 식으로 되려면 개연성 있는 정보가 많이 필요했다. 한마디로 그들은 이성적으로 생각하는 걸 힘들어했다. 즉 모든 게 동등하면, 그들은 여전히 단순한 설명을 더 많이 선택했다.

이것은 단순화가 심지어 어린아이에게도 개연성을 판단하는 데 있어서 흔하게 작용하는 휴리스틱이라는 점을 보여준다. 가능성을 계산하는 것은 힘든 인지적 업무다. 그래서 우리는 반드시 그래야 할 때만 그런 일을 한다.

단순화, 설계, 목적에 대한 이러한 충동은 먼 옛날 인간에게 형성된 신경세포 속에 내재되어 있는 것인가? 우리 내면에는 세상에 대한 이론이 이미 내재되어 있는 것인가? 아이들을 대상으로 여러 실험을 해보니, 심지어 매우 어린아이들도 세상을 목적이 있는 걸로 보려는 성향이 있다는 걸 알 수 있었다. 즉 별, 나무, 비 같은 것을 자연적 원인 대신에 주로 기능의 관점에서 보려고 했다. 실험실 테스트들은 이러한 점을 반복해서 보여준다. 예를 들어 아이들에게 왜 산이 존재하느냐고 물으면, 대다수 아이들은 동물이 올라갈 곳이 있어야 하기 때문에 산이 있는 거라고 대답한다. 아이들의 자연 세계 이론에 따르면, 나무는 우연히 그늘을 제공하는 게 아니다. 그늘 제공이 나무의 주된 목적이다. 그렇지 않다는 걸 확신시킬 좋은 증거가 있지 않는 한, 아이들은 어떤 것이든 주어진 기능을 맡고 있다고 여겼다.

그렇다면 이러한 유치한 목적과 설계에 대한 갈망은, 나이가 들고 우리의 뇌가 새로운 신경세포를 연결하면 벗어나게 되는, 마음의 원시적 습관이나 인지적 미성숙의 표시에 불과할까? 심리학자들은 아이와 성인이 각각 세상을 설명하는 방식에 관심이 많다. 별, 눈, 호수에 대한 우리의 이론이 창조와 창조주에 대한 이해, 즉 우리의 개인적 우주론과 밀접히 연결되어 있기 때문이다.

롬브로조의 추정에 따르면, 목적을 가진 설계에 대한 이와 같은 아이들의 강한 선호는 한평생 디폴트 위치(default, 시스템 상에 미리 설정되어 있는 기본 값이나 상태-옮긴이)에 있다. 그것은 우리가 경험을 쌓고 중력이나 판구조론, 자연 선택설 같은 걸 배우면서 약해지긴 하지만 실제로 사라지지는 않는다.

그녀는 이러한 생각을 확인하기 위해 알츠하이머 환자들을 연구하기로 했다. 알츠하이머는 성인기의 강철 같은 인과적 믿음을 약화시키므로 환자들이 인지적 본색을 드러낼 것이라고 판단했다. 실험실에서 그녀는 아이들에게 사용했던 것과 동일한 인지 테스트를 알츠하이머 환자들에게 실시했는데, 기본적으로 두 가지로 대답이 가능한 질문들이다. 예를 들어 "왜 비가 존재하는 걸까? 물이 구름 속에서 응축되어 물방울을 형성하기 때문일까? 아니면 우리에게 마실 물을 주기 위해 존재하는 걸까?" "태양은 왜 있나?" "나무는?" 등이다.

알츠하이머 환자들은 비의 주된 목적이 마실 물을 제공하기 위해서라고 대답했다. 나무는 그늘을 제공하기 위해서, 태양은 우리를 따뜻하게 해주려는 단독 목적 때문에 하늘 높이 있다고 봤다. 반대로 건강한 성인은 태양이 우리를 따뜻하게 해준다는 걸 알고 있지만, 그 이유 때문에 존재하는 건 아니라는 것도 안다.

이것은 미묘하지만 중요한 구별이다. 알츠하이머 환자들의 사고는 아이들의 미발달된 사고를 그대로 반영하며, 설계와 기능성에 대한 충동이 결코 사라지지 않는다는 걸 암시한다. 세상의 모든 존재가 목적이 있는 걸로 이해하려는, 인간의 근원적인 충동이다.

그런데 재미난 사실이 있다. 롬브로조는 동일한 사람들을 대상으로 두 번째 연구를 했다. 그녀는 우주의 질서가 신에 의해 이루어지는지 아니면 자연적 과정에 의해 이루어지는지 물었다. 참가자들은 세상을 설계된 목적이 있는 걸로 보려는 성향이 있긴 했지만, 초자연적 설계자가 사물의 자연 질서 이면에 있다고 가정하는 것 같지는 않았다. 한평생에 걸쳐 나타나는 우리의 충동은 세상을 질서정연하고 목적이 있는 걸로 보려고 한다. 우리 가운데 일부는 '신'으로 세상을 해석하려고 한다. 하지만 뇌의 질서에 대한 충동을 설명하는 데 있어 신이 반드시 필요한 건 아니다.

그럼에도 많은 사람들(그리고 많은 과학자들)은 이러한 기본적인 인지적 충동을 설명하는 방식으로 신이라는 부분을 첨가한다. 심리학자들은 정규교육이 제한된 문화권의 사람들이 종종 사물에 목적을 부여하는 설명을 더 선호한다는 걸 발견했다. 아마도 그들이 과학적으로도 순진하기 때문일 것이다. 롬브로조는 역시 같은 근원적인 충동이 지적 설계(intelligent design, 생명의 기원과 발달을 지적 설계자의 행위로 봄-옮긴이) 창조론의 매력을 설명한다고 믿는다. 그것은 삶의 복잡성에 대한 지적설계 설명을 선호하고 진화론을 거부하는 세계관이다. 그러한 관점은 과학적으론 변론의 여지가 없다. 하지만 질서를 추론하려는, 인간의 근원적인 충동의 끈질김으로 이해할 수 있다.

보다 가벼운 차원에서, 그것은 세련되고 교육받은 성인들 중에서도 왜 애니메이션이 보여주는 마법과 그와 유사한 현대적 동화를 좋아하는 이들이 있는지를 설명해준다. 디즈니 애니메이션〈라이언 킹〉에는 허물없는 친구 티몬과 품바가 나온다. 티몬은 만물박사 미어캣이고 품바는 실수투성이 흑멧돼지다. 어느 늦은 밤, 사바나에서 둘은 별의 근원에 대해 궁금해한다. 티몬이 "저것은 저 커다란 검푸른 것에 박혀 있는 반딧불이들이야"라고 말하자 티몬보다 덜 똑똑한 품바는 이렇게 대답한다. "오, 정말. 난 수십만 킬로미터 떨어진 곳에서 불타는, 가스로 된 공들이라고 생각했어."

과학적으로는 품바의 말이 맞다. 그래서 이 농담이 웃긴 것이다. 하지만〈라이언 킹〉을 본 많은 아이들은 아마도 티몬의 이론에 더욱 끌릴 것이다. 우리는 품바의 우주에 대한 기계론적 설명이 옳다는 걸 알지만, 우리의 순진한 설명적 충동이 내면에 도사리고 있다.

지저분한 책상과 진보주의의 관계

물론 설계 휴리스틱은 대단히 보편적이지만, 각 개인의 마음에서 질서와 단순화에 대한 욕구는 제각각이다. 어떤 사람들은 질서에 대한 욕구가 높고 또 다른 이들은 고대적 충동에서 보다 자유롭다. 이것은 개인적 습관부터 정치적 견해까지 모든 것에서 모습을 드러낸다.

내 사무실은 늘 뒤죽박죽 엉망이다. 내 데스크탑은 잘 보이지도 않고 책들도 제멋대로 꽂혀 있다. 나는 그다지 정리하지 않는다. 수공예품과 기념품들도 벽에 못질을 해서 걸어두지 않고 그냥 벽에 기대 놓는다. 내 사무실의 유일한 장식은 포스트잇 쪽지다.

나는 결코 나의 무질서한 삶에 대해 깊이 생각해본 적이 없다. 나는 단

경계를 허무는 컨텐츠 리더 **북이십일**

인기 APP 시리즈

21세기북스, 모질게, 아울북, 을파소의 컨텐츠를
이제 애플리케이션으로 만나보세요!

애플리케이션 스토어에서 해당 App을 검색하세요.
(App스토어, T스토어, OZ 스토어, 올레 마켓)

어학-모질게 시리즈

 모질게 토익
 Phone 무료   m.mozilge.com

모질게 토익 브랜드 공식 무료 애플리케이션
500개 이상의 저자 직강 토익/토익 스피킹/영어 동영상 강의와
도서 mp3, 베스트셀러 및 신간 소개 제공

 모질게 토익 VOCA
 Phone $4.99

발음 청취 훈련, 실전 모의고사로 토익 어휘 마스터
파트별 빈출 어휘 및 혼동 어휘, Review Test 제공
고득점 공략 단어 및 파트 5 모의고사 5회분 수록, 파트 5, 6 집중해부

 모질게 듣기만 해도 느는 패키지
(토익+일본어+텝스)
 Phone $8.99   Phone 9,900원

1등 청위 훈련 프로그램 '듣기만 시리즈' 특별판
토익, 일본어, 텝스 콘텐츠를 하나의 애플리케이션으로!
저렴한 가격, 편리한 다운로드 (개별 App 구매 대비 37% 할인!)

 모질게 듣기만 해도 느는 일본어
 Phone $4.99   Phone 5,900원

화제의 블로거 '당그니' 김현근 선생님의 일본어 회화
단계별 청취와 어휘/패턴 테스트 수록
50음도 훈련 및 전체 문장 듣기 모드 제공

 모질게 듣기만 해도 느는 토익 LC
 Phone $4.99   Phone 5,900원

T스토어, 일본 App스토어 1위! 토익 App의 최강자
최초의 토익 리스닝 훈련 App! 전 문장 영국 발음 제공!
파트별 1,500문장+587개 예문+2,000개 어휘 수록

 **모질게 보기만 해도 느는 토익
파트 5,6**
 Phone $4.99

듣기만 시리즈에 이은 국내 최초 토익 RC 학습 전문 APP
시험에 자주 나오는 50개의 토익 공식 자동 학습과 실전 모의고사,
기출 덩어리 표현 학습으로 파트 5,6 완전 정복

 모질게 토익 모의고사 (7월 출시)
 Pad $6.99

실전 난이도 Full Set 3회분 + 청취 훈련 수록
실전 1등 노하우로 엄선한 최신 경향 모의고사로 실전 완벽 대비
해설과 오답노트는 물론 전체 문항 반복 청취 훈련 기능 탑재

 모질게 듣기만 해도 느는 텝스 LC
 Phone $3.99   Phone 4,900원

국내 최 텝스 리스닝 훈련 프로그램!
대화 또는 담화로 구성된 1-2-3단계의 지문 100개
+ 최대 1,000개 압도적 텝스 어휘 수록

 모질게 패턴 영어회화
 Phone $3.99

백선엽 저자의 생활 회화 패턴과 문장 학습
필수/동사/활용 패턴 각 50개와 패턴별 예문 학습
전체 패턴 문장과 대화문을 이어 들을 수 있는 음성 학습 기능 제공

홈페이지 www.book21.com

경계를 허무는 컨텐츠 리더 **북이십일**

유아·아동

마법천문자(❶~⓬ 출시 중)
Pad $7.99 Tab 8,800원

디지털 마법천자문으로 한자 마법 마스터
1300만부 베스트셀러 마법천자문의 독보적인 한자 학습효과를
이제 아이패드와 갤럭시탭에서도 만나보세요.

Battle Phonics
Phone/Pad 테마별 $0.99

영어로 배틀하자! Battle Phonics
보고 듣고 말하며 읽으면 500개의 아동 수 영단어가 쏙쏙!
네이티브 스피커의 표준 발음과 비교할 수 있어 더욱 알찬 App

느낌표 철학동화 시리즈(❶~❽)
Phone $2.99/Pad $3.99

철학 동화! 이제 오감으로 읽는다
책의 재미와 교훈을 그대로! 세계 어린이와 함께 읽는 인터렉티브
철학 그림책. 돈키호테, 양반전 같은 명작을 App으로 만나 보세요.

Read Aloud! 시리즈(❶~❺ 출시 중)
Pad $4.99

Play, Sing & Speak! 세계명작 영어동화 시리즈
큰소리로 따라 읽으며 자연스럽게 춤추고 노래하며 즐겁게!
읽고 보고 챈트로 듣는 3단계 영어 학습프로그램

키즈랜드
Phone/Pad $4.99

놀이와 학습을 한번에 끝내는 KidsLand
단어와 숫자, 음악과 미술, 게임의 다섯 가지 분류
4세부터 8세 어린이를 위한 두뇌개발 App

SingingBirds
Phone $1.99/Pad $2.99

전선 위 새들의 유쾌발랄 연주회 SingingBirds
전깃줄 위에 줄지어 앉아 있는 새들이 널리 알려진 노래 20곡을
6가지 악기 버전으로 연주해 드립니다.

MotherGoose 시리즈(❶~❻)
Phone $2.99/Pad $3.99

동화로 이해하고, 노래로 부르는 MotherGoose
영미권 아이들이 자라면서 수없이 반복하여 듣는 마더구스 노래와
동화를 만날 수 있는 App. 즐거운 영어공부가 시작됩니다.

성 인

알콩 달콩 경제학 1, 2
Phone/Pad 각 권 $4.99

만화로 읽는 알콩달콩 경제학!
주식, 펀드, 채권, 부동산에 투자하기 전에 꼭 읽어야 할
『정갑영 교수의 만화로 읽는 알콩달콩 경제학』을 App으로 만난다!

신데렐라의 유리구두는 전략이었다
: 갖고 싶은 남자를 갖는 법
Phone $4.99

대한민국 NO.1 연애 전문 기자의 실전 연애 어드바이스
2030 남녀 1,000명 이상을 인터뷰한 연애 전문 기자 곽정은이
전하는 성공 연애 전략. 도서 출간 즉시 연애 분야 1위 기록!

에세이-나를 위로하는 클래식 이야기(BGM제공)
Phone $4.99

클래식 전문가 진화숙이 들려주는 클래식 이야기와 음악
모차르트, 베토벤 등 음악가들의 삶의 이야기를 읽으면서
그 향기가 담겨 있는 음악을 듣는다. 스마트시대 교양 필수 App!

홈페이지 www.book21.com

지 내가 지저분한 사람이라고 생각한다. 하지만 설계 휴리스틱 연구에 따르면, 나의 뒤죽박죽에는 의미가 있다. 내 사무실의 혼란은 여성의 낙태 선택권부터 이라크 전쟁까지 모든 것에 대한 나의 관점을 반영한다. 단정함이나 지저분함 같은 습관은 사실 마음의 습관이다. 그러한 습관은 기본적인 성격과 밀접하게 연결되어 있으며, 그러한 성격이 바로 정치이념을 형성한다. 달리 말해 우리의 가장 깊숙한 심리학적 욕구와 두려움은 정치적 스펙트럼에서 우리의 위치, 즉 좌파 혹은 우파, 진보 혹은 보수, 공화당 혹은 민주당을 판단하는 데 큰 부분을 차지한다.

받아들이기 힘든 생각일지도 모른다. 왜냐하면 우리 대다수는 좌파든 우파든 간에 자신의 정치적 성향을 이성적 분석을 통해 결정했다고 생각하기 때문이다. 즉 우리의 관점은 자기부합적일지는 몰라도 최소한 논리적이라는 것이다. 그런데 실험실에서 축적된 증거에 따르면 아닌 듯하다.

심리학자들은 최근 보수파와 진보파의 핵심 강령이 우리의 마음 깊숙이 내재되어 있는지 탐구하기 시작했다. 그리고 놀라운 결과를 얻어냈다. 대다수 사람들은, 보수파는 전통과 권위를 변화보다 높게 평가하고 진보파는 위계 서열보다 평등을 높게 평가한다는 본질적인 생각에 동의한다. 뉴욕 대학교의 심리학자 존 조스트와 동료들은 자칭 보수파와 진보파의 무의식적 태도를 측정했다. 비록 대다수 사람들이 혼돈보다 질서를 선호하지만 심리학자들은 이러한 갈망이 진보파보다 보수파에서 더욱 강력하다는 걸 발견했다. 다시 말해 보수파는 반항성은 고사하고 기본적인 신경세포 차원에서 어떤 혼란도 참아내지 못한다. 반대로 진보파는 전통보다 유연성과 진보에 대한 선호가 내재되어 있다. 보수파와 진보파 사이의 가장 현저한 차이는 페미니즘에서 잘 나타난다. 보수파는 본능적으로 페미니즘을 질서정연한 세상에 대한 위협이라고 믿는다.

이것은 얼핏 보기엔 구태의연한 고정관념을 반영하는 것 같다. 하지만 이러한 실험실 탐구가 의식적 생각의 이면을 파헤치기 위해 설계되었다는 걸 잊지 말기 바란다. 실험에 따르면, 이념은 우리의 가장 기본적 인지적 장치에 배어 있다. 그렇다면 시민 권리, 복지, 소수집단 우선정책 등에 대한 관점은 정치적으로만 중요한 게 아니라 심리적으로도 중요하다. 과연 왜 그런 것일까?

어쩌면 기본적으로 타고난 기질이나 성격의 문제일 수도 있다. 조스트와 그의 동료(버지니아 대학교의 브라이언 노섹과 오스틴의 텍사스 대학교의 사무엘 고슬링)들이 설명하듯, 극단적 정치이념은 특정한 성격적 특성에 들어맞는 것 같다. 특히 보수파는 진보파보다 양심을 더 중시한다. 진보파는 보수파에 비해 경험에 개방적이다. 텍사스 대학생을 대상으로 한 대규모 연구에서, 심리학자들은 외국 여행이나 특이한 음식 및 예술 같은 새로운 경험에서 강한 진보적 성향을 발견했다. 더불어 진보적인 학생들은 문신부터 성애문학이나 매춘부나 약물까지 모든 것에 보다 너그러웠다. 반면에 보수적 학생들은 종교단체, 기도 같은 전통적 종교의식, 낚시, TV 시청 같은 주류 활동에 호의를 보였다.

물론 이것은 고정관념일 수도 있다. 하지만 고정관념은 종종 맞아떨어진다. 설계 휴리스틱은 이러한 예측 가능한 기호와 태도에 대한 심리학적 설명을 제공한다. 확실성과 구조를 갈망하는 건 인간의 본질이지만, 개인이 안전을 갈망하는 정도는 그들이 얼마나 두려워하는지에 따라 달라진다. 가장 두려워하는 사람들은 안전성과 계층구조에서 안전을 찾는다. 정서적으로 보다 안정적인 사람들은 인생에서 혼돈과 비예측성을 참아내는 힘이 보다 강하다.

 심리학자들은 이것을 테스트하기 위해 12개국에서 자료를 수집한 결과, 보수파가 정서적 불안의 여러 유형과 불가분의 관계가 있다는 걸 발견했다. 그들은 애매모호함을 참지 못하고, 구조를 필요로 하고, 폐쇄를 갈망한다. 또한 보수파가 죽음에 대해 더 강한 두려움을 갖고 있다는 것도 발견했다.

 그럼, 이게 나의 지저분한 사무실과 무슨 상관일까? 조스트의 또 다른 동료인 하버드 대학교의 다나 카네이는 사람들의 사무실과 침실을 직접 방문해 진보파와 보수파의 비밀스런 삶을 탐구한 결과, 극적인 차이를 발견했다. 보수파의 방은 단정하고 질서 정연할 뿐만 아니라 청소도구, 달력, 우표 같은 실용적인 물건들로 가득했다. 진보파의 방은 대담한 색깔로 칠해져 있고 책, 예술작품, 여행 전단지로 어질러져 있었다. 보수파의 방은 안전하게 숨어 있을 수 있는 곳인 반면에, 진보파의 방은 들어가서 이것저것 찾아봐야 할 임시보관 구역처럼 느껴졌다.

 단순화와 질서에 대한 갈망은 강력하지만 종종 복잡한 현대 세상의 현실과 충돌한다. 설계 휴리스틱은 직관적인 매력을 갖고 있지만 미묘한 측면은 살리지 못한다. 많은 회색 그늘이 있는 세상에서 흑백만을 요구하기 때문이다.

>>>

 고대에는 정당이 없었다. 당연히 민주당 부족이나 공화당 부족 같은 것도 없었다. 원시인들은 단지 주변의 세상을 이해하려고 할 뿐이었다. 그들은 구름과 달팽이와 덤불과 별들의 놀라운 다양성에서 패턴을 보았다. 패턴과 설계에 대한 이러한 갈망은 시간이 지나면서 내재된 습관이 되었고, 오늘날 정치적 성향부터 창조에 관한 믿음까지 모든 것에 영향을 끼친다. 고대 조상들처럼 우리는 계속해서 지적으로 움직이며 아이디어를 탐구하고 확장하고 공유한다. 다음 장의 주제인 '수렵채집 휴리스틱'은 그러한 창조적인 충동을 조명한다.

14

수렵채집 휴리스틱 The Foraging Heuristic
왜 우리는 '맛집'을 찾아다닐까

예전에 나의 한 동료는 면도날을 수집하곤 했다. 그는 직선 면도날, 이중 면도날, 초기 전기 면도날 등 면도날을 종류별로 분류했다. 또한 국가와 시대별로도 분류했다. 그는 면도날 기술의 역사에 대해서도 박식했다. 어느 날 나는 그에게 왜 면도날을 수집하기로 했는지, 어떻게 시작하게 된 건지 물어봤다. 잠시 머뭇거리더니 그는 말했다. "잘 모르겠네."

누구나 한 분야에서는 전문가일 것이다. 그걸로 돈을 벌지는 못하더라도 분명 당신의 호기심을 불러일으키는 한두 가지를 선택할 수 있다. 당신은 수년간 자신의 관심을 좇아 어느 정도 대가 수준에 도달할 수 있다. 남북전쟁 전쟁터를 방문하거나 골프경기를 연구할 수도 있다. 뭐든 상관없다. 당신의 관심이 뭐든 간에, 당신은 기본적인 수렵채집 휴리스틱을 유발시켜 하나의 아이디어에 초점을 맞추고 연마한다. 그리고 그걸 당신 것으로 만든다.

멈출 것인가 계속 움직일 것인가

수렵채집 휴리스틱은 탐험하고, 새로운 비밀 장소를 물색하고, 새로운 걸 배우게 해준다. 또한 우리의 사고를 멈추고 집중하고 풍성하게 한다. 우리는 취미만이 아니라 직업도 그렇게 선택한다. 비결은 수렵채집에서 적절한 균형을 유지하는 것이다. 다시 말해 탐험도 하지만 집중도 해야 한다.

일상생활에서도 수렵채집 휴리스틱을 찾아볼 수 있다. 내가 사는 동네에는 초밥, 피자, 베트남쌀국수 전문점, 타파스, KFC 등 전 세계 음식을 요리하는 수백 개의 레스토랑이 있다. 우리 가족은 상당히 자주 외식을 하는 편이며 다양한 요리를 좋아한다. 그렇다고 우리가 매번 다른 메뉴를 찾는 건 아니다. 몇 년 전 우리는 정말 마음에 드는 카페를 발견하곤 단골이 되었다.

우리 가족은 기본적으로 확실성과 예측 가능성을 선택했지만, 다른 이들은 탐험과 변화를 선호하기도 한다. 사람들은 왜 이처럼 서로 다른 자질을 갖고 있는 것일까? 무엇이 어떤 사람에게는 더 좋아 보이는 다른 것을 계속 추구하게 동기부여를 하는 반면에, 어떤 사람들에게는 이미 알려진 것과 안정을 고수하게끔 동기부여를 할까? 우리는 더 나은 새로운 식당이 골목 너머에 있지 않다는 걸 어떻게 알까? 우리는 결정을 내리지 않아도 되는 편안함을, 왜 호기심이나 새로움과 교환하는 걸까?

이 강력한 휴리스틱은 옷 입는 방식, 친구 선택, 취미, 열정, 직업, 심지어 연애의 형태에도 영향을 미친다. 왜 어떤 사람들은 평생 한 배우자와 지내는 반면에 어떤 사람들은 이 사람 저 사람 사귀며 정착을 못할까?

그건 모두 전략에 관한 것이다. 이런 식으로 생각해보자. 우리의 고대 조상들이 사바나에서 수렵채집을 해야 했을 때, 생필품을 어디서 구해야 할지 말해주는 사람은 없었다. 환경은 척박했다. 지금 여기엔 우물이 있고 저기엔 영양 떼가 있지만, 항상 그런 것은 아니었다. 그럼 최고의 수색 전략은? 일단 영양들이 있는 사냥터를 찾으면 거기에 천막을 치고 자기 영역으로 만들거나 더 나은 사냥터를 찾아나서는 것이다. 더 나은 것이 있었을까? 잘못된 수렵채집 전략을 선택하는 것은 곧 죽음을 의미한다.

이제 시간을 돌려 현대로 와보자. 우리의 과제는 더욱 복잡하고 더욱 지적이며 더욱 추상적이다. 대개는 생명을 위협하는 게 아니라, 여전히 불확실한 세상에 어떻게 대처할지를 결정해야 하는 문제다. 대인관계 문제나 직장에서의 중요한 결정에 직면했을 때 한 가지 아이디어에 매달려 그 가치를 온전히 이용하는가? 혹은 이 해결책에서 저 해결책으로 급히 옮겨가는가? 경우에 따라서는 무엇이 효과가 있는지 살펴가며 앞뒤로 전환해 두 전략을 모두 사용하기도 한다.

인디애나 대학교의 심리학자 토머스 힐스, 피터 토드, 로버트 골드스톤은 이러한 의문들을 탐구했다. 그들은 음식이든 아이디어든 사람들이 수렵채집에 있어 일관된 인지 방식을 갖는지 조사했다. 이와 더불어 이러한 고대 수렵채집 신경세포들을 유도하는 것, 즉 탐험 혹은 개발 충동을 유발하는 것이 사람들이 현대의 문제에 접근하는 방식에 어떻게 영향을 주는지 살펴보고자 했다. 실제로 사람들에게 야생에서 먹을 걸 수렵채집하라고 할 순 없기 때문에 이들은 현대적 도구인 컴퓨터 게임과 보드 게임을 사용했다. 대규모 참가자 집단에 아이콘을 사용해 컴퓨터 세상에서 수렵채집하게 했다. 그들은 음식이나 물의 숨겨진 공급지를 찾아낼 때까지 돌아다니다가 목표물을 발견하면 언제 이동할지, 계속 수색할지, 어느 방향으로 갈지 등을 결정한다. 과학자들은 그들의 움직임을 추적했다.

참가자들은 매우 다른 두 세계를 탐험했다. 하나는 자원의 공급지 수는 적지만 훨씬 더 큰 규모로 공급되는 세상이고, 다른 하나는 음식이나 물의 공급지가 여기저기 소량으로 퍼져 있는 세상이다. 둘 다 고대에 존재했던 환경이다. 실험의 의도는 각각의 가능한 세상에서 최적의 수렵채집 전략을 유도하는 것이었다. 널리 분산된 환경에 놓인 사람들은 유목민처럼 어느 곳이든 빨리 포기하고 급히 다른 데로 이동할 것이고, 자원 공급이 풍부한 환경에 놓인 사람들은 소득 없이 돌아다니기보다는 풍부한 영양소의 원천을 이용하며 정착하는 경향이 더 클 것이라고 예측했다.

참가자들은 더욱 추상적이고 지적인 수색 업무 스크래블(판과 패를 이용한 단어 만들기 보드게임-옮긴이)에 참여했다. 실제로 스크래블을 하지는 않지만 하는 것처럼 철자를 받았다. 그리고 철자로 가능한 많은 단어들을 만들기 위해 기억을 끌어냈다. 또한 그들은 수중에 있는 철자를 새로운 철자와 교환할지 말지 선택해야 하는데, 실험에서는 원하면 언제든지 교환할 수 있었다. 참가자들의 스크래블 전략은 수렵채집 전략과 비교할 수 있다. 이들이 주어진 철자를 고수하는지 아니면 철자 한 세트를 보다 전도유망한 다른 세트로 금세 바꾸는지 살펴보는 것이다. 다시 말해 풍요로운 세상에 유도된 사람들은 스크래블 단어를 고수할 가치가 있는 것으로 보고, 분산된 세상에 유도된 사람들은 재빨리 한 철자 세트를 포기하고 다른 세트로 바꾸지 않을까?

그 결과는 매우 놀라웠다. 신경세포가 야생의 탐험에 유도된 사람들은 더욱 분주하게 돌아다녔고 탐구적이었다. 반면에 야생의 이용에 유도된 사람들은 스크래블이라는 추상적·정신적 도전으로 전환했을 때 더욱 집중하고 끈기를 보였다. 다시 말해 인간의 뇌는 임무가 요구하는 바에 따라 탐험과 이용을 오가는 능력을 가진 것 같다. 그것은 수렵채집 휴리스틱의 이면이다.

또한 개인들이 인지 방식에 있어 매우 일관되게 행동한다는 걸 발견했다. 즉 가장 끈기 있는 수렵채집자들은 가장 끈기 있는 스크래블 플레이어들이기도 했다. 음식을 수색할 때 여기저기 쏘다니는 사람들이 지적 문제에서도 쏘다니는 것처럼, 아마 인생에서도 그럴 것이다. 후자는 좀이 쑤셔 어느 정도 좋은 근처 카페로는 만족하지 못할 것이다. 두 스타일 가운데 어디에 해당하는지는 연령대나 성격이 큰 영향을 주긴 하지만, 우리는 다들 두 스타일을 모두 갖고 태어난다.

아이디어의 순환과 편승

그렇다면 백 명, 천 명 혹은 백만 명의 수렵채집자들을 한데 모아 세상을 공유하게 하면 어떤 일이 생길까? 우리는 서로의 삶을 풍요롭게 할까, 아니면 서로를 곤경에 처하게 할까? 어떻게 우리는 고대의 수렵채집 충동이 지적 진보, 창의성, 사회적 조화를 만들어내도록 서로 연결할 수 있을까? 지적 수렵채집자들로 가득한 세상에서 우리가 창의적으로 의미 있게 살 수 있는 최선의 접근법은 무엇인가? 이러한 질문은 정치, 투자, 관계를 막론하고 어디든 적용된다. 일례로 패션에 대해 생각해보자.

2006년 영화 〈악마는 프라다를 입는다〉에는 이러한 생각의 핵심을 포착한 굉장한 장면이 있다. 패션잡지 〈런웨이〉의 일중독 편집자인 미란다는 자신의 조수 앤드리아가 유명 디자이너의 스커트와 벨트, 신발 등으로 대표되는 자신의 세상을 무시한다는 것을 감지했다. 어느 날 그녀는 조수의 오만함을 차갑게 지적한다. "네가 입은 늘어진 스웨터 보이지?" 그녀가 묻는다. "그 파랑은 카메론 디아즈가 〈런웨이〉 표지에서 입은 드레스의 색깔이야. 제임스 홀트가 시폰으로 만들었지. 바로 그 파랑은 금세 다른 여덟 명의 디자이너 컬렉션에 등장했고, 나중엔 이류 디자이너들, 백화점 브랜드까지 내려갔어. 일부는 멋진 아울렛에도. 너도 분명 거기서 샀겠지. 다시 말해 그 색깔은 수백만 달러와 수많은 일자리의 가치를 갖고 있어."

미란다는 직관적으로 사회심리학자였다. 늘어진 스웨터를 좋아하든 고가의 마놀라 블라닉 구두를 좋아하든, 사실 자신이 착용한 것에 관한 한 독창적인 사상가는 별로 없다. 물론 몇몇 진정한 혁신가는 있겠지만, 당신이 옷감을 직접 염색하고 자신만의 옷을 디자인하지 않는 한 당신은 누군가의 마음에서 표절한 것이다. 스웨터를 둘러싼 이러한 진실은 다른 생각들에도 적용된다. 즉 당신은 스스로 멋진 구절을 만들어내거나 새로운 재능을 발견했다고 생각할지 몰라도, 사실 그렇지 않을 가능성이 많다.

그건 우리가 아이디어의 세상에서 독립적으로 만들어진 게 아니기 때문이다. 우리 모두는 집단적 행동의 복잡한 패턴들에 뒤얽혀 있어, 상당수 아이디어가 동시에 만들어지고 우리의 이해나 인식의 외부에 존재한다. 심리학자들은 아이디어의 이러한 순환에 매우 관심을 가지고 있다. 특히 어떻게 그것이 성장하고, 사람들이 어떻게 탐구하는지에 관심이 많다. 혁신과 모방을 혼합하며 창조하고 아이디어를 공유하는 어떤 이상적인 사회적 약속이 있을까? 다른 사람들의 마음에서 빌리는 것, 즉 너무 심하게 타인의 것을 이용하면 위험이 따를까? 혹은 정반대로 너무 떠도는 탐험자가 되면 위험이 따를까?

인디애나 대학교의 과학자들은 이러한 질문들을 탐구해, 집단적 마음에 대한 통찰력을 일부 얻었다. 그들은 일종의 가상환경, 약 20~200명의 집단이 동시에 아이디어를 채집수렵하는 인터넷 기반 세상을 이용했다. 그들은 아이디어가 추상적 자원이자 뇌를 위한 음식이라는 점을 확실히 하기 위해 수렵채집이라는 단어를 사용했다. 인생의 다양한 문제들을 풀면서 우리는 다른 사람들의 아이디어를 관찰하고, 자신만의 몇 가지 아이디어를 떠올리고, 그들의 것과 자신의 것을 거래한다. 그리고 성공하거나 실패한다. 심리학자들은 그들이 어떤 교훈을 끌어내는지 보기 위해 이러한 가상의 성공과 실패를 연구했다.

이 흥미로운 실험이 어떤 식으로 이루어지는지 살펴보자. 인터넷을 통해 서로 연결되어 있는 참가자들은 0에서 100까지의 숫자를 추측한 뒤, 추측의 정확도에 따라 점수 형태로 피드백을 받는다. 예를 들어 대기업에서 첫 근무일을 생각해보자. 당신은 그 회사 사내문화를 전혀 모른다. 당신이 할 수 있는 건 추측이며, 제대로 추측했는지 살펴보는 것이다. 당신은 추측하고 피드백을 받는 동안 당신의 새로운 동료들이 어떤 선택을 하고 얼마나 잘하는지도 관찰할 수 있다. 만일 그들이 당신보다 낫게 한다면 모방이 추측보다 더 타당할까? 아니면 당신은 또 다른 추측을 할까? 당신은 알아낼 때까지 시행착오를 거치고, 아이디어를 빌리고, 타협한다. 한편 다른 모든 참가자들 역시 당신을 지켜보는 걸 포함해서 동일한 일을 한다.

과학자들은 여러 방식으로 실험을 했는데, 각 실험은 실제 여러 사회집단들과 유사했다. 우리 모두는 크고 작은, 많은 사회집단에 동시에 가입되어 있다. 과학자들은 컴퓨터 게임으로 시뮬레이션을 했다. 예를 들어 지역 네트워크에서는 참가자들이 몇몇 인접 이웃들과 연결되어 있는 반면에 글로벌 네트워크에서는 모두 웹에서 연결되어 있다. 작은 세상 네트워크에서, 참가자들은 지역적으로 연결되어 있지만 몇몇 장거리 연결도 갖고 있다. 그래서 그들은 한두 가지 아이디어를 먼 친척에게서 얻을 수도 있다. 페이스북은 일종의 작은 세상 네트워크이며 최소한 그렇게 될 잠재력이 있다.

이 실험의 결과는 흥미로웠다. 문제가 쉬울 때는 글로벌 네트워크가 최고였다. 풍부하게 연결된 집단이 정보를 신속히 퍼트리고, 단순한 개념을 효과적으로 확산시키는 데에는 속도만 있으면 되기 때문이다. 하지만 문제가 까다로워지면 작은 세상 네트워크가 더 나은 경향이 있었다. 다시 말해 더 많은 정보가 더 낫다는 뻔한 이야기는 인생이 다소 꼬일 때는 그렇지 않은 걸로 증명되었다. 문제가 더욱 복잡해지면 작은 세상 네트워크가 가장 현명한 것으로 드러났다.

우리 누구도 혼자서 복잡한 세상을 헤쳐나갈 수는 없다. 그건 의류회사를 믿지 않고 스스로 옷을 디자인하는 것처럼 너무 힘들고 많은 시간이 소비된다. 그런 반면 남들과의 연결에는 위험이 있다. 만일 모두가 알고 있는 바가 똑같다면, 당신은 같은 생각을 가진 사람들과 함께하게 되고 이러한 동질적 집단은 결국 아이디어들의 연합보다는 하나의 탐험자로 활동하게 된다. 그러면 사람들은 나쁜 아이디어일 때도 '편승'이라는 것을 하게 된다. 그건 패션뿐만 아니라 정치나 음악 성향처럼 아이디어의 모든 영역에서 나타날 수 있다.

당신이 좋아하는 것을 하라

탐험과 이용에 대해 다시 생각해보자. 우리 모두는 의료 서비스 개혁의 장점이나 애플파이 만드는 방법 등 많은 아이디어들을 피상적으로 탐구한다. 우리는 많은 일들에 대해 조금씩 알아두어야 하기 때문이다. 하지만 또한 특정한 아이디어들을 탐구하는데, 이렇게 할 때 우리의 지식은 더욱 전문화되고 더 작은 집단의 사람들과 공유한다. 그것은 전문지식 혹은 숙달이라고 부르는 것인데, 이는 '호기심'이라는 정서에 의해 움직인다.

오래된 영국 TV 시리즈 〈어벤저스(The Avengers)〉의 팬들은 오래된 와인 저장고에서의 싸움 장면을 기억할 것이다. 멋진 비밀요원 존 스티드와 악당 헨리 보드먼은 희귀한 와인을 시음하며 대결한다. 둘은 포도농장과 포도 수확에 관한 놀라운 전문지식으로 기싸움을 한다. 몇 분간 논쟁한 뒤 스티드는 한 치의 오차도 없는 정확한 말로 대결을 종결한다. 그는 냉담하게 말한다. "1909년! 포도농장의 북쪽 끝에서 수확한 것이지."

세상에나! 와인 전문가도 이 장면에서 웃지 않을 수 없을 것이다. 누구도 와인을 이 정도로 세세하게 알진 못한다. 그래도 아주 재미있는 장면이다. 전문가들은 우리 대다수보다 더 세세한 범주에서 생각한다. 그래서 일부는 다양한 포도종, 포도농장, 특정한 수확시기, 토양과 습기를 아는 반면에 또 어떤 사람들은 백포주인지 적포도주인지 아는 정도에서 끝난다.

그런데 우리의 마음은 어떻게 그러한 세세한 전문지식을 알게 만드는 하는 걸까? 이에 대한 간단한 답은, 어떤 분야든 간에 전문가가 되려면 모든 사소한 차이에 끝없는 관심을 가져야 한다는 것이다. 하지만 그건 별 도움이 안 되는 대답이다. 관심 있다는 게 정확하게 의미하는 바는 무엇인가? 관심은 두려움이나 자부심이나 기막힘 같은 보편적인 정서인가? 왜 어떤 사람은 정치에 매료되고 또 어떤 사람은 야구 통계 수치나 바이런의 시에 빠지는가? 그리고 그러한 영역에서 심오한 지식을 쌓는 게 가능하다면 삼각법(三角法)이나 불규칙동사에서는 왜 안 될까? 이러한 관심이 교실과 직장 같은 곳에서 육성되고 전달될 수 있을까?

이러한 '관심'은 학습 및 교육과 근원적으로 연결되어 있는데도 과학자들은 별로 흥미를 보이지 않았다. 하지만 점차 변하기 시작했다. 지난 몇 년간 몇몇 심리학자들이 실험실에서 관심을 탐구하고 이러한 호기심 어린 정서에 대한 이론을 한데 모으기 시작했다.

관심의 가장 놀라운 특질은 관심의 범위가 모든 범위에 달한다는 것이다. 노스캐롤라이나 대학교 그린즈버러캠퍼스 실험실에서 관심을 탐구하는 심리학자 폴 실비아에 따르면, 어떤 사람의 나비에 대한 열정은 다른 사람에게는 하품거리에 지나지 않으며, 관심은 생겼다가 사라진다. 몇 년 전에 당신을 매혹시킨 책을 오늘 다시 읽으려고 한다면 지루해서 눈물이 날 것이다. 실비아는 이러한 예측 불가능한 정신 상태를 해부하려고 했다.

연구의 상당 부분은, 흥미롭든 아니든 간에 현대시나 추상적 고전 예술품 같은 실제 세상의 것을 사람들에게 노출시키는 과정이었다. 한 실험에서, 실비아는 사람들에게 추상적 시를 읽게 했다. 일부에게는 시의 의미에 대한 작은 단서를 주었고, 다른 일부는 혼자 알아서 파악하게 내버려두었다. 나중에 시를 평가하라고 하자, 단서가 주어진 사람들은 작품을 훨씬 더 흥미로운 것으로 여겼다. 비슷한 실험에서, 조금이나마 예술사에 대해 공부한 학생들은 예술에 전혀 노출되지 않은 학생들에 비해 현대 예술에 훨씬 더 몰입했다.

이 연구에 참여한 사람들은 그들의 경험을 평가하면서 이해하려고 했다. 그건 인간의 본질로 우리는 항상 그러한 평가를 한다. 하지만 같은 경험이라도 갖고 있는 관련 지식에 따라 매우 다르게 평가된다. 누구나 시나 예술품을 새롭고 복잡하고 미스터리한 것으로 여길 것이다. 최소한 좀 더 쳐다볼 정도로 호기심을 불러일으킨다. 그것은 관심의 첫 번째 요구조건이다. 하지만 오직 일부만이 그 경험을 이해 가능한 것으로 여겼다. 즉 그들은 충분한 지식을 갖고 있다. 그들은 이러한 복잡하고도 예기치 못한 사건에 지적으로 대처할 수 있었다. 그들의 이해범위 내에 있는 사건이기 때문이다. 그러니까 어느 주제든 어느 정도 복잡하면서도 충분히 자신이 이해할 수 있는 것이어야 사람들은 진정한 관심을 갖게 된다.

최상의 경우 진정한 관심은 매력을 느끼게 하고, 다시 전념하게 하고, 황홀감을 준다. 심리학자들은 그러한 강렬함을 '몰입 상태'라고 부른다. 몰입 상태는 너무 집중해 심지어 시간도 경험에 끼어들지 못하는 마음의 상태다. 나에게는 엄청난 축복처럼 들린다. 하지만 실비아는 관심과 행복을 구분했다. 관심은 사람들이 탐험하고 새로움을 추구하게 동기를 부여하는 반면에, 행복은 좋아하는 레스토랑이든 사람이든 간에 현재 갖고 있는 애착을 더욱 강화한다. 탐험과 이용처럼, 관심과 행복은 수렵채집 휴리스틱의 이면이다.

실비아는 또 다른 실험에서 관심과 행복이 서로 다른 원천을 갖고 있다는 걸 제시했다. 그는 사람들에게 클로드 모네의 고요한 풍경화와 프랜시스 베이컨(추악한 인간상을 주로 그린 영국의 화가-옮긴이)의 다소 불안한 이미지를 포함해 다양한 그림을 보게 했다. 참가자들은 그림과 그들의 즐거움 측면에서 관심을 평가했다. 그리고 실비아는 다른 작품들에 대한 그들의 정서적 반응 범위를 조사했다. 사람들을 행복하게 만든 그림들은 단순하며 긍정적이며 차분하다. 하지만 사람들은 복잡하고 이상하며 전복적인 것으로 보이는 작품들에 더욱 호기심을 가졌다. 간단히 말해 관심은 정서적·정신적 도전을 필요로 한다.

그럼 왜 우리는 한 주제를 마스터한 뒤에도 계속 거기에 도전할까? 왜 다른 분야로 이동하는 식으로 여러 분야에 대해 조금씩 배우지 않을까? 관심은 자가 추진력이 있는 것 같다. 다시 와인 전문가로 돌아가 생각해보자. 그들은 빈티지, 연도, 맛 등의 지도를 신경세포에 새겨넣어 우리 같은 사람들은 완전히 상실한 미묘함과 오묘함과 차이를 지각한다. 지적 도전은 사람들이 전문가가 되게끔 동기부여를 하고, 전문지식은 그들이 새로운 정보 조각을 계속 수렵채집하게 한다.

하지만 왜 그들은 다른 이들은 보지 못하는 오묘함을 볼 수 있을까? 세상의 일부를 조각조각 세분화해서 미세 조정된 구별을 할 때 전문가 마음에서는 어떤 일이 일어나는 걸까? 오묘한 사고를 움직이는 인지적 엔진은 무엇인가?

심리학자들은 한동안 사고 습관을 연구하다가, 사고가 정서에 의해 움직인다는 생각을 하게 되었다. 잠시 와인은 잊고 당신이 전문가만큼 잘 아는 것에 대해 생각해보자. 비치발리볼, 알래스카 정치, 조셉 콘라드의 소설, 뭐든 좋다. 그리고 충분한 노력을 들이면 당신이 좋아하지 않는 분야에서도 전문가가 될 수 있다. 하지만 구태여 뭐 하러 그럴 것인가?

호기심과 관심은 숙달을 가능케 할 뿐만 아니라, 힘들이지 않고 쉽게 하는 것처럼 보이게 만든다. 최소한 심리학자 레이첼 스몰먼과 닐 로즈가 일리노이 대학교 실험실에서 테스트한 이론에 따르면 그렇다. 그들은 좋아하는 행동이 실제로 뇌의 사고를 형성해서, 남들에게는 분명하게 보이지 않는 미묘한 차이를 파악하게 해준다고 추측했다. 다시 말해 선호와 기호는 더욱 잘 짜인 사고의 길을 깔아준다. 그들은 그러한 생각을 테스트하기 위해 실험을 했다.

그들은 실험실에서 '부랑자 상징'을 사용해 선호를 인위적으로 만들어

냄으로써 실험을 시작했다. 부랑자 상징은 예전에 부랑자들이 근방의 특정 위험을 다른 부랑자들에게 경고해주기 위해서 벽과 나무에 그려놓은 조잡한 상징들이다. 예를 들어 "못되게 구는 경찰이 여기 있다" "사람들이 음식을 나누어준다" 등의 신호들이다. 하지만 심리학자들은 이제는 그러한 의미를 아는 사람은 드물 것이라고 추정했다. 그들은 일부 상징에 대한 선호와 다른 상징에 대한 혐오도를 알아내기 위해서 참가자들에게 이러한 상징들을 보여준 뒤 그것을 유쾌한 장면이나 불쾌한 장면과 짝짓도록 했다. 뭔가에 대한 기쁨, 즉 취미의 기본적인 실험실 버전을 만든 것이다.

그러고는 참가자들에게 각자 부랑자 상징들을 그려넣은 20장의 카드를 정리한 뒤 카드들을 의미 있는 범주들로 분류하고 라벨을 붙이라고 했다. 실험 결과, 상징에 대해 긍정적 감정을 가진 사람들은 보다 더 자세한 범주로 분류했다. 다시 말해 좋아함이 사고에 영향을 준 것이다. 뿐만 아니라 그들은 카드 무더기에 '용기를 주는' '불길한' 등의 라벨을 붙이며, 상징을 분류하는 데 있어 그들의 정서를 길잡이로 삼았다.

이러한 결과들은 취미의 힘을 설명해준다. 동시에 직업과 경력을 선택하는 이들에게는 경고처럼 들린다. 힘든 일과 숙련됨은 우리에게 상당한 만족감을 주고, 쾌락은 이런 숙련됨과 전문지식에서 비롯된다. '당신이 좋아하는 것을 하라'는 오래된 격언에는 훌륭한 심리학이 내포되어 있었다.

수렵채집 휴리스틱은 또한 인간 심리의 위대한 미스터리 가운데 하나인 '왜 우리는 고요함, 감사, 기쁨, 관심 같은 긍정적 정서를 가질까?'라는 의문을 설명하는 데도 도움이 된다. 심리학자들은 부정적 정서가 생존 가치를 지녔기 때문에 존재한다는 데 일반적으로 동의한다. 두려움은 포식자로부터 도망가도록 동기부여하고 역겨움은 독을 피하게 도와준다. 하지만 관심과 경외감이 어떻게 생존을 돕는다는 것일까?

노스캐롤라이나 대학교 채플힐캠퍼스의 심리학자 바바라 프레드릭슨은 이러한 퍼즐에 대한 대답을 한데 모으고 있다. 그녀의 '확장구축 이론'에 따르면, 긍정적 정서는 말 그대로 우리의 동공이 확장되듯 새롭고 다양한 경험에 마음을 열어준다. 호기심이나 즐거움을 느끼게 유도된 사람들은 더욱 많은 가능성을 본다. 세계에 대한 더욱 넓고 새롭고 풍부한 정신적 지도를 보는 것이다. 그리고 시간이 지나면서 이러한 긍정적이며 개방적인 경험들이 쌓여 심리적·정서적 회복력을 만들어낸다.

다시 말해 긍정적 정서는 원시 인간을 더 나은 수렵채집자로 만들었으며 오늘날에도 그렇다. 더욱 창조적이며 지적으로 몰두하게 만들며 나 아닌 다른 것에 시선을 돌리게 해준다. 복잡한 세상을 헤쳐나가고 생존하는 데 더 나은 채비를 갖추게 해준다.

>>>

원시 인간들은 우표나 좋은 와인을 수집하지 않았다. 그들은 주위 환경을 처리하는 데 집착했다. 설계 휴리스틱과 수렵채집 휴리스틱의 원천은 세상을 이해해 우리에게 유리하게 만들려는 근원적인 욕구였다. 이러한 두 강력한 휴리스틱은 함께 작용해 인간의 호기심과 상상력과 숙련됨을 형성했다. 하지만 질서와 감각에 대한 우리의 갈망이 항상 존경할 만한 태도와 행동을 가져오는 건 아니다. 예를 들어 '캐리커처 휴리스틱'은 극도로 복잡한 세상을 단순화하려는 필요에 의해 움직이지만, 종종 해롭고 불공정한 태도를 낳는다. 다음 장에서 보듯 그건 우리 자신과 남들에게 건전하지 못한, 구닥다리 편견과 믿음의 엔진이다.

15

캐리커처 휴리스틱 The Caricature Heuristic
유니폼을 입으면 더 젊고 건강해 보이는 이유

나는 센스라고는 도무지 찾아볼 수 없는 대학교를 다녔다. 세상에나 학교 마스코트가 엔지니어였다. 미식축구 경기에서 학생들은 이런 응원구호를 외친다. "탄젠트, 시컨트, 코사인, 사인. 3.14159!" 농담이 아니다. 이 괴짜 같은 사내는 티셔츠부터 공책까지 어디나 그려져 있었는데, 우스꽝스런 모자를 쓰고 토지를 측량하거나 전력을 이용하는 일을 했다. 이것은 재미없는 캐리커처이며 일종의 자기비하로 웃기려는 의도로 만들어진 것이다.

많은 재학생들과 졸업생들이 싫어해서 결국 엔지니어는 새(鳥)로 교체되었다. 그건 고정관념 때문에 생긴 문제인데, 어느 정도 진실을 담고 있어서 웃기기도 하고 한편으론 씁쓸하기도 하다. 사람들은 자신이 생각하는 것보다 더 자주 고정관념을 사용한다. 고정관념이 많은 시간과 에너지를 줄여주는, 빠르고 효과적인 인지적 지름길의 하나이기 때문이다. 캐리커처 휴리스틱은 세상의 복잡성을 분류해 범주, 상자, 칸 등으로 정리하는 데 필수적이다.

당신 마음의 눈에는 엔지니어 캐리커처가 금세 나타날 것이다. 그리고 거기엔 어느 정도 진실이 담겨 있을 것이다. 심리학자들은 고정관념에 매우 큰 관심을 갖고, 이 엔지니어 고정관념을 캐리커처의 힘에 관한 고전적인 연구에 사용했다. 다음과 같은 상황을 생각해보자.

어느 방에 1000명이 있는데 955명이 변호사이고 나머지는 엔지니어다. 우리가 방에 걸어 들어가 돌아다니다 처음 만난 사람은 잭이다. 잠시 일상적인 대화를 나누다 우리는 그가 마흔다섯 살이고 네 명의 자녀를 두고 있다는 걸 알게 된다. 그는 정치나 사회적 이슈에 그다지 관심이 없어 보이고, 보수적인 것 같다. 그는 조용한 삶을 보내고 있다. 여가시간에는 요트를 타거나 수학 퍼즐 푸는 걸 좋아한다.

잭은 변호사일까, 엔지니어일까? 당신이 뇌의 통계적 부분만 사용한다면, 경험에 근거한 최선의 추측은 변호사일 것이다. 955명이나 되는 변호사들이 있으니 엔지니어보다는 변호사를 만날 가능성이 더 많기 때문이다. 사실 다섯 명의 엔지니어들 가운데 한 명을 만날 확률은 너무나 적다. 그러나 많은 사람들은 즉각 엔지니어라고 말한다. 왜냐하면 잭은 엔지니어의 고정관념에 맞기 때문이다. 그건 편리한 분류다. 과학자들은 각종 부류의 사람들을 대상으로 이러한 실험을 여러 차례 했는데, 심지어 고등교육을 받은 사람들의 상다수도 성급하게 캐리커처에 근거한 결론을 내린다.

캐리커처에 근거한 결론은 또 다른 사례에서 찾아볼 수 있다. 다소 시대에 뒤처져 보이지만 여전히 핵심을 담고 있는 이 사례는 바로 심리학자들이 '린다 문제'라고 부르는 것이다. 린다는 서른세 살의 독신에다 솔직하고 매우 명석하다. 그녀는 철학을 전공했다. 그녀는 차별과 사회정의 이슈에 깊은 관심을 갖고 있으며 핵무기 반대 시위에도 참석했다. 린다는 은행원일 확률이 클까, 은행원이자 페미니스트 운동에 활동적일 확률이 클까?

이 질문에 대답한 사람들의 85퍼센트가 두 번째, 즉 린다가 은행원이자 페미니스트인 확률이 더 크다고 했다. 하지만 잠시만 곰곰이 생각해보면 그렇지 않다는 것을 알 수 있다. 은행원과 페미니스트 둘 다가 되는 건 은행원이 되는 것의 하위집합이기 때문이다. 일부 은행원들은 페미니스트일 수도 있지만 일부는 아닐 수 있다. 그럼 85퍼센트 사람들의 생각은 뭐가 문제였을까? 기본적으로 그들은 통계를 창밖으로 던져버렸다. 심지어 가장 기본적인 통계조차 말이다. 고정관념의 효능 때문이다. 페미니스트 린다의 고정관념이 너무 강력하고 너무 손쉽게 접근 가능하므로 논리를 버리고 그걸로 대체한 것이다.

고정관념의 두 얼굴, 잔인하거나 편리하거나

고정관념은 빠르고 쉬울 뿐만 아니라, 우리가 그걸 필요로 한다. 인간은 인지적 굼벵이들이다. 우리는 정신적으로 게으르다. 에너지를 보존하도록 내재되어 있기 때문이다. 고정관념은 에너지 절약 도구다. 제한된 뇌의 힘을 더욱 유용하고 더욱 중요한 것에 사용할 수 있게 해준다. 실제로 실험실에서도 이 같은 사실이 증명되었다.

세 명의 심리학자들, 네일 마크레과 알란 밀네와 갈렌 보덴하우젠은 실험 참가자들에게 동시에 두 가지 임무를 수행하게 했다. 우선, 참가자들은 낯선 사람들의 인상을 컴퓨터 화면에 비춰진 자질 목록에 근거해 판단해야 했다. 예를 들어 재치 없는, 배려하는, 정직한, 재수 없는, 건망증이 있는, 고결한, 열정적인, 신뢰가 가는, 수동적인, 책임감이 있는 등의 자질을 가진 나이젤이라는 이름을 보게 된다. 자질들의 순서는 다른 참가자들에게는 다른 식으로 섞여 있다. 그리고 그들은 가능한 많이 기억을 되살려야 한다. 하지만 여기에 의도적으로 포함시킨 내용도 일부 있다. 즉 참가자들의 절반은 의사 나이젤이라는 목록도 보게 된다. 심리학자들은 일반적인 경우와 비교해 고정관념을 유발하는 단서를 제공할 때 의사의 전형적 자질을 더욱 잘 기억하는지 보고 싶었다.

참가자들은 이러한 고정관념 임무만이 아니라 인도네시아의 경제와 지리에 관한 지루한 오디오 녹음을 들어야 한다. 참가자들을 괴롭히려고 그런 주제를 고른 게 아니다. 인도네시아의 경제와 지리에 대해 아는 사람은 거의 없을 것이라고 생각했기 때문에 고른 것일 뿐이다. 이후 심리학자들은 참가자들이 오디오 자료를 이해했는지 알아보기 위해 일련의 질문들로 퀴즈를 냈다. "자카르타는 어떤 해안에 있나?" "인도네시아의 공식적 종교는?" 등.

심리학자들은 두 가지를 살펴보고 싶었다. 우선, 참가자들이 나이젤이 의사라는 단서가 주어졌을 때 더욱 흔쾌히 전형적 자질을 사용하는지 측정했다. 결과는 예측대로였다. 즉 나이젤이 의사라는 걸 알았을 때 애정, 신뢰할 만한, 책임감 있는 자질들을 기억하는 비율이 두 배나 되었다. 이와 비슷하게, 존이 인종차별주의자라고 제시하자 그를 반항적, 공격적이며 정직하지 않은 것으로 회상했다. 그리고 예술가 줄리안이라고 제시하자 창조적, 기질적, 민감한 사람으로 기억했다.

동시에 심리학자들은 고정관념 사용이 참가자들의 인지적 부담을 줄여

인도네시아에 대한 지루한 이야기를 더욱 주의 깊게 듣게 만드는지도 살펴보고자 했다. 이것 또한 예측대로였다. 사고를 안내하고 인지적 부담을 일부 덜어주는 고정관념 분류 덕분에, 참가자들은 인도네시아에 대해 훨씬 많은 걸 배울 수 있었다.

이는 상당히 놀라운 일이다. 인도네시아에 관한 지루한 사실을 배우는 부분을 실험에 도입한 것은 우리의 실생활과 연관시켜 보기 위해서다. 사무실의 전형적인 하루를 생각해보자. 우리가 날마다 해야 하는 정신적 일, 그러니까 우리가 이런저런 방식으로 처리해야 하는 일들은 본질적으로 내키지 않는 것들이다. 하지만 어쨌든 우리는 집중하고, 이해하고, 메모를 하고, 회의를 운영한다. 그리고 기본적으로 이 실험이 보여주는 것은 게으른 캐리커처 사고가 학습을 증진시킨다는 것이다. 역설적으로, 당신은 사람들을 고정관념으로 분류하기 때문에 더 나은 노동자가 된다.

심리학자들은 결과를 분명히 하기 위해 이러한 실험을 여러 차례 반복했다. 특히 그들은 고정관념 만들기가 의도적이고 의식적인지 아니면 자동적으로 발생하는지 궁금했다. 다시 말해 우리가 의사를 자상한 사람으로, 인종차별주의자를 위험하고 공격적인 사람으로 분류할 때 우리 마음의 어떤 부분이 작동한 것인지 궁금했다. 그걸 알아내기 위해, 심리학자들은 일부 참가자들에게 잠재의식적으로 단서를 제공했다. 의사, 인종차별주의자, 예술가 등의 목록을 아주 잠깐 보여주는 식으로, 참가자들이 의식적으로 인식하지 못하게 했다.

그들은 참가자들이 잠재의식적으로 고정관념을 사용했다는 걸 발견했다. 심지어 단서를 본 것을 기억하지 못해도, 그들은 여전히 고정관념의 자질을 보다 많이 기억했으며, 단서 없이 자질 목록만 받은 참가자들에 비해 인도네시아의 경제에 대해 더 많은 걸 배웠다. 고정관념은 자동적·효과적으로 정신적 자원을 절약하는 도구인 듯하다. 그것은 우리 뇌에 이미 내장되어 있는 범주 분류기인 셈이다. 그 덕분에 우리는 지루하고 정신적으로 부담스런 일에 뇌의 힘을 낭비하지 않아도 된다.

그런 면에서 고정관념은 매우 유용하다. 고정관념에 연합되는 부정적 함의에도 불구하고, 그것은 실생활에서 매우 유용하게 사용되기도 한다. 의학과 진단 영역을 생각해보자. 분명 집단의 특성이 고려되어야 할 경우가 있다. 예를 들어 겸형적혈구빈혈증(鎌形赤血球貧血, sickle-cell anemia, 적혈구의 산소운반능력이 떨어지는 병으로, 주로 흑인들에게 생기는 유전질환이다-옮긴이)을 진단할 때는 인종을 고려해야 하고, 특정 암의 원인을 진단할 때는 성별을 고려해야 한다. 치매의 경우엔 나이를 고려해야 한다. 비록 성별, 인종별, 나이별 고정관념이 다른 맥락에선 해가 된다는 걸 수용할지라도, 우리 모두는 내과의사가 이러한 범주를 사용하지 않는다면 무책임하다는 데 동의할 것이다.

하지만 더욱 애매모호한 의학적 상태는 어떤가? 앞서 소개한 세 명의 심리학자 가운데 한 명인 보덴하우젠은 의학적 판단에서 정당화될 수 있는 고정관념과 오도된 고정관념에 관한 또 다른 연구를 했다. 그는 다음과 같은 사례를 제시했다. 내과의사가 나이든 사람들을 심술궂고 선망증이 있는 집단이라고 믿는다면? 더 나아가 이러한 자질들의 직접적인 결과로 나이든 환자들이 처방전을 따를 것 같지 않다고 가정한다면? 이건 분명 고정관념이다. 하지만 공정하고 유용한 것인가? 의사는 그러한 환자가 처방전을 따르지 않을 거라고 가정하고 다른 치료책을 선택할까?

일부 나이든 환자들에게는 분명 부당한 일이 될 것이다. 심지어 위험이 될 수도 있다. 약 처방전을 지키지 않는 것은 기억, 태도, 행동 등의 복잡한 상호작용임에도 불구하고, 나이든 사람들은 처방전을 지키지 않는다고 보는 고정관념이 만연해 있다. 그리고 그러한 고정관념은 스스로를 강화시킨다.

보덴하우젠의 연구를 살펴보자. 대규모 내과의사 집단이 150명의 젊은 환자들과 90명의 나이든 환자들을 무작위 순서로 진찰했다. 처방전을 지키지 않은 비율은 젊은 환자들 가운데 50명, 노인 환자들의 경우는 30명이었다. 내과의사들은 질문을 받자, 다들 노인 환자들의 처방전 비순응 비율을 과대평가했다. 하지만 젊은 환자들에 대해서는 그렇게 평가하지 않았다. 사실, 젊은이들과 나이든 사람들은 정확하게 같은 비율인 33퍼센트가 처방전을 무시했다. 하지만 내과의사들이 갖고 있는 노인에 대한 선입관이 노인 환자들에 대한 기대를 형성했고, 실제 사실에 대한 기억까지 왜곡시켰다. 즉 공정하고 정확하다고 생각되는 증거를 만들어내며 실질적으로 고정관념 자체를 강화시킨 것이다.

캐리커처는 완고해서 좀처럼 흔들기 어렵다. 가장 잔인한 형태의 고정관념이 우리의 신경세포에 깊이 뿌리내리고 있기 때문이다. 보덴하우젠은 아침형 인간과 저녁형 인간의 연구에서 이를 잘 보여줬다. 이러한 구분은 단지 일반인들의 지혜만이 아니라 실제로 적법한 과학적 구분이다. 세상은 아침에 생각이 잘 나는 사람들(나는 이 글을 새벽 네 시 반에 쓰고 있다)과 인지력이 밤늦게 절정에 달하는 사람들로 나뉜다. 보덴하우젠은 이러한 생물학적 사실을 사람들의 고정관념 성향을 연구하는 데 사용했다.

그는 대규모 대학생(고정관념과 반대로, 대학생 모두 저녁형 인간인 건 아니다) 집단을 고용해 앞서 예로 든 '린다 문제'를 풀게 했다. 그는 학생들이 정신적으로 최고 상태에 있지 않을 때는 휴리스틱적으로 생각할 거라고, 즉 흔한 고정관념을 사용할 거라고 추측했다. 그는 아침 9시와 저녁 8시에 두 부류의 학생들을 테스트해 예측한 결과를 얻었다. 자칭 저녁형 인간들은 아침에 린다 문제를 더 잘 풀지 못했다. 반면에 아침형 인간들은 저녁에 더 잘 틀리는 경향이 있었다. 다시 말해 참가자들이 생물학적으로 최고의 상태가 아닐 때는 게으르고 전형적인 사고에 의존하는 경향이 더 컸다.

단지 실험실 얘기라고 치부하기 전에 법정 재판에서의 함의를 생각해보자. 법률 체계의 여러 추정들 가운데 하나는, 배심원들이 비이성적 사고가 아니라 사실에 근거해 이성적이고 공정한 판단을 내릴 수 있다는 것이다. 보덴하우젠은 이러한 생각을 살펴보기로 했다. 우리의 24시간 주기 리듬이 우리의 유죄 판단을 형성하는지 알아보고자 한 것이다. 그는 대학생들에게 모의 배심원단 실험을 하며, 여러 종류의 범죄로 고소당한 동료 학생들의 죄를 판단하게 했다. 한 학생은 시험에서 커닝 혐의로 고발당하고, 다른 학생은 룸메이트에게 물리적 상해를 가한 혐의를 받고 있으며, 또 다른 학생은 캠퍼스에서 불법 약물을 판 혐의를 받았다.

보덴하우젠은 이러한 범죄들과 관련해 특정한 고정관념을 제시했다. 대부분의 학생들은 운동선수들이 대학교 시험에서 컨닝할 경우가 더 많고(하지만 이는 불공정한 관점이다), 히스패닉계는 신체적으로 공격성을 드러낼 성향이 더 많고, 아프리카계 미국인들은 마약 거래를 할 성향이 더 많다고 여겼다. 그는 배심원들의 생물학적 성향이 유죄 여부 판단에서 이처럼 만연한 고정관념을 사용하게 만드는지 확인해보고자 했다.

그래서 이번에는 아침형 인간과 저녁형 인간을 다른 시간에 테스트했다. 그는 모든 배심원들에게 유무죄로 연결될 수 있는 다양한 사실들을 각 사례마다 제공했다. 그런 다음 일부 배심원들에게는 피고인이 속한 집단에 대한 단서를 줬다. 즉 커닝 의심을 받은 사람이 유명한 운동선수이며, 폭행 피고인의 이름이 로베르토 가르시아(혹은 로버트 가너)이며, 마약 거래 혐의자의 이름은 마르쿠스 워싱턴(혹은 마크 워시번)이라는 단서다. 사고를 형성하기 편리한 캐리커처를 제공받은 셈이다.

그리고 배심원들에게 각 피고인이 받은 혐의의 유죄 여부와 범죄의 경중을 평가하라는 요구를 했다. 이것은 실제 재판의 판결 부분과 비슷하다. 매우 놀라운 결과가 나왔다. 어느 경우든 배심원들은 뇌의 최적 활동 시간대가 아닌 때에 판결하면 고정관념 피고인들에게 유죄를 선고하거나 더 중한 범죄로 취급하는 경향이 훨씬 많았다. 다시 말해 정신적으로 최고 상태일 때는 피고인의 인종이나 운동선수 같은 부적절한 정보를 무시하고 보다 냉철한 배심원이 되는 것이다.

이러한 결과들은 배심원 재판에 분명하고도 심각한 함의를 준다. 더 나아가, 고정관념 사고의 생물학적 뿌리에 대한 증거를 제공한다. 누군가를 고정관념을 가지고 살펴보면, 기본적으로 각 개인으로서 누려야 할 기회를 부정하게 된다. 당신이 가석방 담당직원이라고 가정하고 이러한 사례를 생각해보자. 한 죄수가 편의점에서 도둑질한 죄로 수감되었다. 그는 편의점에서 훔치지 않았다고 주장하진 않지만, 극도의 스트레스를 받는 상황이었음을 증언한다. 임신한 아내는 너무 아픈데 병원에 갈 형편이 안 되었던 것이다.

대다수 사람들은 이 남자를 판단할 때 이러한 정상 참작 상황을 고려할 것이다. 그가 사회에 악이 된다고 볼 증거는 없다. 편의점 도둑 혹은 다른 중죄의 어떤 양상도 보이지 않는다. 그는 헌신적인 가장으로 보인다. 당신은 그를 심지어 희생자로 생각할 수 있다. 그에게 인생의 두 번째 기회를 주어야 하지 않을까?

하지만 그가 히스패닉계라면 결과가 달라진다. 보덴하우젠은 이러한 가설을 가석방 담당직원 집단에 주고 꺼림칙한 결과를 얻었다. 그들은 일반적으로 죄수의 재판에서 너그러웠지만 죄수의 이름이 로베르토 가르시아임을 알면 태도가 달라졌다. 일단 이러한 추가적 정보를 받으면 너그러움은 희미해진다. 그의 임신한 아픈 아내와 비싼 병원비에 대한 이야기는 전혀 듣지 못한 것처럼 이제 그는 단지 편의점을 턴 히스패닉계에 불과하다. 연구원들이 참가자들인 가석방 담당직원들에게 그 사례의 세부사항을 회상하라고 하자, 히스패닉계의 고정관념에 유도된 사람들은 정상 참작 상황에 대해 기억을 덜 하는 경향이 있었다. 일단 인종적 고정관념에 심하게 휩쓸리면 세부사항은 기억하지 못했다. 자동적 캐리커처 휴리스틱이 기억에 개입된 기본적인 뇌 처리 과정보다 우세해진다.

20년 젊게 사는 법

이러한 결과들은 두려움을 느끼게 한다. 우리는 같은 인간을 잘못 판단할 수밖에 없다는 얘기인가? 폭넓은 캐리커처에 의지하지 않는 방법이 없을까? 단순화된 고정관념 사고로 남에게 해를 끼치는 일이 없게끔, 우리 자신의 게으른 정신적 습관을 단속하려면? 우리는 고정관념이 틀리다는 걸 알면서도 피하기엔 심리적으로 너무 강한 유혹으로 여기는 것인가?

벨기에 루벤 대학교의 웜 드 네이스는 이러한 질문을 탐구하는 최선책은 활동하는 뇌를 실제로 살펴보는 것이라고 생각했다. 연구에 따르면, 우리의 사고에서 고정관념과 이성적이고 복잡한 관점 간의 충돌을 탐지할 때 전두엽의 특정 부분이 더욱 활성화된다. 그리고 고정관념을 억누르기 위해서는 전두엽의 또 다른 부분이 개입된다고 한다. 드 네이스는 고정관념에 따라 판단하는 것이 고정관념임을 알아차리지 못하기 때문인지 아니면 자기절제의 문제 때문인지 살펴보고자 했다. 즉 뇌가 고정관념의 실체를 보지 못하는 건지, 아니면 캐리커처임을 알면서도 그에 따라 판단하는 것인지 밝혀보고자 했다.

그는 고정관념이 작동하는 동안 뇌에서 무엇이 발화되는지 알아보기 위해 뇌의 두 영역을 지켜봤다. 참가자들에게 고정관념 사고를 유도하기 위해, 그는 955명의 변호사와 다섯 명의 엔지니어가 모여 있는 방에서 잭의 직업을 맞히는 문제로 돌아갔다. 실제로 이 문제를 받은 사람들 가운데 몇몇은 잭이 엔지니어가 아니라 (논리적으로) 변호사라고 말했다. 그들은 아주 금방 답했다. 하지만 그가 알고 싶은 것은, 뇌가 더욱 이성적인 답변을 내놓기 위해서는 엔지니어의 강력한 캐리커처를 억눌러야 하는지의 여부다.

드 네이스는 이러한 문제를 풀면서 고심하는 참가자들의 뇌를 지켜봤다. 그는 피험자가 전형적으로 대답하든 이성적으로 대답하든 간에, 뇌의 고정관념 탐지기가 발화되는 걸 발견했다. 우리는 고정관념을 탐지하고 현실과 맞지 않다는 걸 알아차린다. 하지만 뇌의 억제 중추, 즉 "아니야. 난 그런 단순화된 생각에는 빠지지 않을 거야"라고 말하는 뇌의 영역은 피험자들이 잭이 변호사일 가능성이 높다고 추론할 때만 발화된다. 오직 고정관념을 억누르고 확률에 근거해 계산할 때만 그렇다. 분명히 우리 일부는 어찌됐든 더 나은 판단은 제쳐두고 준비된 캐리커처의 유혹에 빠져 고정관념을 억누르지 못한다. 하지만 우리 모두에게는 자신의 캐리커처 사고를 억누를 잠재력이 있다.

이러한 캐리커처 사고는 우리가 과잉 단순화시킨 사람만이 아니라, 우리 자신에게도 해가 된다. 노인들에 대한 고정관념으로 돌아가보자. 나이 차별은 미국에서 만연하다. 놀랍게도 많은 노인들은 노인에 대한 노골적인 고정관념, 즉 무기력과 무능을 순순히 받아들인다. 이러한 캐리커처는 잘못되고 가혹할 뿐만 아니라 건강에도 안 좋다. 새로운 증거에 따르면, 노인들에 대한 고정관념을 수용한 사람들은 현재는 건강하더라도 심장질환 위험을 수년 더 앞당긴다고 한다.

예일 대학교 공공건강 대학교의 베카 레비는 (노화재단의 동료들과 함께) 발티모어 종단 노화 연구의 일환으로 거의 40년 동안 연구대상이었던 수백 명의 남녀들에 대한 자료를 검토했다. 1968년 과학자들이 처음으로 참가자들을 연구하기 시작했을 때, 그들은 매우 젊고 건강상태도 좋았다. 당시에 과학자들은 노인들에 대한 태도를 포함해 참가자들에 관한 각종 정보를 수집했다. 그들의 노화에 대한 이미지는 매우 긍정적인 것부터 매우 부정적인 것까지 전 범위에 달했다.

레비와 동료들은 모든 참가자들의 건강 내력뿐만 아니라 심장발작, 출혈성 심장질환, 뇌출혈 등 심장혈관 질환에 중점을 두어 검토했다. 초창기의 나이 차별과 후반기의 심상 건상 사이에는 뚜렷한 연관관계가 보였다. 노년을 무기력한 시간으로 바라보는 사람들은 이후 40년 동안 심장혈관 질환에 훨씬 더 많이 걸렸다. 여기서의 심장질환은 흡연, 우울증, 콜레스테롤, 가족 내력, 다른 많은 위험 인자들에 의해서는 설명되지 않았다.

레비에 따르면, 사람들이 매우 젊은 시절에 노년에 대한 고정관념을 내면화하면 먼 장래에 그 결과가 건강악화로 나타난다. 노년을 좋지 않게 그렸던 사람들 자신이 바로 그런 모습으로 늙어간다는 것을 보여준 첫 번째 연구다. 자신은 결코 늙지 않을 것처럼 생각하는 사람들에게 경종을 울릴 얘기다. 불공정한 캐리커처를 받아들일 때 우리는 말 그대로 심장을 내놓는 것이다.

좋은 소식은 우리가 캐리커처된 노화의 관점에서 벗어나 생각할 수 있다는 것이다. 당신이 시계를 20년 뒤로 돌릴 수 있다고 상상해보자. 그럼 이제 1990년이다. 마돈나가 각종 팝 차트를 석권하고, TV에서는 〈치어스(Cheers)〉와 〈머피 브라운(Murphy Brown)〉이 인기다. 보편적인 인터넷 사용은 아직도 공허한 희망사항이다. 그리고 권투선수 슈거 레이 레너드와 미식축구 선수 조 몬타나가 최근에 〈스포츠 일러스트레이티드(Sports Illustrated)〉의 표지에 실렸다.

하지만 더욱 중요한 건 당신이 20년 젊어졌다는 것이다. 기분이 어떤가? 만일 당신이 하버드 대학교 심리학자 엘렌 랑거의 도발적인 실험의 피험자들과 같다면, 실제로 당신의 신체 시계가 20년 뒤로 되돌아간 기분일 것이다. 랑거는 몇 년 전에 노인 집단을 대상으로 이와 같은 연구를 했다. 한 고립된 낡은 뉴잉글랜드 호텔을 개조해서 눈에 보이는 모든 것들을 20년 전을 떠올리게 하는 것들로 교체했다. 70대 후반에서 80대 초반의 남자들은 과거에 대해 회상하지 말라는 말을 들었지만 실제로는 그때로 돌아간 것처럼 행동했다. 남자들의 자기 나이에 대한 마음가짐이 건강과 적응도에서 실제 변화를 가져오는지 알아보기 위한 실험이었다.

실험의 결과는 깜짝 놀랄 정도다. 일주일 뒤 실험 참가자들은(같은 연령대의 집단과 비교해) 더욱 관절이 유연해지고, 민첩성이 늘어나고, 손의 관절염이 줄어들었다. 정신적 기민함은 상당히 좋아졌으며 걸음걸이와 자세도 나아졌다. 그들의 사진을 본 외부인들은 그들을 같은 연령대 집단보다 훨씬 더 어리게 봤다.

랑거와 동료들은 이러한 실험을 수십 년간 해왔다. 그리고 그들이 축적한 상당한 증거들은 설득력이 있다. 그녀의 이론은 우리 모두가 노화와 건강에 관한 고정관념의 희생자들이라고 주장한다. 우리는 질병과 노령에 대한 부정적인 문화적 신호들을 무심히 받아들인다. 그리고 이러한 신호들은 우리의 자아개념과 행동을 형성한다. 우리의 건강과 관련된 사고를 장악하는 부정적 상투성에서 벗어나려면, 열린 자세를 갖고 노년을 더욱 생산적인 삶의 가능성 안으로 밀어넣어야 한다.

평범한 시력검사표를 이용한 연구도 눈여겨볼 만하다. 꼭대기에 커다란 E가 있고 아래로 내려오면서 점점 글자가 작아지다가 결국에 읽지 못할 정도다. 랑거와 동료들은 그 반대로 해본다면 어떨까라는 궁금증을 가졌다. 일반적인 시력검사표는 일정 지점에 이르면 읽지 못한다는 고정관념을 갖게 하는데, 시력검사표를 거꾸로 만들어 그러한 기대를 전복시키면 사람들이 더 잘 읽을 수 있을 거라고 생각한 것이다. 실험 결과는 예측대로였다. 거꾸로 된 시력검사표는 피험자들에게 글자들을 더 잘 읽을 수 있다는 기대를 갖게 했고, 보통 때에 비해 더 작은 글씨를 읽을 수 있었다. 그들의 기대, 즉 그들의 마음이 실제 시각을 향상시킨 것이다. 이것은 일부 사람들이 맞지 않는 안경을 쓰고 있을 수도 있다는 의미다. 어쩌면 안경이 필요 없을지도 모른다. 건강에 미치는 영향력은 여기서 그치지 않는다.

옷을 노화의 고정관념에 대한 유발 수단으로 사용한 또 다른 연구를 살펴보자. 대다수 사람들은 나이에 걸맞게 옷을 입으려고 한다. 그래서 실질적으로 옷은 나이에 대한 고정관념의 단서가 된다. 하지만 만일 이러한 단서가 사라진다면? 랑거는 직장에서 유니폼을 입는 사람들을 연구한 뒤 일상복을 입은 사람들과 비교했다. 그 결과 양 집단이 사회적·경제적 지위가 같더라도, 유니폼을 입은 사람들은 질병이나 부상 때문에 쉬는 날이 더 적고, 진찰이나 입원 횟수도 적고, 만성 질환도 더 적다는 사실을 발견했다. 유니폼은 선택적으로 입는 옷이 아니므로 옷을 통해 나이를 드러내지 않기 때문이다. 심지어 부유한 계층을 살펴보니 건강상의 차이는 더 컸다. 아마 더 많은 옷을 살 능력이 새로운 노화 단서들을 꾸준히 제공해, 건강하지 못한 태도와 기대를 내면화시켰기 때문일 것이다.

그렇다고 우리 모두 유니폼을 입어야 한다고 주장하는 것은 아니다. 랑거의 요점은, 우리를 둘러싼 '노년은 쇠퇴하는 바람직하지 못한 시기'라는 미묘한 신호들이 우리를 우아하게 늙어가기 힘들게 만든다는 것이다. 나이와는 상관없지만 비슷한 신호, 암과 우울증 같은 진단 범주도 너무 빨리 수용하고 그게 우리를 정의하게 내버려둔다. 하지만 그렇게 하면 건강한 미래의 가능성을 빼앗기게 된다.

물론 십 대처럼 옷을 입는다고 해서 질병이나 불쾌한 기분, 결림 등을 겪지 않을 거라는 말은 아니다. 하지만 약간의 인식적 훈련이 있다면, 불확실성을 수용하고 오늘의 기분이 내일의 기분과 연결될지 혹은 안 될지 이해할 수 있을 것이다. 만물이 향상될 수 있다는 생각으로 열린 마음을 갖는다면 누가 아는가? 20년 더 젊어진 기분으로 잠에서 깨어나게 될지.

>>>

이 장에서 인용한 뇌 연구들은 희망적이다. 우리가 캐리커처의 작용을 스스로를 인식할 수 있고, 우리가 노력하면 이러한 강한 휴리스틱 충동을 억제할 수 있다는 걸 제시한다. 앞서 제시한 도발적인 심리 연구들은 우리가 마음의 상태를 조정해 편견의 관점에서 벗어날 수 있다는 걸 보여준다. 하지만 그건 항상 쉬운 일은 아니다. 휴리스틱은 여러 타당한 이유가 있어 진화했다. 그래서 이러한 편향을 제거하고 치료하려면 경각심이 필요하다.

다음 장에서는 '쿠티 휴리스틱'이라는 익살맞은 이름의 휴리스틱을 살펴볼 것이다. 기본적으로는 또 다른 종류의 고정관념이다. 쿠티 휴리스틱은 사람뿐만 아니라 물리적으로 해로운(혹은 해롭지 않은) 물질에 표식을 붙인다. 알다시피, 자연 세계의 독에 대한 건전한 두려움이었던 것이 오늘날에는 심지어 국가와 정체성에 대한 우리의 인식에 독을 풀고 있다.

16

쿠티 휴리스틱 The Cooties Heuristic
당신은 히틀러가 입었던 옷을 입을 수 있는가

우리 부부는 차를 즐긴다. 나는 때때로 차에 인공감미료로 단맛을 낸다. 수년 전에 나는 이러한 감미료가 우연히 발견되었다는 걸 알게 되었다. 한 화학자가 새로운 살충제를 개발하던 중에 우연히 실험 용액을 입에 대었는데 놀라울 정도로 설탕과 같은 맛이 나 아예 계획을 바꿔서 새로운 설탕 대체재를 만들었다. 이제 내 아내는 차를 타줄 때 주방에서 이렇게 묻는다. "크림 아니면 살충제?"

듣기 역겨운가? 당신에게는 부자연스럽게 들리는가? 만일 그렇다면 당신은 쿠티 휴리스틱을 경험하고 있는 것이다. 그것은 불순함에 대한 고대적 혐오로, 현대 세상에서도 놀라운 방식으로 그 모습을 드러낸다. 많은 사람들은 일종의 오염물질이 몸에 들어가는 걸 싫어해서 음식에 넣는 화학제품이나 첨가제를 피하려고 애를 쓴다. 식품업계는 오래전에 이러한 혐오감을 알아차렸다. 마케터들은 순수주의자들의 관심을 사로잡기 위해 단맛 음료부터 붉은 고기까지 모든 것에 '천연'이라는 라벨을 붙였다.

하지만 '천연'이라는 것은 과연 우리에게 무슨 의미일까? 자연의 것이면 무조건 된다는 의미는 아니다. 비소는 천연성분이지만 치명적인 독약이기도 하다. 뭔가를 자연적이라고 할 때 '자연적'이란 무슨 의미일까?

'첨가물 제로'에 끌리다

펜실베이니아 대학교의 폴 로진은 자연성을 정의하는 최선책은 사람들의 마음에서 자연성을 파괴하는 것이 무엇인지 살펴보는 것이라고 판단했다. 그리고 어떤 것이 천연적인 것으로 수용되거나 혹은 수용되지 않는지 보기 위해서, 대다수 사람들이 천연적이라고 간주하는 것을 골라 다양한 방식으로 변형하는 실험을 했다.

로진은 많은 사람들이 천연으로 받아들이는 약수와 땅콩을 선택했다. 땅콩은 껍질 안에서 자라서 인공 첨가물로부터 보호될 뿐만 아니라 그라놀라 바, 유기농 땅콩버터처럼 건강음식으로 인정받고 있다. 이 실험을 위해, 땅콩은 비료나 살충제 없이 키운 것으로 했다.

그는 약수와 땅콩을 식단으로 해서, 다양한 방식으로 이 조합을 변화시켰다. 그리고 "그건 여전히 자연적인가 아니면 부자연스러운가? 혹은 그 중간인가?" "두 약수를 섞는 건 어떤가, 여전히 순수한가?" 혹은 "얼리거나 끓이는 건 어떤가?" "약간의(0.001퍼센트) 미네랄을 첨가하는 건?" 등 사람들에게 각 변화에 대해 어떻게 느끼는지 물었다. 그는 땅콩에도 비슷한 변화를 준 뒤 사람들의 반응을 수집했다. "조지아산 땅콩을 노스캐롤라이나산 땅콩과 섞어도 괜찮을까?" "지방을 제거하거나 첨가하는 건?" "갈아서 땅콩버터로 만드는 건?" "얼린 뒤 갈아서 땅콩버터로 만드는 건?"

로진은 사람들이 물과 음식에 대한 화학적 변화는 꺼리지만 물리적 변형은 그만큼 꺼리지 않는다는 걸 발견했다. 예를 들어 대다수는 두 약수(혹은 두 농장의 땅콩)를 섞어도 좋다고 말했다. 그리고 얼려도 신경 쓰지 않았다. 특히 자연적으로 외부에서 얼려지면 말이다. 하지만 첨가제는 아주 약간이라도 오염이라 여겼다. 참가자의 절반 이상이 물에 약간의 미네랄을 첨가하는 데 반대했다. 자연 상태의 물에 존재하는 미네랄의 농축 정도와 똑같은데도 말이다. 이와 마찬가지로 땅콩버터에 미네랄 첨가제를 넣는 것 역시 자연성을 파괴한다고 느꼈다.

로진은 이번에는 사람들이 실제로 날마다 먹는 것과 훨씬 닮은 식단과, 사람들이 장차 무엇을 먹을지 살펴보기로 했다. 그는 사람들이 어떤 걸 자연성이 파괴된 것으로 여기는지 알아보기 위해, 다양한 방식으로 처리되거나 바뀐 음식들의 목록을 사람들에게 제시했다. 그 목록은 다음과 같다. 신선하게 짠 오렌지 주스, 칼슘이 보충된 오렌지 주스, 소에서 얻은 신선한 우유, 얼룩말에서 짠 신선한 젖, 저온살균 우유, 탈지유, 방목한 소의 쇠고기, 야생 딸기, 상업 재배한 딸기, 늑대·독일 셰퍼드·코끼리·참나무·펭귄·해충에 저항하게끔 소의 유전자를 넣은 곡물, 더 빨리 성장하게끔 옥수수 유전자를 넣은 돼지, 추위에 더 잘 견디게끔 펭귄 유전자를 넣은 돼지 등.

일부 변형된 음식이긴 해도, 우리 대다수는 이와 비슷한 음식을 매일 먹는다. 그리고 일부는 남들보다 더 모험적일 것이다. 또한 누구나 개인적인 금기도 있을 것이다. 야생적인 것이 길러진 것보다 더 좋은가? 그리고 당신이 불쾌해하는 먹을거리를 나는 전혀 꺼리지 않을 수 있다. 정반대도 가능하다. 그는 이 연구 자료를 분석해, 사람들의 선호와 금기에서 몇 가지 패턴을 발견했다. 가장 두드러진 점은, 사람들은 실제 내용물에 신경 쓰기보다는 가공 처리에 반대한다는 것이다. 예를 들어 신선한 얼룩말 젖은 크림을 만들기 위해 지방을 제거하거나 첨가한 우유보다 반대를 덜 받았다. 사람들은 음식이 크게 변경되지 않는 한, 이상한 음식도 어느 정도 받아들인다.

핵심은, 우리가 자연을 이리저리 변형시키는 걸 좋아하지 않는다는 것이다. 그 결과 사람들은 유전자변형 식품에 가장 가혹한 판단을 내린다. 다시 한 번 말하지만 그건 아이디어 자체가 사람들이 반대할 만하다. 식물 유전자를 동물에게 이식하든, 동물 유전자를 식물에게 이식하든, 심지어 식물 유전자를 식물에게 이식하든 상관없이 우리는 이러한 종류의 조작을 우리 몸의 자연 상태를 해치는 것으로 여긴다.

이러한 것들은 모두 오염에 대한 내재된 혐오를 보여준다. 그것은 순수하고 자연적인 상태를 좋아하고 불순하고 비자연적 본질을 싫어하는, 한마디로 말해 오염균을 피하라는 자동적 · 신경세포적 편향이다. 로진의 다른 연구들도 이러한 생각을 뒷받침한다. 그는 사람들이 음식에 이질적 요소가 얼마나 첨가되었는지에 상관없이 아주 소량도 싫어한다는 결과를 얻었다. 그리고 사람들은 추출하는 것보다 첨가하는 것이 음식을 망친다고 보았다. 이것은 또 다른 유명한 마케팅 문구인 '첨가제 제로'를 설명하는 데도 도움이 된다.

마법적 사고에 의한 비이성적 두려움

이러한 오염 편향은 우리의 조상들이 현대 세균이론을 이해하기 훨씬 전 선사시대 때 시작됐다. 그것은 감염과 식중독 등을 초기 인간들이 피하게 도와준 '역겨움'과 깊이 연관되어 있으며 지금도 여전히 그렇다. 이 휴리스틱은 우리 뇌에 깊이 내재되어 있다. 그리고 많은 휴리스틱들과 마찬가지로, 그것의 현대적 표현이 항상 이성적인 것은 아니다.

하지만 중요한 건 우리의 현대적 마음에서는 그러한 믿음이 비이성적이라는 걸 안다는 점이다. 그렇지 않으면 어떻게 5초 법칙을 설명하겠는가? 널리 수용된 이 문화적 규칙에 따르면, 바닥에 음식을 떨어뜨려도 5초 안에 줍는다면 먹어도 좋다. 개중엔 3초 혹은 10초라고 말하는 사람도 있다. 이러한 규칙은 도처에서 찾을 수 있다. 러시아인들은 이렇게 말한다. "재빨리 집어올린 것은 떨어진 게 아니다." 이는 일부 사람들의 고대적 감수성을 불쾌하게 만들지는 몰라도, 떨어진 프레첼을 먹는다고 해서 질병에 걸릴 확률은 거의 없다.

로진과 그의 동료들이 사람들에게 자연적인 것을 선호하는 이유를 설명해달라고 하자, 그들은 흥미로운 대답을 내놨다. 많은 이들은 자연적인 것이 더 건강에 좋고 환경에도 좋기 때문에 선호한다고 말하지만 그건 현대적인 마음이 말하는 것이다. 즉 증거에 기반한 현명한 대답이다. 최소한 우리가 생각하기엔 사실이다. 하지만 그처럼 많은 사람들이 자연적인 걸 선호하는 이유는 그게 원래 낫다고 생각하기 때문이다. 단지 더 도덕적이고 더 심미적이라는 것이다. 그냥 옳다는 것이다. 이것은 고대 휴리스틱이 말하는 바다. 이러한 편향은 너무 깊이 배어 있어 이성적 설명이 필요하지 않다.

실제로 많은 채식주의자들은 자신들의 선호를 건강한 선택이자 도덕적 선택이라고 설명한다. 하지만 이러한 깊은 뿌리를 가진 충동이 음식이나 영양과는 상관없는 삶의 다른 영역에 나타난다면 어떤가? 현대에도 사라지지 않는 오염에 대한 믿음의 상당수는 마법적 사고의 일종이다. 쿠티를 생각해보자.

쿠티는 접촉으로 퍼지는 가상의 세균이다. 그것은 역겹고 도처에 있지만, 아마 미국 어린이들의 생생한 상상 속만큼이나 만연한 곳도 없을 것이다. 쿠티는 종종 인기 없는 아이들이 보유한 세균이며 거의 항상 이성에 의해 전달된다. 그리고 실제로 열이 나는 게 아니라 쿠티를 통해 친구들에게 인기가 없다는 사실을 알아내는 척도가 되기도 한다. 쿠티 휴리스틱은 아동기에는 그다지 해가 안 되는 마법적 사고의 일종이다. 하지만 성인에게는 그렇게 관대하지 않다.

남이 입던 것이지만 깨끗이 세탁된 스웨터들을 상상해보자. 심리학자들은 사람들에게 이러한 스웨터를 입을 의향이 있는지 물어봤다. 예를 들어 당신은 아돌프 히틀러가 입었던 스웨터를 입겠는가? 많은 사람들이 거부했다. 심리학자들은 이것을 오염 휴리스틱의 증거로 여긴다. 사악한 본질에 닿았던 뭔가를 만지기만 해도 잠재적으로 감염될 수 있다고 믿기 때문이다.

사실, 히틀러 스웨터 같은 건 없다. 솔직히 스웨터를 입은 히틀러의 모습은 상상도 잘 안 된다. 그건 실험실 패러다임으로, 연구원들은 다양한 종류의 오염을 연구하기 위해 스웨터 패러다임을 사용했다. 더욱 중요한 건, 사람들이 피하려고 하는 정수(essence)의 본질을 탐구하려고 했다. 한 연구 팀은 그러한 가상 스웨터를 사용해서 에이즈에 대한 사람들의 태도를 연구했다. 사람들의 에이즈에 대한 혐오가 의학적 뿐만 아니라 심리적 차원에서도 나타난다는 사실이 이미 오래전에 밝혀졌다. 이러한 편견은 오도된 오염 믿음에 뿌리를 둔다. 사람들은 에이즈 환자들이 살았던 집은 구매를 꺼리고, 같은 직장에서 일하거나, 자녀가 에이즈를 가진 친구와 학교에 함께 가는 걸 꺼린다. 이는 에이즈가 어떻게 전염되는지 이미 오래전에 밝혀진 뒤에 사람들이 보인 태도다. 따라서 그러한 태도는 분명 비이성적이고 과학적 상식에 맞지 않다.

심리학자들은 그러한 마법적 사고가 휴리스틱적 근원을 갖고 있다고 주장한다. 그들은 사람들에게 에이즈 환자, 에이즈에 걸린 게이, 수혈로 에이즈에 걸린 남자가 입은 스웨터를 입을 수 있는지 물어봤다. 또한 다른 가상의 스웨터 주인들에 대해서도 물어봤다. 이를테면 결핵에 걸린 남자가 입었던 스웨터를 입겠는가? 자동차 사고로 사지를 잃은 남자의 스웨터는? 모든 경우에, 연구원들은 스웨터를 깨끗이 세탁했다는 걸 분명히 밝혔다. 그들의 역겨움이 진짜 세균에 대한 실질적 두려움이 아니라는 걸 분명히 하고 오염 믿음의 요소를 알아내기 위해서다. 얼마나 많은 역겨움이 질병의 비이성적 두려움에 근거하는가? 도덕적 불승인에 근거하는 경우는 얼마나 되나? 불운에 대한 혐오에 근거하는 경우는 얼마나 되나? 결과는 흥미롭기도 하고 꺼림칙하기도 하다.

사람들은 결핵 환자들에 대해서 낙인을 찍으려는 게 아니라 단지 그 병에 걸리지 않기를 바랄 뿐이었다. 하지만 에이즈 환자의 경우엔 질병, 부도덕, 불운을 싫어하는 모든 편향이 낙인찍기에서 작동하고 있었다. 그래서 더 극복하기 힘든 것이다.

심리학자들은 테레사 수녀처럼 존경받는 사람들의 스웨터에는 어떤 반응을 보일지에 대해서도 연구했다. 그 결과 사람들이 좋은 정수 역시 옮겨질 수 있다고 믿는다는 걸 발견했다. 그건 사람들이 할머니의 결혼반지를 기쁜 마음으로 물려받는 이유를 어느 정도 설명해준다. 하지만 일반적으로 좋은 정수는 나쁜 정수만큼이나 강력하지 않은 것 같다. 즉 히틀러 스웨터의 사악한 오염은 단지 테레사 수녀의 스웨터를 입는다고 해서 없어지진 않는다고 여겼다.

하지만 이러한 규정에 한 가지 예외가 있다. 그것은 땅이다. 이스라엘과 가자 지구 사이의 끈질긴 영토 분쟁을 생각해보자. 그러한 분쟁은 인류만큼이나 오래되었다. 하지만 국토라는 개념은 인간 역사에서 상대적으로 새로운 것이다. 선사시대 때 장소에 대한 정서적 애착은 오늘날처럼 추상적·법적이기보다는 개인적이고 신성했다. 왜 그럴까? 특정 구역의 땅에 우리의 깊은 열정을 휘젓는 무엇이 있는 걸까?

로진은 펜실베이니아 대학교의 동료인 샤론 울프와 함께 중동의 현재 영토 분쟁, 특히 이스라엘의 땅에서 오염 믿음의 역할을 탐구하기로 했다. 그들은 최소한 스웨터만큼이나 토지가 좋은 정수 혹은 나쁜 정수를 가진 것으로 지각될 수 있다는 걸 알아냈다. 실로, 과거 조상들의 땅에 대한 정서적 연결이 너무 강력해서 토지 거래나 몰수를 금기시했다. 심지어 비슷한 상황의 다른 땅에서도 마찬가지였다. 하지만 적이 점령했던 토지에는 부정적 정수가 배어 있다. 그래서 이스라엘 땅에 대한 근원적인 심리적 충돌이 일어나게 된다. 어떻게 이러한 고대적 인지 전쟁이 현대 유대인의 마음에서 작동하는지 그들은 궁금했다.

이러한 연구의 일환으로 심리학자들은 긍정적·부정적 오염 믿음에 대한 사람들의 성향을 측정하기 위한 도구들을 고안해 이스라엘과 유대인계 미국인들을 연구했다. 그들에게 이스라엘 땅에 대한 애착에 관련된 특정 질문들을 했다. 동부 예루살렘의 일부 땅을 거래하겠는가? 템플 마운틴은? 이스라엘 땅으로 점령하지 못한 지역의 땅은? 만일 그렇다면 누구에게? 시리아? 요르단?

일반적으로 이스라엘인들과 미국계 유대인들은 이스라엘의 땅을 거래할 수 없는 것으로 여겼다. 동부 예루살렘 같은 성지만이 아니라 국경선 지역의 변방지역도 그랬다. 헤즐산에 대해 물어보자, 이스라엘인들의 83퍼센트와 미국계 유대인들의 70퍼센트는 "어떤 것도 그 땅과 거래할 수 없다"고 말했다. 그곳엔 시오니스트(zionist, 팔레스타인 지역에 유대인 국가를 건설하고자 시오니즘을 지지하는 사람들—옮긴이)의 리더 테오도르 헤르즐과 저격당한 이스라엘의 총리 이차하크 라빈의 묘지가 있다. 응답자들의 대다수는 이스라엘의 땅을 자녀나 종교의 범주에 놓았다. 즉 절대 협상 불가능한 것이다.

하지만 로진과 울프(2009년 가자 분쟁 이전에 이 연구를 했다)는 그러한 땅에 대한 애착에 깔린 심리학을 알아내고 싶었다. 그래서 그들은 헤즐산에 대한 가정적 질문을 했다. 우선 참가자들에게 예루살렘에 지진이 나서 묘지가 파괴되고 그 과정에서 약 15미터 토양이 쓸려나가서 묘지가 다른 곳으로 이전되었다고 상상하라고 했다. "이제 이 땅을 거래하겠는가?" 연구자들은 또 다른 결점을 추가했다. 지진 후에 감옥, 특히 팔레스타인 정치범 수용소가 헤즐산에 들어서 수십 년 동안 존재했다고 상상해보자. "당신은 이제 땅을 거래하겠는가?"

유대인들이 정말로 무엇 때문에 그 땅에 애착하는 건지, 그리고 어떤 조치가 그러한 애착을 끊는지 알아보기 위한 실험이었다. 긍정적 고대적 정수를 담고 있는 것은 토양 그 자체 같았다. 가상의 지진 이후 토지 거래에 강경하게 반대하는 사람이 줄어들었다. (지진 전에는 이스라엘인들의 85퍼센트가 반대했지만, 이후 39퍼센트로 줄었다.) 심지어 상상의 감옥에 적들이 있다는 식으로 토지가 오염된 후에는 더 줄어들었다.

하지만 참가자들의 상당수는 심지어 10년 동안 적의 존재가 지각되어도 확고하게 거래 불가 관점을 유지했다. 가자에서만이 아니라 다른 중동 지역에서도 오랫동안 적이 점유했던 토지는 부정적 연합이 발생해, 이론상으로는 거기에 애착하면 안 된다. 히틀러나 테레사 수녀 사례가 맞다면 부정적 연합은 긍정적 연합보다 우세해야 하니까. 하지만 많은 유대인들은 여전히 적이 점령한 토지에 애착을 보였다. 마치 많은 아랍인들이 이스라엘의 일부 땅에 강한 정서적 유대감을 갖는 것처럼. 심리학자들이 제시하는 한 가지 가능한 설명은, 원래의 긍정적 연합이 우선순위를 정립한 뒤에는 이후에 오는 부정적 정수를 누른다는 것이다.

물론 이스라엘과 주변 지역 간의 충돌에 작동하는 다른 많은 이슈들도 있다. 하지만 과학자들은 상당수 이슈들(이스라엘에 대해 정치적 견해나 취약해진 느낌 등)을 과학적으로 통제하기 위해 애썼다. 이러한 요인들은 땅 자체에 대한 긍정적 애착을 줄이지 못했다. 마치 고대의 오염 휴리스틱이 완고한 심리적 주장을 확보한 것 같았다.

>>>

나는 미신을 믿지 않는다. 그래서 나는 집 안에서 우산을 펴두고, 사다리 아래를 지나다니며, 종종 호텔에 13층을 만들지 않는 것은 바보 같은 짓이라고 생각한다(서양 사람들은 이런 행동을 불길하고 재수없다고 생각한다-옮긴이). 하지만 나는 청결에 좀 까다롭기 때문에 히틀러의 스웨터를 입는 데는 상당한 압박감과 혐오감을 느낀다.

자연에는 종종 위험이 도사리고 있다. 이런 자연스러운 혐오감은 우리 조상들이 힘들게 배운 경험일 것이다. 하지만 자연에서의 초창기 경험은 우리에게 차분함과 영성의 소중한 원천을 포함해 심리적 풍요로움이라는 하사품도 남겨줬다. 과학자들은 이러한 애착의 힘, 이른바 자연주의자 휴리스틱을 이제 막 파악하기 시작했다.

17

자연주의자 휴리스틱 The Naturalist Heuristic
왜 숲을 보면 마음이 편안해질까

 2009년 겨울 몇 주 동안 트래비스라는 침팬지가 TV 뉴스의 헤드라인을 차지했다. 열네 살 된 이 유인원은 새끼 때부터 코네티컷 주 스탬퍼드의 한 가정에서 애완용으로 자랐다. 언론 보도에 따르면 그는 철저하게 길들여졌다고 한다. 트래비스는 문을 열기 위해 열쇠를 사용했고, 식탁에 자기 자리도 있었다. 그리고 식물에 물도 주고 인터넷도 사용했으며, 심지어 종종 와인도 마셨다. 그런데 추운 2월 어느 날, 이 90킬로그램의 침팬지는 어떤 도발 행위도 하지 않은 이웃집의 문을 열고 들어가, 그곳에 사는 여성의 얼굴을 쳐서 중태로 만들었다. 그리고 결국 경찰에 의해 사살되었다.
 토크쇼마다 트래비스를 화제로 삼으며 침팬지의 주인을 비난하는 목소리를 높였다. 전문가들의 의견에 따르면 침팬지는 어떤 상황에서도 야성이 그대로 남아 있는 야수다. 그런데도 코네티컷 주에서는 애완용으로 유인원을 키우는 게 합법이다. 그게 올바른 정책일까?

로봇 개와 자연 다큐멘터리

나는 트래비스의 슬픈 이야기가 크게 와 닿았다. 불과 며칠 전, 아내와 나는 서부 저지대 고릴라로 최근에 출산한 만다라라는 유인원을 보기 위해서 집 근처의 국립동물원을 방문했다. 우리는 새로 태어난 새끼를 구경하려는 사람들 속에 있었다. 우리는 운 좋게 그 모습을 보게 되었다. 군중이 온갖 소리를 지르며 사진을 찍는 동안 순한 어미는 새끼를 돌봤다.

일부 사람들은 동물원을 도덕적인 이유로 반대하기도 한다. 하지만 사실, 모든 스포츠 행사를 다 합친 것보다 매년 동물원에 가는 미국인들이 더 많다. 사육과 포로라는 해결하기 힘든 윤리적 이슈는 여기서 제쳐두자. 트래비스의 주인과 동물원 구경꾼들은 심지어 그게 야생동물일지라도 다른 생명체와 교류하려는 강력한 충동을 공유한다.

특히 야생동물은 더욱 그렇다. 이 책에서 논의한 많은 휴리스틱들이 고대에서 진화한 기원을 갖고 있지만, 자연주의자 휴리스틱은 바로 그러한 선사시대 경험에 의해 완벽하게 정의된다. 그것은 우리 종이 동부 아프리카의 거대한 사바나라는 특정 환경에서 안전하게 지내기 위한 적응에서 비롯되었다. 우리의 자연 세계와의 연결은 문화적인 게 아니라 생존이 목적이었지만, 우리의 문화와 미학에도 그 흔적을 남겼다. '생명애'라고 불리는 깊이 내장된 유전적 충동은 계속해서 생존과 관련 없는 여러 가지 것들에 대한 우리의 현대적 선호를 형성한다. 우리의 주거와 풍경에 대한 선택, 자연보호 노력, 애완동물에 대한 애착이 그러하다. 우리의 신경세포에 새겨진, 자연 세계로 돌아가려는 기본적 동경이라 하겠다.

나도 그걸 느낀다. 수십 년 동안 도시에서 살아서가 아니라, 진짜 자연 대신 대체품을 이용했기 때문이다. 나는 동물원에 가고 공원에서 개를 산책시키고 시간이 날 때마다 바다로 향한다. 또한 TV도 본다. 내가 좋아하는 겨울 활동들 가운데 하나는, 집에 틀어박혀 텔레비전에 나오는 자연관련 프로그램을 시청하는 것이다. 나는 히말라야의 눈표범들과 로키 산맥에 남겨진 야생마들의 보기 드문 발자취에 매혹 당한다. 특히 유명한 베어 그릴스(영국의 탐험가이자 디스커버리 채널의 프로듀서-옮긴이)가 세상에서 가장 황량한 곳에 맨몸으로 던져진 뒤, 오로지 혼자 자연 세계에서 살아남는 프로그램 〈인간과 자연의 대결〉에 중독되었다. 나는 그릴스가 타란툴라 거미를 먹고 자기 오줌을 마시기 바란다.

사실 나는 이러한 비디오들이 진짜 자연의 빈약한 대체물이라는 걸 안다. 자연보호구역이 줄어들어서만이 아니라, 우리가 자연을 즐길 수 있는 시간도 줄어들기 때문이다. 그럼에도 나 같은 도시인들은 이러한 대리적 비디오 경험을 통해 원시적 연결과 정서적 고조의 일부 감각을 찾는다. 하지만 TV 같은 첨단기술이 만들어낸 자연 세계 영상을 통해서도 자연보호구역이 주는 심리적 혜택을 얻을 수 있을까? 아니면 우리는 실제로 눈을 저벅저벅 밟고 솔잎 냄새를 맡아야만 하는가? 우리가 자연 속으로 들어갈 때 자연은 인간의 경험에 어떤 공헌을 하는가?

피터 칸은 이러한 질문들을 체계적으로 탐구하기 시작한 몇 안 되는 환경심리학자들 가운데 한 명이다. 워싱턴 대학교의 동료들과 함께 그는 사람들이 첨단기술이 제공하는 자연 영상을 통해 혜택을 받는다면, 과연 어떤 혜택일지 알아보기 위해 일련의 실험을 했다. 사람들이 정교한 가짜 자연과 진짜 자연을 구분할 수 있을까? 구체적으로 말해 우리에게 내재된 원시적 휴리스틱은 어떤 걸 생명체의 특성으로 여길까?

연구의 대부분은 아이들을 대상으로 했다. 아이들은 가장 순진한 인간이기 때문이다. 그들은 자연주의자 휴리스틱 작동에 대한 가장 순수한 관점을 보여준다. 칸은 '아이보'라는 로봇 개와 아이들의 상호작용과 관련된 실험을 했다. 아이보는 시장에 나온 가장 발달된 로봇 개 가운데 하나로, 개처럼 생긴 금속 형태, 움직일 수 있는 신체 부분, 그리고 거리, 가속도, 진동, 소리, 압력을 탐지하는 센서들을 갖고 있다. 인간과 상호작용을 하게끔 프로그램되어 있어, 예를 들어 발을 내어주거나 초보적인 학습도 가능하다. 아이보를 두드려주면 특정 행동을 강화하고 찰싹 때리면 특정 행동을 못하게 하는 식이다. 그 결과 시간이 지나면서 각각의 아이보는 다른 성격을 발달시키게 된다.

하지만 그건 개가 아니라 분명 기계다. 최소한 성인들이 보기엔 그렇다. 그건 심지어 부드럽지도 않다. 동물 봉제인형의 장점인 포근한 맛도 없다. 연구원들은 아이보가 최대한 개와 유사한 행동을 하게 만들어 아이들이 어떻게 반응하는지 보려고 했다. 아이보의 특성과 아이보와의 상호작용에 대한 아이들과의 광범위한 인터뷰, 아이보와 다른 동물들과 인공물에 대한 아이들의 추리를 알아보는 테스트도 했다. 특히 그들은 아이들이 아이보가 평범한 동물 봉제인형과 별개의 것이라는 것을 알고 있는지, 안다면 어떤 식으로 알고 있는지, 아이보와의 놀이가 상상 놀이와 어떻게 다른지 알아보고자 했다.

그리고 아이들이 아이보와 함께할 때마다 비교를 위해 평범한 봉제인형 산티를 투입했다. 칸은 세 살부터 여섯 살에 이르는 아이들을 연구했는데, 약 45분 동안 두 애완동물과 상호작용하게 한 후 질문을 했다. "아이보는 살아 있을까? 어떻게 하면 그가 행복해할까? 그걸 어떻게 아니? 아이보는 이 비스킷을 먹을까? 아이보는 행복감을 느낄 수 있을까? 아이보와 친구가 될 수 있을까? 일주일 동안 아이보를 혼자 둬도 될까? 아이보도 죽게 될까?"

네 명의 아이들 가운데 한 명꼴로 아이보를 생명체로 대하고 행동하고 말했다. 최소한 절반은 아이보에게 일부 생물학적 자질을 부여했다. 그리고 세 명 가운데 한 명꼴로 아이보가 생각하고, 친구를 사귀며, 도덕적으로 존중받아야 한다고 생각했다. 하지만 중요한 건 아이들이 산티에 대해서도 그런 말을 했다는 거다. 따라서 아이보와의 놀이와 관계의 상당수는 아이들의 흔한 상상력의 일부처럼 보였다.

하지만 아이들의 행동은 다소 다른 이야기를 한다. 더욱 놀라운 것은, 아이들이 산티보다는 아이보를 더욱 두려워하며 다가가면 움칫한다는 것이다. 아이들은 분명 평범한 장난감의 특성을 넘어선 뭔가를 감지했다. 게다가 그들은 봉제인형은 험하게 다뤘지만 아이보의 경우엔 무서워하며 주위를 맴돌긴 해도 함부로 다루는 경우는 드물었다. 아이들은 분명히 둘 사이의 근원적인 구분을 하고 있었다. 자연주의자 휴리스틱의 힘이 어린 나이에도 나타난다는 증거다.

이러한 결과들은 더 나아가 단순한 카드 분류 임무에 의해 뒷받침된다. 아이보를 다른 인공물과 진짜 개들과 함께 놓고 분류하라고 하자, 아이들은 아이보가 생명체와 무생물의 사이 어디쯤에 있다는 걸 아는 것 같았다. 그들은 로봇 개가 데스크톱 컴퓨터와는 다르며 로봇, 동물 봉제인형, 진짜 개와 더 비슷하게 봤다. 흥미롭게도 대다수 아이들은 아이보를 도덕적 관점에서 봤다. 즉 아이보를 때리거나 일주일 동안 방치하거나 쓰레기더미에 던지면 안 된다고 말했다.

혹시 아이보가 아이들의 도덕적 발달을 돕지는 않을까? 그리고 그게 바로 자연이 하는 역할은 아닐까? 그럴지도 모른다. 하지만 칸은 로봇 애완동물과의 도덕적 관계는 뭔가 미흡하다고 주장한다. 당신이 분명 생명이 없다고 인정한 어떤 것과 도덕적 관계를 가진다는 건 무슨 의미일까? 그게 당신의 충직한 구형 자동차와 무슨 차이가 있을까? 그는 로봇과의 관계는 기술이 발전하면서 더욱 복잡해질 수 있으며 애완 로봇이 점점 더 진짜 동물 같아질 거라는 점은 인정했지만, 현재 증거들에 따르면 로봇과의 관계는 도덕적 차원이 부족할 것이라고 주장한다.

자연에 대한 경외와 두려움

우리는 자연을 지나치게 낭만화하지 않도록 주의해야 한다. 결국 인간과 야생(야생동물)과의 관계는 항상 경외와 두려움의 혼합이었다. 우리의 언어에도 반영되어 있다. 우리가 흔히 사용하는 별명에 대해 생각해보자. 미국의 대중문화가 비친(bitchin')이라는 단어를 '끝내주는, 멋진'이라는 의미를 지닌 쿨(cool)과 같은 의미로 사용하기 전까지, 암캐(bitch)라는 단어는 여자에게 내뱉을 수 있는 가장 모멸적인 지칭 가운데 하나였다. 사실, 인간의 가장 친한 친구는 증오와 관련된 단어에서 안 좋은 대우를 받고 있다. 잡종개(mongrel), 똥개(cur) 혹은 개(dog) 자체가 그렇다. 모두 흔한 욕이다. 단지 개과류만이 아니다. 돼지, 쥐, 소, 노새, 유인원도 그렇다. 만일 적을 모욕하고 싶다면 동물의 왕국에서 맘껏 명칭을 빌려와라. 내가 이 글을 쓸 당시 〈뉴욕포스트〉 만화에 관한 뉴스로 큰 소동이 벌여졌었다. 오바마 대통령을 죽은 유인원 트래비스에 비교했다는 혐의를 받은 만화다.

왜 그럴까? 누군가를 인간보다 못하다고 주장하고 싶을 때 왜 지구에 사는 야수들의 명칭을 붙일까? 기계에 비유해 적을 비방하는 게 더 쉬울 텐데. 하지만 당신은 이런 소리는 못 들어봤을 것이다. "꺼져 이 로봇 같은 놈아!" 혹은 "이런 인조인간 같으니라고!" 심리학자들은 별명에 쓰이는 단어가 우리의 동물과의 결연에 대한 깊은 사랑과 갈망의 이면이라고 말한다. 호주의 두 심리학자들이 실험실에서 이러한 생각을 검토했다. 멜버른 대학교의 스티븐 로우난과 닉 하스람은 우리가 실제 다른 사람을 비방하는 다양한 방식, 그중에서도 보다 '자연적인' 방식의 이유를 알아보기 위해 널리 사용되는 욕들의 이면을 조사하기로 했다.

그들은 동물과 기계 둘 다 인간보다 못하지만 다른 식으로 인간에 미치지 못한다는 가설을 세웠다. 즉 개와 유인원은 인간만이 가지고 있는 자질, 높은 지능과 도덕적 민감성이 부족하다. 반면에 인조인간과 로봇은 인간 본질의 토대를 형성하는 자질인 따뜻함과 유연성, 생기가 부족하다. 이러한 차이에도 불구하고 우리는 정서적, 정신적으로 동물과 더욱 친밀하게 엮여 있다. 그것이 자연주의자 휴리스틱이다.

그들은 참가자들에게 흔한 단어 연결 테스트를 함으로써 그러한 생각을 연구했다. 여러 부류의 사람이나 물건에게 다양한 자질을 얼마나 쉽사리 연결시키는지 보는 것이다. 예를 들어 참가자들은 서류가방, 재미 추구, 담담함, 오리너구리, 소프트웨어 등 많은 단어에 짧은 시간 노출된다. 그러고는 서류가방(혹은 양복이나 회의실)을 재미 추구, 담담함, 오리너구리, 소프트웨어와 연결시킬지 말지 즉각 결정해야 한다. 서류가방 대신에 화가나 초현실주의 같은 단어를 보게 한 뒤 신뢰, 무례함, 캥거루, 기계와 연결시키는지 보기도 한다.

과학자들은 가능한 자동적, 무의식적 연상에 가깝게 만들려고 했기 때문에 여기선 신속한 반응시간이 중요했다. 자동적, 휴리스틱적인 뇌가 활동하는지 보고자 한 것이다. 어떤 결과가 나왔을까? 예측한 대로 기계적 이미지는 상업이나 현대적 물건과 밀접히 관련되어 있었다. 다시 말해 이러한 최근의 문화적 발달은 고대적 연결이 없다. 그건 비즈니스이며 우리 마음의 계산적, 분석적 영역이다.

하지만 동물이나 동물 이미지는 예술가와 예술성과 강한 연관성을 보이는데, 이는 더욱 깊고 더욱 정서적인 연결임을 나타낸다. 즉 인조인간과 사업가는 이성적 사고나 지적 교양과 정신적으로 더 강한 연관성을 보이는데 반해, 동물이나 예술가는 경험적 마음의 영역인 느낌이나 생기와 더욱 강하게 연결되어 있었다.

이론은 이렇게 전개된다. 우리의 생물학적 편향에 대한 가장 강력한 증거는 시각 연구, 즉 우리가 실제로 자연 세계를 어떻게 바라보는지에 대한 연구에서 나왔다. 다시 말해 우리 마음의 눈은 자연적인 것들과 특히 밀접하게 연결되어 있다. 자연 풍경과의 만남을 상상해보자.

당신은 전에 와본 적이 없는 휴양지에 도착했다. 버스에서 내려서 주위를 둘러본다. 우선 가장 먼저 무엇이 눈에 띄는가? 당신은 눈앞의 커다란 호수를 볼 것이다. 멋진 수상스키가 있다. 멀리 우뚝 서 있는, 정상이 눈으로 덮인 산도 있다. 작은 헴록나무 숲이 왼쪽에 있다. 오른쪽 농가 쪽으로 내려가면 숙박지가 있다. 차양이 처진 현관이 마치 나를 초대하는 것 같다. 날씨는 완벽하다.

이제 당신이 도망치는 죄수라고 생각해보자. 역시 같은 버스에서 내렸다. 우선 처음에 뭐가 보일까? 아마 확 트인 공간이 보일 것이다. 작은 나무 숲 말고는 달리 숨을 곳이 별로 없다. 당신은 무방비로 노출된 기분이다. 저기 물은 저 위의 산으로 달아나서 자유를 만끽하는 걸 막는 걸림돌일 뿐이다. 근처에 길이 있나? 순간 당신은 건물이 있다는 걸 알아차린다. 도망자에게 건물은 언제나 위협물이다. 날씨는 최소한 춥지는 않은 것 같다.

같은 풍경임에도 두 시각은 매우 다르다. 이것은 해석이나 판단의 문제가 아니다. 흘낏 본 것만으로는 해석하거나 판단하기 힘들다. 여행객과 죄수는 실제로 그런 식으로 본다. 시각 같은 기본적인 것은 생존에 대한 우리의 고대 전략과 두려움에 깊은 뿌리를 두고 있기 때문이다. 우리의 뇌는 도처에 위험이 있을 때에 진화했다. 그래서 우리는 얼핏 봐도 가장 소중한 정보를 추출하게끔 되어 있다. 오랜 시간 자세히 살펴보는 것은 치명적인 위험이 될 수도 있다. 탈출한 죄수(우리의 고대 조상들과 비슷함)는 헴록 나무, 베란다, 심지어 호수와 산의 세부사항을 알아차릴 여유가 없다. 마음의 눈에서는 안전에 대한 필요와 갈망이 다른 어떤 것보다 최우선이다.

두 명의 MIT 과학자들이 실험실에서 테스트한 이론에 따르면, 탈출한 죄수의 경계심이 우리 신경세포에 깊이 내재되어 있다고 한다. 심리학자 미셸 그린과 오드 올리바는 우리가 첫 만남의 짧은 순간에 자연 세계를 어떻게 보는지 탐구했다. 어떤 정보가 핵심적이고 중요해서 즉각 처리되는가? 우리가 새로운 영역을 계속 관찰할 때, 이후 첨가될 추가사항은 무엇인가?

심리학자들은 참가자들에게 다양한 자연 풍경의 컬러 사진 수백 장을 보여주고 재빨리 분류하게 했다. 때로는 대양, 숲, 들판, 강 같은 흔한 물리적 특질에 따라서 풍경을 분류하게 한다. 또 개방성, 자연성, 온도 등 근원적인 생존적 특질에 따라 분류하게도 한다. 연구원들은 참가자들이 각 경치를 분류하는 데 얼마나 오래 걸리는지 밀리초(0.001초)까지 시간을 쟀다.

마음이 볼 필요가 있는 걸 얼마나 빨리 보는지는 놀라울 정도다. 이러한 풍경의 생존적 특질은 거의 즉각적으로 처리되어 걸리는 시간이 19밀리초에 불과했다. 손가락으로 딱 소리를 내는 핑거스냅 한 번보다 더 빠르다. 공통된 지리적 특질도 매우 빨리 처리되지만, 트인 공간과 탈출 경로 같은 것의 자동적 지각에 비하면 추가사항이나 마찬가지다. 당연히 그럴 것이다. 산과 호수 같은 범주는 나중에 받아들인 것이다. 즉 진화상으로 훨씬 나중에 뇌에 들어온 언어적 사치다.

하지만 여기에 흥미로운 부분이 있다. 뇌는 풍경을 인공물에 반대되는 자연적인 것으로 분류할 때 절대적으로 빨랐다. 진화는 자연 세계와 뇌를 밀접하게 연결시킨 것 같다. 하지만 문명 세계와는 아니다. 문명 세계를 이해하려면 상대적으로 더 느린 분석이 필요하다. 이는 우리가 자연성을 부여하는 산, 초원, 폭포를 파악하기 전에 이미 풍경이 자연적이라는 걸 알 수 있다는 흥미로운 가능성을 제기한다.

그런데 우리는 어떻게 현대 세계에서 이러한 자연과의 연결을 유지할까? 칸과 다른 이들은 산, 대양, 숲(최소한 그 비슷한 것들)과 인간의 상호작용을 연구하고 있다. 한 실험에서 그들은 창문이 없던 사무실에 플라스마 TV로 만든 가상 창문을 16주 동안 설치했다. 심리적 기능을 다양하게 측정한 결과, 공원과 산맥을 본 사람들이 웰빙, 명료한 사고, 자연 세계와의 더 큰 유대감을 갖는다는 걸 발견했다.

그리고 TV가 실제 자연에 견줄 만한지 보기 위해 또 다른 실험을 했다. 일부 사무실 직원들은 구식 유리 창문을 통해 자연환경을 실제로 보고, 다른 이들은 플라스마 TV로 보고, 또 다른 이들은 그냥 텅 빈 벽만 보게 했다. 그리고 모든 직원들을 낮은 수준이지만 심장박동이 올라갈 정도의 스트레스에 노출시킨 뒤, 진정될 때까지 걸리는 시간을 보기 위해 기다렸다.

그 결과는 논쟁의 여지가 없었다. 야외 풍경을 실제로 본 집단만이 진정 효과가 있었다. 플라즈마 TV나 텅 빈 벽은 건강 회복 효과가 없었다. 다시 말해 기술을 이용한 자연은 아무리 고화질 TV로 보더라도 우리의 신경세포를 속일 수 없었다.

하지만 자연과 직접적으로 연결되면 뭐가 회복되는 건가? 달리 말해 이러한 경험을 하지 않는다면 우리가 놓치는 건 무엇일까? 완전히 다른 실험이 이 질문에 실마리를 제공한다.

뇌를 쉬게 하는 원시적 풍경

미시건 대학교의 심리학자 마크 버먼은 자연이 뇌를 하나의 처리 모드에서 다른 처리 모드로 전환한다고 주장한다. 예를 들어 우리가 수많은 자극으로 가득한 도심 거리를 걷는다면, 매우 집중되고 분석적인 주의를 기울여야 한다. 그래야 우리는 복잡한 교통상황과 경찰차의 사이렌, 도심 소음 등을 처리할 수 있다. 이것은 시험을 치르거나 재정적인 결정을 내리거나 회의를 하는 것과 같은 일상적인 비즈니스 상황의 경우에도 마찬가지로 적용된다. 일부 과학자들은 이러한 종류의 주의집중을 '실행 통제(executive control)'라고 부른다.

이러한 종류의 주의집중은 고갈될 수 있다. 하지만 최소한 버먼과 그의 동료들이 독창적인 실험에서 테스트한 이론에 따르면, 자연과의 상호작용은 마음을 더욱 편안하고 수동적인 모드로 전환해 더 많은 분석력을 저절로 회복시킨다. 그들은 참가자 집단에게 학교와 직장에서 필요로 하는 주의집중을 측정하는 매우 어려운 인지 테스트 과제를 줬다. 그리고 정상적인 집중능력을 더욱 고갈시키기 위해 추가적 과제도 줬다. 사무실에서 정신없이 까다로운 일을 처리하는 것과 비슷한 상황을 실험실에서 만든 것이다.

이후 모든 참가자들은 5킬로미터를 걷는데, 참가자들의 절반은 앤아버 수목원의 호젓한 지역을 천천히 산책하고, 다른 이들은 앤아버 도심의 분주한 도로인 휴론 거리를 걸어갔다. 그들이 실험실로 돌아왔을 때, 심리학자들은 다시 집중도를 측정했다. 자연 속에서 걸은 사람들은 도심가를 돌아다닌 사람들보다 훨씬 더 집중도가 높았다. 자연과 상호작용하는 것은 전혀 다른, 그러니까 덜 까다로운 형태의 주의를 요구한 것이다. 이러한 일시적인 전환은 근무시간의 집중을 보충해준다. 요컨대 시끌벅적한 세상을 벗어나 숲으로 들어가는 것이 일상의 인지적 요구에 더 잘 대처하게 해준다.

그럼, 현대 문명 세계에서 사는 것은 심각하고도 영구적인 심리적 결과를 가져올까? 일부 과학자들은 그렇다고 생각한다. 이미 그렇게 되었는지도 모른다. 칸은 트인 공간, 동물, 숲, 식물, 물, 그리고 자연 파괴와 자연 소멸에 대한 아이들의 가치와 태도에 관해 광범위한 교차문화 연구를 했다. 그는 이러한 느낌과 태도가 보편적인지 알아내기 위해 전 세계를 다니며 브라질 아마존 열대우림의 아이들부터 리스본과 휴스턴 도심의 아이들까지 인터뷰했다.

광범위한 그의 연구의 한 사례를 제시하겠다. 그가 휴스턴 도심의 아프리카계 미국인 어린이들에게 대기오염에 대해 말했을 때, 대다수 아이들은 대기오염의 개념을 이해하고 그게 좋은 게 아니라는 걸 아는 것처럼 보였다. 하지만 더 깊이 조사하자, 아이들은 대기에 대해 전혀 관심이 없었다. 즉 아이들은 휴스턴을 오염된 도시로 생각하지 않았다. 당시에 미국에서 가장 오염된 도시들 가운데 하나였는데 말이다(지금도 그렇다).

연령대가 일곱 살부터 열한 살에 이르는 그들은 추상적으로 환경 파괴 문제에 대해 알고 있었다. 하지만 그것은 그들의 분석적인 뇌, 수업, 책을 통해 안 것이지, 직접 실감하지는 못했다. 그들은 자신이 마시는 공기가 그들의 조부모가 마시던 맑은 공기와는 전혀 다르다는 걸 몰랐다.

칸은 이런 현상에 우려를 나타냈다. 세대를 거칠수록 아이들은 자연 세계에 대한 경험적 지식의 일부와, 정상적인 자연과의 상호작용에 대한 기대를 상실하고 있다. 결국 일종의 세대적 치매를 만들어내는 셈이다. 자연이 실제로 정서적·정신적으로 사람을 회복시키는 역할을 한다면, 이것은 그다지 멀지 않은 미래에 가장 시급한 심리적 이슈로 출현할 것이다.

1971년 닥터 수스는 이러한 종류의 치매에 대해 썼다. 그의 아동서 《로랙스(The Lorax)》는 한 아이가 원스러(once-ler)를 찾기 위해 황량한 지역으로 모험을 떠난다는 내용이다. 원스러는 환경을 파괴하는 악한이자 사회의 제도적 기억이다. 그는 예전에 살던 곳이 다채로운 트루풀라 나무들로 숲이 우거졌을 때를 회상한다. 하지만 그의 탐욕이 결국 파괴해버렸다.

이 책은 조심스럽게나마 희망을 준다. 아이는 일종의 세대적 치매로 고생하지만 칸의 보고에 따르면 내면의 자연주의자는 아직도 우리의 신경세포 깊은 곳에 살아 있기 때문이다.

환경심리학자들의 관심은 사람들이 자연 세계에 대한 상실과 변화에 적응할 수 없을까가 아니다. 우리는 적응할 수 있다. 인간은 엄청난 세월 동안 각종 환경 변화에 적응해왔다. 당장이라도 우리의 뇌는 자연 세계의 흔적을 끊고 문명과 유대를 맺도록 재배열될 수 있다. 문제는 자연과 결연을 맺으려는 깊은 휴리스틱적 욕구가 있기 때문에, 우리는 알려지지 않은 심리적 대가를 치르며 고생할 것이라는 점이다. 아이보 같은 동물 로봇과 플라즈마 TV가 만든 가상 창문은 자연과 떨어져 살면서 느끼는 인간의 상실감을 어느 정도 보충해줄 수는 있지만, 풍요로운 번영을 가져다줄 정도의 회복력을 제공하진 못한다.

>>>

자연주의자 E. O. 윌슨은 과거의 자연으로 돌아가려는 우리의 강력한 동경을 '생명애'로 표현했다. 《성경》에 나오는 에덴동산이 아니라, 우리의 집단적 마음이 형성된 고대 환경에 대한 그리움이다. 그는 실제로 고대 사바나의 이미지가 우리의 신경세포에 내재되어 있으며 여전히 우리의 미학을 형성한다고 믿는다. 자연주의자 휴리스틱은 영적이며 도덕적 차원이다. 하지만 우리의 도덕적 충동은 다른 힘, 특히 '범인 찾기 휴리스틱'에 의해 형성된다. 이것은 시비와 과실 책임을 가리고 응당한 처벌을 내리기 위해 도덕적 딜레마를 해체하고 살펴보려는 강박이다. 우리는 직관적으로 도덕성을 판단하는 존재인데, 다음 장에서 그로 인한 결과를 살펴볼 것이다.

18

범인 찾기 휴리스틱 The Whodunit Heuristic
과실치사와 실패한 테러, 뭐가 더 나쁠까

나는 레스 스타우트부터 아서 코난 도일까지 미스터리 소설의 열혈 독자다. 가장 좋아하는 것은 도로시 세이어스의 《나인 테일러스》다. 1934년 영국의 황무지를 배경으로 탐욕, 배신, 살인, 보복을 다룬 복잡한 이야기인데, 줄거리가 잘 짜여 있고 인물들이 생생하게 그려져 있다. 하지만 동시에 이 이야기는 심리적 난제를 다루고 있다. 주인공이자 탐정인 피터 웜지 경이 결국엔 어려운 범죄를 해결하지만 독자는 많은 도덕적 애매모호함을 받아들여야 한다. 이를테면 살인자는 살인을 저지를 의도가 정말 없었을뿐더러 심지어 희생자가 죽을 때 범죄현장에 있지도 않았다. 게다가 그 자신은 우연한 사고로 죽어 결국 처벌을 피했다.

이러한 불분명함은 모든 규칙에 위배된다. 단지 문학적 규칙만이 아니라 심리적, 도덕적 규칙에도 위배된다. 우리 인간의 신경세포에는 냉철한 탐정이 있다. 이 탐정은 동기, 나쁜 행위(유혈 범죄면 더 좋다), 범죄에 상응한 처벌 같은 분명한 것들을 원한다. 이러한 심리적 욕구는 근원적이고 보편적이며, 수십만 종의 추리 소설들이 오랜 세월 동안 영광을 누린 이유이기도 하다. 세이어스는 우리가 도덕적 균형을 맞추기 위해 상당한 정신적, 정서적 일을 하게 만든다.

다섯 명을 살리기 위해 한 명을 죽일 것인가

나쁜 행위를 밝히고 그에 따른 처벌을 내리는 데에는 원시적인 뭔가가 작동하고 있다. 누가 범인인지 파악하는 것은 단지 오락거리가 아니라 '반드시 알아야만 하는' 일이다. 최소한 도덕기관과 도덕적 판단에 대한 수년간의 연구에서 나온 생각에 따르면, 우리의 뇌가 그걸 요구하기 때문이다. 그리고 그것은 심리학적으로 만족스러운 이야기를 만들어내는 것보다 더욱 중요하다.

이러한 규칙은 우리의 행동과, 아동 학대부터 폰지 사기(피라미드식 금융사기-옮긴이), 환경파괴에 이르기까지 모든 영역의 범죄에서 타인에 대한 일상적 판단의 길잡이가 된다. 실제 배심원으로 참석하든 아니면 다른 누군가가 동전함에서 돈을 훔치는 모습을 보든 간에, 우리 모두는 극악하거나 혹은 애매한 범죄에서 다른 사람을 판단하는 자리에 앉아 있다.

다행히도 우리 대다수는 실제 살인 사건에 연루되진 않을 것이다. 하지만 살인은 극단적인 것이어서 우리의 과장된 도덕적 반응을 불러일으키기 때문에 실험실에서 연구하기 좋은 범죄다. 많은 심리학자들이 수년간 사용했던 도덕적 딜레마를 살펴보자.

예를 들어 당신이 트롤리(전차) 운전수라고 상상해보자. 어느 날 트롤리 브레이크가 고장나서 당신은 점점 빠른 속도로 트랙을 질주하고 있다. 그런데 저 앞에 트랙을 건너고 있는 다섯 명의 학생들이 보인다. 트롤리를 세우거나 학생들에게 경고해줄 방법은 없다. 유일한 방법은 스위치를 전환해서 다른 트랙으로 가는 것이다. 하지만 그렇게 한다면 무리에서 뒤처져서 오던 다른 한 명의 학생을 치어 죽게 만들 것이다. 당신은 어떻게 하겠는가?

이런 상황은 철학자들이 '트롤리 딜레마'라고 부르는 것의 한 유형인데, 사람들이 도덕적으로 애매한 상황에 어떻게 이성적으로 대처하는지 탐구하기 위해 사용된다. 또한 트롤리 딜레마는 사람들이 본능 수준에서 어떻게 반응하는지도 보여준다. 오늘날 도덕심리학에 따르면 우리는 이성적인 반응과 본능적 반응을 둘 다 나타내기 때문에 이 딜레마는 매우 흥미롭다. 우리는 딜레마에 직관적으로, 즉 신속하고 자동적이며 휴리스틱적으로 반응한다. 그런 뒤에는 더욱 숙고적인 뇌로 스위치를 전환해 우리의 충동을 성찰한다. 그건 일종의 뒷궁리로 우리가 한 일에 대한 이유, 즉 체계적인 도덕 코드와 매치되는 이유를 만들어낸다. 듀얼 프로세서 브레인이 작동한 것이다. 즉 질서정연한 뇌가 휴리스틱적 뇌의 재빠른 반응을 설명한다.

트롤리 딜레마는 도덕적 의사결정의 개론서와 같다. 그것은 매우 솔직해서, 실험실에서 이러한 딜레마에 직면한 사람들의 대다수는 오랫동안 생각하지 않는다. 내개는 분 난위가 아니라 초 난위에서 펼칭한다. 미곡 한 명의 무고한 낙오자를 죽이게 되는 것이어도 사람들은 여기서 트롤리 스위치 전환은 괜찮다고 판단한다. 하지만 잠시 생각해보자. 그건 여전히 살인이다. 그러나 대다수 사람들은 그에 대해 전혀 고뇌하지 않는다. 이러한 특정한 살인을 괜찮게 만드는 뭔가 강력한 일이 뇌에서 벌어지고 있는 게 분명하다.

그 이유를 철학자들이 말하는 '공리주의'에서 찾아볼 수 있다. 공리주의에서 보면 더 큰 선을 위해 한 생명을 뺏는 건 괜찮으며, 그건 실용적이고 도덕적으로 방어 가능하다. 하지만 뇌는 이러한 결론에 도달하기 위해 계산을 해야 한다. 만일 당신이 아무런 행동을 취하지 않는다면 무고한 다섯 명이 죽는다. 반면 행동에 나선다면 오직 한 명만 죽는다. 그건 아주 기본적인 산수 같지만 이제 복잡하고 추론적인 뇌가 작동하게 된다. 우리는 그것이 괜찮다는 걸 우리 자신에게 증명해야 한다. 그래야 도덕적으로 타당해지니까. 그래서 이성적인 뇌가 직관적인 뇌의 자동적 판단을 다시 확인하며 신호를 보낸다. "그래요. 괜찮아요. 타당해요."

하지만 왜 우리의 직감은 정당화 사유가 뭐든 간에 한 생명을 죽이는 것에 대해 "안 돼! 안 돼! 안 돼!"라고 외치지 않을까? 이러한 공리주의적 추론을 억제할 어떤 강력한 도덕적 규칙이 없는 것 같다. 왜 그럴까?

도덕심리학자들이 실험실에서 사용하는 '육교 딜레마(footbridge dilemma)'를 생각해보자. 상황은 보다 애매해진다. 트롤리는 다섯 명의 무고한 희생자들을 향해 질주한다. 하지만 이제 당신은 운전사가 아니라, 뚱뚱한 남자와 함께 육교 위에서 트랙을 내려다보고 있다. 당신은 다섯 명의 생명을 구할 유일한 방법은 뚱뚱한 남자를 육교에서 밀쳐 아래 트랙에 떨어뜨려 트롤리를 멈추게 하는 것임을 깨닫는다. 당신은 그를 밀치겠는가?

이 딜레마는 대다수 사람들에게 더 어렵다. 대다수 사람들이 실험실 상황에서 반응하는 데 더 오랜 시간이 걸렸다. 그들은 곰곰이 생각하기 위해 1밀리초 정도 멈춘다. '더 큰 선'이라는 이유가 여전히 중간에 적용되는 것 같지만, 도덕적 직관이 우리를 뒷걸음치게 만든다.

왜 그럴까? 딜레마는 근본적으로 같다. 앞의 경우나 지금이나 당신은 여전히 한 생명을 희생해 다섯 명을 구한다. 하지만 사람들은 두 상황에 대해 매우 다르게 반응한다. 사람들은 트롤리 딜레마에서 자동적으로 논리를 발견하고 거의 대다수가 실용적 해결안을 선택한다. 하지만 육교 딜레마가 주어지면, 대다수는 뚱뚱한 남자를 육교 아래로 떨어뜨린다는 생각에 도덕적으로 반감을 가지며 그렇게 하지 않는다. 이러한 비일관적인 모습에 철학자들과 심리학자들은 수년간 관심을 가졌다.

하버드 대학교 심리학자 파이어리 쿠시먼은 그러한 곤경에 깔린 도덕적 휴리스틱을 알아내기 위해 트롤리 딜레마와 육교 딜레마를 비롯해 다른 변형된 연구들을 수행했다. 왜 인간의 뇌는 이러한 두 딜레마를 다르게 처리할까? 왜 우리의 실용성과 도덕적 추론은 육교에서 비틀거릴까?

여기에 대답하기 위해, 쿠시먼은 도덕 감각 테스트 웹사이트를 만들었다. 참가자들은 이 웹사이트에서 각종 도덕적 딜레마들에 대해 곰곰이 생각하고 반응할 수 있다. 가상의 에반이 개입된 딜레마를 생각해보자. 에반도 다섯 명을 구할 수 있지만, 그러기 위해서는 레버를 당겨 트랩 도어를 열고, 뚱뚱한 남자를 트롤리 앞에 떨어뜨려야 한다. 분명 육교 딜레마와 비슷하지만 여기서 중요한 건 레버다. 에반은 뚱뚱한 남자를 건드리지 않아도 된다. 단지 기계장치만 작동시키면 된다.

왜 그게 중요할까? 의미론적, 윤리론적으로 사소한 논쟁 아닌가? 불쌍한 남자를 죽이는 건 같지 않나? 사소한 논쟁인지는 몰라도 최소한 우리의 원시적 마음에서는 분명 의미가 있다. 쿠시먼은 중년의 참가자들에게 이 딜레마를 테스트할 때, 레버를 당기는 것보다 뚱뚱한 남자를 밀치는 걸 더욱 꺼린다는 걸 발견했다.

우리가 직관적으로 반감을 가지는 것은, 실제 물리적 접촉, 그러니까 다른 사람의 몸에 당신의 손을 대어 미는 행동이다. 그리고 쿠시먼이 참가자들에게 행동의 이유를 대라고 하자 그들은 정확하게 그러한 구별을 했다. 레버는 행위를 개인적이라기보다는 기계적인 것으로 만들어, 균형을 한쪽으로 기울게 만들었다.

도덕 감각 테스트 웹사이트의 또 다른 버전을 살펴보자. 이번엔 제프의 딜레마다. 그는 아무것도 안 함으로써 다섯 명의 생명을 구할 수 있다. 자기가 개입하지 않아도 뚱뚱한 남자가 트랙으로 떨어지기 때문이다. 하지만 원한다면 뚱뚱한 남자가 떨어지지 않게 레버를 당겨 그를 구할 수도 있다. 하지만 그러면 트랙을 건너가는 다섯 명의 불쌍한 학생들이 죽게 될 것이다. 당신은 아무것도 하지 않아도 괜찮은가?

대다수는 그렇다고 말한다. 이 시나리오에서 이슈는 수동성이다. 에반과 제프는 둘 다 레버를 당길 뿐이다. 밀칠 필요도 없고 몸싸움도 없고 땀 흘릴 일도 없다. 하지만 제프의 경우에는 어떤 행동도 전혀 필요하지 않다. 그는 다섯 명의 학생들을 구하기 위해 손가락 하나 까딱하지 않아도 된다. 그리고 그러한 구별은 뇌에서 근원적이다. 방조는 범행(비록 그게 기계 레버를 당기는 것이어도)보다는 도덕적으로 덜 비난받는 기분이 든다. 그래서 우리의 도덕적 직관은 어떤 물리적 접촉도, 어떤 적극적 개입도 하지 말라고 말한다.

또 다른 쿠시먼의 실험에는 데니스가 빠진 딜레마가 있다. 다른 이들과 마찬가지로, 데니스는 트랙 위 다섯 명의 생명을 구할 힘이 있다. 하지만 그렇게 하려면 움직이는 트롤리의 방향을 다른 트랙으로 바꾸기 위해 레버를 당겨야 한다. 여기까지는 기본적인 트롤리 딜레마처럼 들린다.

그러나 여기에 문제가 있다. 만일 트롤리 방향을 바꾸기 위해 레버를 당긴다면, 방향을 바꾼 트롤리 바로 앞에 트랩 도어가 열려 뚱뚱한 남자가 떨어지게 된다. 따라서 그를 죽이는 것이다. 당신은 레버를 당길 것인가? 연구에 참여한 대다수와 같다면 그럴 것이다. 쿠시먼은 왜 레버를 당겨도 되는지 물었다. 그들의 이유는 거의 항상 의도와 관련 있었다. 즉 뚱뚱한 남자의 죽음은 단지 생명을 구하는 좋은 의도를 가진 행위의 부작용에 불과하며, 그의 죽음은 단지 불운이다. 잘못된 장소에 잘못된 시간에 있었던 사람이 운이 없는 것이라고 말한다.

그들이 대는 이유는 합리적으로 보일 것이다. 사실 그렇다. 하지만 상당히 강력한 근원적인 규칙에 따라 움직이는 충동을 합리화한 것뿐이다. 이러한 통찰력의 상당수는 버지니아 대학교 심리학자 조너선 하이트의 이론에서 나왔다. 그는 우리의 즉각적, 자동적, 도덕적 직관(도덕적 휴리스틱)이 먼저 나오고 나서야 우리의 직관을 합리화시킨다고 주장한다. 우리의 직관은 도덕적 딜레마에서 세 가지, 즉 의도, 행동, 물리적 접촉을 심사숙고해야 한다고 말한다. 세 가지 모두 없다면 당신은 전혀 죄를 지은 게 아니다. 하지만 세 가지에 관련된 사실이 불분명하다면, 심지어 그게 생명을 구한 행위라고 해도, 당신 행동의 도덕성 역시 불분명해진다.

《나인 테일러스》가 심리학적으로 큰 의미를 갖는 것도 그 때문이다. 희생자는 새해를 알리는 종이 울리는 긴 시간 내내 종탑에 갇혀 있다가, 잠을 수 없을 정도로 큰 종소리 때문에 죽게 된다. 정말 이상한 사고다. 치밀한 살인 계획은 없다. 단지 살인자가 잠시 그를 볼모로 잡아두기 위해서 의도적으로 종탑에 묶어놓은 것 빼고는 말이다. 그리고 살인자는 심한 감기에 걸려 원래 계획대로 희생자를 풀어주지 못한다. 이리저리 꼬인 트롤리 딜레마의 하나처럼 들린다.

상황을 더욱 복잡하게 만들어보자. 알고 보니 볼모로 잡힌 희생자는 범죄자에다 부도덕한 사람이었다. 그럼 희생자의 죽음은 정당한가? 그는 그 남자를 죽일 의도가 없었다. 그를 죽일 행동을 야기하지도 않았고 죽는 현장에 물리적으로 있지도 않았다. 의도, 행동, 물리적 접촉 모두 없다. 하지만 우리의 마음은 편치 않다.

도덕적 판단과 처벌의 차이

정의와 처벌에 대한 질문도 역시 도덕적 휴리스틱에서 나온다. 쿠시먼이 제시한 사례를 보자. 두 친구가 오후 내내 동네 술집에서 술을 마시고는 각자 집으로 운전해서 돌아갔다. 한 명은 운전을 하다 잠이 들어 이웃집의 앞마당으로 돌진했다. 관목이 약간 망가졌다. 또 다른 운전자 역시 운전하다 잠이 들어 이웃의 앞마당으로 돌진했다. 그런데 이웃의 다섯 살 된 딸이 우연히 거기서 놀고 있다가 그만 차에 치여 죽었다. 대다수가 같은 행동이라고 동의할 것이다. 그럼 처벌도 같아야 할까?

법에 따르면 아니다. 예를 들어 쿠시먼이 사는 매사추세츠 주의 법에 따르면 첫 번째 운전자는 음주운전에 대해 벌금 250달러를 내야 한다. 정말로 별것 아니다. 하지만 두 번째의 음주 운전자는 과실치사로 2년 반에서 15년 사이의 징역을 받게 된다. 이게 공평한가? 그들의 잘못된 행동은 같지 않나?

그렇기도 하고 아니기도 하다. 다양한 트롤리 딜레마가 보여주듯 시비를 판단할 때 의도는 대단히 중요하다. 하지만 처벌에 관해서는 결과가 중요하다. 쿠시먼이 실험실에서 참가자들에게 이 가설을 주자, 대다수는 두 친구가 똑같이 잘못했다는 데 동의했다. 하지만 관목을 망가트린 걸로 감옥에 오래 있어야 한다고 여기지 않았을 뿐만 아니라, 아이를 죽인 책임에서 벗어나야 한다고 생각하지도 않았다. 우리 대다수는 다른 결과에는 다른 처벌이 따른다는 데에 동의할 것이다.

만일 우리 신경세포 속에 유죄와 공범에 대한 결정을 내리는 탐정이 있다면, 분명 변호사도 있을 것이다. 하지만 둘은 서로 대화를 그다지 많이 나누지 않는 것 같다. 탐정은 단지 범죄가 일어났는지, 누가 저질렀는지를 알기 원한다. 반면에 변호사는 처벌이 합당한지에 관심을 집중시킨다.

이러한 점을 분명히 하기 위해, 그날 저녁 술집에서 술을 마시던 세 번째 친구가 있다고 가정해보자. 하지만 이 남자는 악마다. 진짜 사이코패스다. 그는 차로 어린 소녀를 치어 죽일 의도를 갖고 술집을 나선다. 하지만 술에 취해 잠이 드는 바람에 대신에 관목으로 돌진한다. 누구에게도 해를 끼치지 않았으니 잘못이 아닌가? 비록 사고가 같아 보여도, 거의 모두가 직관적으로 관목을 들이박은 술 취한 남자보다 더 부도덕하다고 말할 것이다. 그는 우연히 과실치사를 저지른 술 취한 사람보다 더욱 비난받아야 한다. 하지만 법은 그렇게 보지 않는다.

법은 뇌의 꾸준하고도 심사숙고적이며 이성적인 영역의 산물이기 때문이다. 법은 우리의 총체적, 도덕적 추론을 성문화하기 위해 문명 사회에 의해 작성되었다. 다시 말해 이성적 두뇌의 총합이다. 하지만 그것은 우리의 도덕적 직관, 즉 범죄와 사악한 의도의 본능적 본질에 대한 직감적인 반응을 적절하게 포착하지 못한다. 뭔가를 잘못된 것으로 판단하는 것은 도덕적 직관이며 휴리스틱적으로 움직이는 규칙이다. 반면에 남에게 해를 끼쳤는지, 어떤 식으로 처벌할지 판단하는 것은 더욱 느리고 더욱 숙고적인 활동이다.

도덕적 휴리스틱의 우세함은 문제가 되는 다른 판단으로 이어질 수 있다. 테러리스트 공격을 생각해보자. 알카에다 테러리스트들은 2001년 9월 11일 월드트레이드센터를 파괴했다. 이 범죄자들은 위에 말한 사이코패스 같은 음주 운전자의 실제 버전이다. 단지 잠이 들어 임무에 실패한 게 아니라는 점만 빼면 말이다. 그들은 사악한 의도를 갖고 그걸 달성했으며, 그들의 행동은 끔찍한 결과를 가져왔다. 3000명 이상의 사람들이 죽었다. 그 죄는 너무 분명하고 그에 대한 분노는 정당해서, 내면의 탐정은 할 일이 많지 않을 정도다.

하지만 1993년 월드트레이드센터에 대한 알카에다의 공격은 어떤가? 그건 부주의로 실패했지만 의도는 여전히 사악했다. 테러리스트들은 여섯 명을 죽였지만 건물을 무너뜨린다는 더 큰 목적은 무산되었다. 마치 사악한 음주 운전자가 잠이 들어 관목덤불로 돌진한 것과 같다. 사실 그런 식으로 취급되었다. 무슬림에 대한 과잉반응이나 비난 설전도 없고 대중의 분노도 거의 없었다. 실패한 범죄에 대해서 분노를 끌어 모으긴 어렵다. 심지어 그 의도가 수천 명을 죽인 9·11 테러의 의도와 같은데도 말이다.

쿠시먼이 트롤리 실험에서 증명했듯, 어떤 사악한 의도나 행동이 없을 때도 분노를 모으기 어렵다. 2008년 200명이 죽은 뭄바이의 호화 호텔 구역 공격 같은 테러리스트의 공격이, 더 많은 사람들이 죽은 쓰나미나 콜레라 역병보다 더 큰 대중의 분노를 불러일으키는 이유다. 자연재해에 대해 우리는 큰 공포와 동정심을 느끼지만 도덕적 분노와는 거리가 멀다.

설명할 수는 없지만 그건 분명히 잘못됐어

도덕적 갈등에는 살인과 죽음 이외의 것들도 개입된다. 우리의 도덕적 본능과 추론은 종종 문화적 금기와 관련해서도 갈등을 하게 된다. 버지니아 대학교의 하이트 교수는 이러한 충돌을 '도덕적 말막힘(moral dumbfounding)'이라 부른다. 말막힘은 우리가 뭔가가 잘못되었다고 강하게 느끼지만 이유를 설명하지 못할 때 발생한다.

하이트의 연구 가운데 한 가지 사례를 들어보자. 줄리와 마크는 남매지간이다. 그들은 대학생인데 여름방학을 맞아 프랑스를 여행 중이다. 어느 날 밤에 해변의 오두막에서 단둘이 있게 된다. 그들은 서로 성관계를 가지면 재미있을 거라고 생각한다. 줄리는 이미 피임약을 먹고 있지만 마크는 보다 조심하기 위해 콘돔을 사용한다. 그들은 둘 다 즐거운 시간을 보냈지만 다시는 하지 않기로 한다. 그들은 그날 밤의 일을 서로 더 가까워진 계기이자 특별한 비밀로 간직한다. 이야기는 여기서 끝난다.

이건 괜찮은가? 대다수 사람들은 즉각 줄리와 마크의 행동이 도덕적으로 잘못되었다고 비난한다. 하지만 이유를 설명하라고 하면 말문이 막힌다. 근친교배는 여기서 논의의 대상이 아니다. 둘 다 피임에 신경 썼으니까. 그들은 분명히 심리적으로도 서로에게 해를 끼치지 않았다. 사실 성관계로 인해 더 친밀해졌다.

하이트가 이유를 설명하라고 채근하면 대개 이렇게 말한다. "모르겠어요, 설명이 안 돼요." "그저 그게 잘못된 것이라고 생각해요." 이것은 지하에 숨은 도덕주의자가 말하려고 하는 것이지만, 휴리스틱은 너무 본능적이고 정서적이기 때문에 언어로 잘 번역되지 않는다. 보수주의자들이 동성애 결혼의 반대 이유를 설득력 있게 주장하기 어려운 것도 그 때문이다. 그러한 주장은 이성적인 게 아니라 직관적이다. 핵심을 보면, 단지 동성애가 일부 사람들에게 올바르게 보이지 않는다는 것이다.

많은 논란을 일으키는 사회 이슈들은 도덕적 말막힘의 잠재성을 갖고 있다. 바로 풍자가 스티븐 콜버트가 '트루시니스(truthiness)'라고 부르는 것이다. 이는 증거, 논리, 지적 검토, 사실과 관계없이 본능적, 직관적으로 아는 것을 말한다.

하이트는 그러한 오도된 도덕적 직관이 역겨움 같은 원시적 정서에 뿌리를 두고 있다고 믿는다. 한 실험에서, 그는 참가자들에게 다음과 같은 가설 상황을 어떻게 느끼는지 물었다. 가난하고 굶주리는 한 가족이 애완동물로 키우던 개 허먼이 고속도로에서 죽자, 저녁 식사로 허먼을 요리해 먹는다. 어떤 기분이 드는가?

다시 한 번, 많은 사람들은 말문이 막히게 되고 기분이 나빠진다. 일부는 역겨워할 것이다. 하지만 왜 그런지 분명하게 말하진 못한다. 역겨움은 아마 초기 인간들이 채식식단에서 잡식식단으로 전환할 때 진화한 정서일 것이다. (고대 로드킬을 포함해서) 고기를 먹는 것은 다분히 위험이 따르는 일이었다. 그리고 역겨움은 썩은 고기를 먹지 못하게 막는 심리적 억제제로 진화했다. 이제 그러한 두려움은 사람들이 육식하는 걸 더 이상 막지 못하지만, 썩은 고기에 대한 위험성은 뇌에 여전히 선명히 새겨져 있어 우리의 행동과 윤리를 형성한다. 나를 비롯해 나의 지인들은 로드킬 당한 동물을 먹지 않을 것이다. 허먼이라는 이름을 가진 애완동물은 두말할 것도 없다.

속일 것인가, 말 것인가

요즘 우리의 삶에 영향을 주는 범죄와 부도덕의 상당수는 탐욕, 사기, 거짓말과 관련된 화이트칼라 범죄이자 관대하게 치부되는 부도덕적 행동이다. 뉴욕 금융가 버나드 메이도프(전 나스닥증권거래소 회장, 미국 최대의 다단계 금융사기 폰지로 징역 150년형을 선고받았다-옮긴이)는 역사상 가장 큰 투자 사기 가운데 하나를 저질러 11개 중죄로 기소된 후 수감되었다. 안타깝게도, 이는 최근 횡령죄를 저지른 재계와 금융계의 수장들에 대한 많은 이야기들 가운데 하나에 불과하다. 이와 같은 사건이 너무 많아서, 세금을 잘 내는 일반 시민들은 규칙을 지키는 사람이 실제로 있는지 의아해할 정도다. 많은 돈을 가진 사람들이 소득을 은폐할 수밖에 없다면, 우리 같은 일반인은 소득을 줄여 신고하는 싶은 충동을 어떻게 참으란 말인가.

그렇다면, 왜 어떤 사람들은 사기를 치고 어떤 사람들은 그렇지 않을까? 고전적 설명에 따르면, 그건 "사기를 칠 수 있다면, 들키기 전에 얼마나 많이 가져갈 수 있을까?"에 대한 이성적 선택이며 냉철하게 위험과 이득을 계산한 결과다. 하지만 일부 과학자들은 인간 윤리에 대한 이러한 냉소적인 관점에 의문을 제기하며 훨씬 더 복잡하다고 주장한다.

세 명의 심리학자들이 최근 논쟁 중인 이러한 윤리 문제를 실험실에서 탐구하기로 했다. 노스캐롤라이나 대학교의 프란체스카 지노, 듀크 대학교의 사하르 아얄과 댄 에리얼리는 부정직한 마음에서 작동하는 심리적 힘을 조명하기 위해, 정교한 속임수가 어떻게 사람들을 사기 치게 만드는지 살펴봤다.

간단히 말해 그늘은 대규모의 대학생 십난에게 난시산에 복삽한 수학 문제를 풀게 했다. 누구도 문제를 다 풀 수 없을 정도로 어렵게 만들었다. 그리고 어떤 문제를 풀든 간에 그에 맞추어 돈을 지급했다. 수학문제 풀기는 사실 실험을 위한 위장이었다. 학생들이 수학문제를 풀기 시작하자 그들 가운데 한 명(고용된 배우)이 크게 말한다. "다 풀었어요. 어떻게 할까요?" 방 안의 모든 이들은 이게 불가능하다는 걸 안다. 그래서 그 학생 역할을 맡은 참가자는 뻔뻔스러운 사기의 분명한 사례다. 그는 마치 백 점을 받은 것처럼 돈을 타갔다. 더 중요한 것은, 전혀 들키지 않고 떠났다는 것이다.

얼마나 많은 학생들이 사기꾼의 사례를 따라할지, 그러니까 뻔뻔스런 거짓이 일반적으로 학생들 사이에서 사기를 촉진하는지 보기 위한 실험이었다. 결과를 보니 상당히 많은 학생들이 사기를 따라했다. 그래서 이번에는 실험을 좀 더 복잡하게 만들었다. 즉 어떤 때는 학생 역할의 참가자에게 라이벌 대학교의 티셔츠를 입게 하고, 다른 때는 그렇지 않았다. 사기꾼의 집단 정체성, 그러니까 같은 학교의 학생인지 아니면 외부인인지가 모방 사기에 영향을 주는지 보기 위해서다. 학생들은 같은 학교 학생이 사기를 치는 걸 볼 때보다 라이벌 학교 학생의 사기를 볼 때 더(혹은 덜) 사기를 칠까?

그 결과는? 동료 학생이 외부인보다 훨씬 더 많은 영향력을 행사했다. 라이벌이 사기 치는 걸 보는 것은 전반적인 사기 수준을 약간 낮추었다. 이러한 결과는 사기의 냉철한 계산 이론에 어긋난다. 사기가 무사히 빠져나갈 수 있는지에 영향을 받는다면 동료와 외부인의 성공적인 사기에 똑같이 영향을 받아야 하는데, 그렇지 않았다.

심리학자들은 이러한 결과를 다른 소규모 실험으로 다시 한 번 확인했다. 기본적으로 같은 설정이지만, 이 시나리오에서 사기 치는 학생 역할을 맡은 참가자는 이번에는 아무것도 하지 않았다. 대신 감독관에게 큰 소리로 물었다. "사기 쳐도 돼요?" 물론 정신 나간 질문이다. 누구도 그런 질문을 안 할 것이다. 하지만 학생들 마음 내면의 도덕주의자를 끌어내고, 사기와 부정직의 논의를 정면으로 다루게 하기 위해서다. 그러자 학생들은 현저하게 사기를 덜 쳤다. 좋든 나쁘든 역할모델이 없으니까. 비윤리적 행동이라는 생각에 유도된 것만으로도 학생들을 정직하게 만들 수 있었다.

우리 내면의 도덕주의자는 사기를 치고 싶어 하지 않는 것 같다. 근원적, 휴리스틱적 차원에서 잘못된 행동이니까. 하지만 만일 일부가 부정직한 행위를 공공연하게 저지르는 걸 목격한다면 거짓이 전염될 수 있는 것으로 보인다. 이러한 결과들은 비윤리적 전염의 물결을 막을 전략을 제시한다. 만일 사기꾼이 무법자로 지각될 때 사기가 일반적으로 감소한다면, 공공 사기꾼을 무법자 내지는 도려내야 할 부분으로 낙인찍는 게 도움이 된다. 물론 버나드 메이도프를 비롯해 사기 혐의를 받은 월가의 여러 인사들은 이미 우리를 위해 상당한 일을 해줬다.

도덕의 금전 출납부

우리의 도덕 휴리스틱이 이렇게 강력한데도 부도덕이 만연하는 이유는 뭘까? 폰지 사기꾼, 세금을 횡령한 대통령 보좌관들, 환경을 망치는 산업가들은 어떻게 된 걸까? 사회적 책임의 공공연한 침식 현상인가? 이러한 사기꾼들은 단지 나쁜 사람들에 불과한가? 우리의 교육기관과 종교기관은 제대로 역할을 못했나? 훌륭하고 정직한 사람이 되는 것에 대한 보상이 우리의 어두운 충동을 누를 정도가 못 되나? 혹은 환경에 따라 죄인이 되거나 성인이 되는 건가?

심리학자들은 이러한 질문들, 특히 우리가 정당함과 부도덕 사이를 계속해서 오간다는 생각을 살펴보고 있다. 체중처럼 도덕성에도 세트포인트가 있나? 노스웨스턴 대학교의 세 심리학자들은 최근 이러한 질문을 탐구해 일부 흥미로운 결과를 얻어냈다.

소냐 사치데바, 루멘 일리에프, 더글러스 메딘은 우리의 도덕적 자존감이 일종의 온도조절장치 역할을 한다는 생각을 했다. 어느 때는 도덕적으로 더욱 엄격한 방향으로 향하게 하고, 다른 때는 도덕적 면죄부를 내준다. 하지만 결국엔 우리를 일정한 트랙에서 벗어나지 않게 한다. 그들은 참가자들의 죄의식 혹은 도덕적 우월감을 유도해 테스트한 뒤 무슨 일이 일어나는지 지켜봤다.

한 실험에서 참가자들에게 자신에 대한 짧은 이야기를 쓰게 했다. 일부는 관대한, 공정한, 친절한 등의 단어를 사용해야 하고, 다른 이들은 탐욕스런, 야비한, 이기적인 등의 단어를 사용해 자기 이야기를 썼다. 이것은 정당함이나 후회의 느낌을 활성화시키는 것으로 잘 알려진 무의식적 유도였다.

이후 모든 참가자들에게 좋아하는 자선단체에 돈을 기증할 기회가 부여된다. 많으면 10달러이고 아예 없을 수도 있다. 참가자들은 자선단체가 실험의 일부로 측정되는 건 몰랐다. 그 결과는 놀라웠다. 도덕적 일탈을 생각하도록 유도된 사람들은 평균 5.30달러를 줬다. 통제군의 두 배 이상이다. 반면에 자기 정당함에 유도된 사람들은 고작 1.07달러를 줬다.

이러한 결과들은 사람들이 스스로 부도덕하다고 느낄 때 이타적으로 행동함으로써 자기 이미지를 정화한다는 걸 암시한다. 하지만 도덕적으로 약간 더 우월하다고 느낄 이유가 있으면, 그러한 긍정적 자기 이미지는 도덕적 면죄부에 해당하는 감각을 유발한다. 즉 보상받기 위해 약간의 범위 내에서 일탈한다. 주중에 무료급식소에서 일한 것이 주말에 세금을 포탈할 권리를 주는 셈이다.

심리학자들은 도덕적인 우월이나 일탈의 기분이 자기이해와 지구 건강

사이의 거래를 형성하는지 보기 위해 환경과 관련된 도덕적 책임감을 측정하는 실험을 했다. 그들은 같은 유도를 사용해 모든 참가자들이 제조공장을 운영하는 척하게 했다. 참가자들은 관리자가 되어 대기오염을 통제하는 필터를 돌리기 위해 얼마나 돈을 낼지 선택해야 한다. 산업표준을 따를 수도 있고, 더 내거나 덜 낼 수 있다. 즉 사회적 책임감을 선택하거나 공공의 선을 속일 수 있다.

도덕적으로 떨어진다고 느끼는 사람들은 훨씬 더 공동체를 생각하며 깨끗한 하늘을 위해 더 많은 돈을 썼다. 반면 도덕적으로 정당하다고 생각한 사람들은 구두쇠인 데다가, 공장 관리자는 환경보다 이윤을 추구해야 한다는 관점을 가졌다. 즉 이들은 윤리적 선택이 아니라 사업적 결정으로 내렸다.

이처럼 우리 내면의 도덕주의자는 일종의 도덕적 통화를 거래하는 것 같다. 우리는 좋은 행동을 통해 전표를 모으고 이탈을 통해 빚을 지고, 결국 전표를 도덕적 부채의 탕감에 사용한다. 그런 식으로 우리는 도덕적 장부의 균형을 맞춘다.

>>>

우리 집 서재에는 《로느킬 쿠리색(Road Kill Cookbook)》이라는 책이 있다. 웨스트버지니아의 한 토착 미국인이 준 이 기념품은 남부 미개척지 주민들을 농담조로 놀리는 내용이다. 이 책은 휴리스틱이 유발한 풍자이며, 쿠티 휴리스틱과 범인 찾기 휴리스틱 둘 다 작동시킨다. 우리의 청결 의식은 기본적이지만 복잡해서, 기본적 혐오감만이 아니라 시비에 대한 더 고차원적 직관도 개입된다.

로드킬이든 해충이든 살인이든 간에, 우리는 역겨운 건 어느 것도 참지 못한다. 그리고 그러한 충동은 심리적 오염을 피하고 윤리적·도덕적으로 스스로를 정화시키게 만든다. 반복해서 살펴보았듯, 휴리스틱 마음에서 작동하는 힘들의 상당수는 비록 이제는 추상적이고 현대적인 형태를 취하지만 여전히 위협과 두려움에 의해 움직인다. 그리고 우리 모두에게 가장 큰 위협과 두려움은 궁극적으로 죽음, 소멸에 대한 두려움이다. 그건 인간의 조건에 너무 기본적이어서 우리는 매우 오래되고 신경세포 깊이 새겨진 기제를 갖고 있다. 바로 '죽음의 신 휴리스틱'이다.

19

죽음의 신 휴리스틱 The Grim Reaper Heuristic

왜 우리는
일상생활에서 죽음의 공포에 떨지 않을까

1975년 영화 〈사랑과 죽음〉에서 우디 앨런은 러시아 문학의 우울한 감수성을 패러디했다. 우디 앨런은 겁쟁이 병사 보리스를, 다이앤 키튼은 소냐를 연기했다. 영화의 핵심 국면은 러시아인들이 나폴레옹 군대의 공격을 받을 때다. 보리스는 연인에게 묻는다. "당신은 죽는 게 두렵소?" 소냐는 몇 초 동안 곰곰이 생각하더니, "두렵다는 건 틀린 말이죠"라고 말한다. 그녀는 마침내 대답한다. "나는 소스라치게 무서워요."

우디 앨런은 죽음과 죽는 것으로부터 많은 웃음을 자아냈다. 하지만 누렵든 무섭든 간에 우리는 모두 같은 처지다. 우리는 죽는 것을 원치 않지만 죽을 수밖에 없다는 걸 안다. 우리는 자신의 죽음에 대해 곰곰이 생각할 수 있는 지구상 유일한 동물이지만, 스스로와 의미론적 게임을 하는 것을 포함해 거기에 대해 생각하지 않기 위해 애쓴다. 죽음이라는 사실은 너무 무섭기 때문에.

우리는 '공포'를 관리한다

철학자들과 과학자들은 오랫동안 어떻게 마음이 죽음의 불가피성을 인지적·정서적으로 처리하는지 관심을 가졌다. 우리의 필멸을 상기시키는 일, 이를테면 연인의 갑작스런 죽음이 우리를 미지에 대한 속수무책의 두려움 상태로 몰아넣는다고 생각할 것이다. 하지만 그런 일은 발생하지 않는다. 물론 우리는 울고 슬퍼하지만 일상이 마비되지는 않는다. 누가 언제 죽을지 모르는 상황임에도, 왜 인간은 존재의 소멸에 대한 공포에 계속 벌벌 떨며 살지 않는 걸까?

심리학자들은 우리가 존재론적 공포에 대처하는 방식에 대해 몇 가지 아이디어를 제시했다. 한 가지 아이디어는, 사회과학 전문용어로 '공포관리이론(terror management theory)'이라고 말하는 것이다. 즉 우리 뇌는 생물학적으로 우리가 두려움에 의해 마비되지 않도록 구성되어 있다. 이 이론에 따르면, 우리의 뇌에서는 죽음의 신 휴리스틱이 작동해 죽음에 대해 다시 한 번 생각해보고 기존의 생활방식을 바꾸게 만든다. 하지만 그렇다고 해서 마냥 우울해하며 아무 일도 하지 못할 정도로 죽음에 집착하게 만드는 것은 아니다.

하지만 어떻게 작동하는 것일까? 실험실에서 존재론적 사고를 연구하는 건 쉽지 않은데, 한 심리학자 집단이 현명한 실험들을 통해 연구했다. 그들은 심리학적 테크닉을 사용해 참가자들의 마음을 죽음에 대한 생각으로 채우는 것으로 시작했다. 참가자들에게 그들이 죽을 때 물리적으로 일어날 일을 생각하고 죽은 상태로 있는 게 어떤 건지 상상하게 했다.

참가자들은 자신의 신경세포가 발화하지 않고 심장박동이 멈추고 섬유조직이 흙 속에서 부패하기 시작하는 모습을 마음속에 그렸다. 끔찍하게 들리지만 이 테크닉은 실험에 널리 사용되며 상당히 효과적이다. 사랑하는 사람을 잃은 뒤에 죽음에 대해 반추하는 것과 비슷한 실험이다.

일단 참가자들이 죽음과 죽는 것에 대한 생각에 사로잡히면 단어 테스트를 한다. 무의식적 정서를 건드리기 위해 설계된 테스트다. 예를 들어 참가자들은 jo_를 채워넣어 단어를 만들어야 한다. 직업(job)이나 조깅하다(jog) 같은 단어를 만들 수도 있고 정서적 단어인 즐거움(joy)을 선택할 수도 있다. 혹은 비슷한 테스트에서, 그들은 화면에 비친 강아지(puppy)라는 단어를 본 뒤 가장 어울리는 단어가 딱정벌레(beetle)인지 퍼레이드(parade)인지 즉각 골라야 한다. 딱정벌레는 의미 면에서 강아지와 더 가깝고, 퍼레이드는 정서적 맥락에서 강아지와 더 가깝다. 참가자들은 선택을 의식적으로 처리할 수 없을 정도로 아주 빨리 반응해야 하기 때문에, 테스트의 결과는 무의식적 휴리스틱의 작동을 나타낸다.

켄터키 대학교의 심리학 교수인 네이선 디월과 플로리다 주립대학교의 로이 바우마이스터 교수는 이러한 유형의 세 가지 실험을 통해 명백하고 흥미로운 결과를 얻었다. 죽음의 생각에 사로잡힌 참가자들의 정서적 뇌는 전혀 침울하지 않았다. 오히려 정반대였다. 그들은 통제군 피험자들에 비해 중립적·부정적인 것보다 긍정적·정서적 연합을 더욱 불러냈다. 심리학자들에 따르면 이것은 이해할 수 없는 위협 앞에서 잘 대처하게끔, 뇌가 부지불식간에 기억 은행에서 유쾌하고 긍정적인 정보를 찾아내고 활성화시킨다는 걸 암시한다.

그건 좋은 소식이다. 이러한 결과들은 노화에 대한 다른 계보의 연구와 일치하기 때문에 더욱 그렇다. 나이가 들고 죽음에 접근하면서 우리의 뇌는 다소 기어를 전환해 더욱 낙관적인 자극을 갈망한다. 우리는 소름끼치는 자동차 사고에서 시선을 돌리거나 공포영화에 점차 관심이 사그라지는 자신을 발견하게 된다. 이것은 우리가 계획적으로 혹은 의도적으로 일으킨 변화가 아니라 우리 뇌 속 신경세포들의 자연스러운 재조율이다. 심리학자들은 그것이 늙어가면서 죽음을 더 첨예하게 의식하는 것과 관계가 있다고 믿는다.

이러한 정서적 계산은 모두 눈에서 시작된다. 우리의 시선은 변덕스럽게 여기저기 휙휙 보는 것 같지만, 사실 눈의 움직임은 우리 생각만큼 무작위적이지 않다. 과학자들은 정교한 기계를 사용해 시선 던짐과 멈춤을 추적해 언제 누가 외부의 무엇에 시선을 고정시키는지 알 수 있다. 여기서 단위는 밀리초지만, 이러한 아주 잠깐의 시선 고정은 시선을 오래 둘지 혹은 회피할지를 미루어 짐작할 수 있게 해준다.

브랜다이스 대학교의 실험실에서, 심리학자 데렉 이사코위츠는 시선-기분-동기의 연결을 테스트했다. 그는 낙관주의자와 염세주의자를 분리해 성격 테스트를 한 뒤 사진을 보게 했다. 일부는 정서적으로 중립적인 얼굴 사진들이고, 일부는 피부암 이미지가 생생하게 드러나 불쾌함을 느끼게 하는 사진들이다. 낙관적인 참가자들은 우울한 참가자들에 비해 피부암 이미지에 시선을 덜 고정했다. 이는 그들이 어두운 면을 피하기 위해 시선을 조절한다는 걸 암시한다. 또한 피험자들의 가족력에 암이 있어서 질병에 집착할 이유가 있는 경우에도 그러했다.

이 부분은 크게 놀랍지 않다. 이사코위츠가 거기서 멈추었다면 이 연구는 일부 사람들이 남들보다 더 낙관적이라는 걸 확인하는 것에 불과했을 것이다. 하지만 그는 시선-기분-나이 연결을 좀 더 자세히 살펴보기로 했다. 또 다른 실험에서, 그는 나이 든 성인과 젊은 성인들을 비교해 행복한 얼굴, 슬픈 얼굴, 화난 얼굴, 무서운 얼굴을 쳐다볼 때의 시선을 측정했다. 나이 든 참가자들은 행복한 얼굴 표정에 분명한 선호를 보였으며 화난 얼굴을 피했다. 젊은 사람들은 무서운 얼굴을 오래 쳐다봤다. 그는 나이 든 사람들의 시선이 그들의 정서를 규제하고 좋은 기분을 느끼기 위한, 내재된 동기를 반영한다고 추측했다. 즉 나이가 들수록 사람들은 점점 남은 시간이 얼마 남지 않았다고 느껴 정서적으로 의미 있고 고양적인 경험을 추구한다. 자동차 사고에 시선을 줄 시간이 없다.

그는 이러한 연구 결과가 노인들의 일반적 인지 감소에 의해 편향되지 않게 하기 위해, 두 집단을 비교하는 또 다른 실험을 했다. 모두 젊은이들이지만 대학교 신입생들과 4학년생들로 서로 상이한 시간 관점을 갖고 있는 그룹이다. 그는 졸업이 가까운 4학년생은 미래에 대해 더욱 압박적인 의식을 갖고 있을 것이라고 생각했다. 그리고 실제로 4학년생들은 1학년생들에 비해 부정적 이미지를 쳐다보는 시간이 짧았다.

한 심리학 이론에 따르면, 인간은 자신의 세상을 통제하려는 갈망에 의해 동기가 부여된다. 사람들은 나이가 들수록 이룰 수 있는 목표에 초점을 두고 실패와 불행으로 이어질 수 있는 비현실적 목표에서 벗어나려는 성향이 있다. 최종 실험에서 이사코위츠는 마흔 살이 넘은 자녀 없는 여성들과 마흔 살이 안 된 여성들을 비교했다. 예외가 있긴 해도, 마흔 살은 종종 출산 마지노선으로 여겨진다. 그는 시선과 기분이 나이와 인생 계획과 얽혀 있는지 보고 싶었다. 그는 두 집단에게 아기들의 사진을 보여준 뒤, 또 다른 귀여움을 느낄 수 있는 강아지와 고양이 사진을 보여줬다. 출산 연령이 넘은 여성들은 젊은 여성들보다 아기들에게서 시선을 더 빨리 돌렸다. 이는 그들이 현실적인 인생의 선택을 위해 정서적 자원을 보존하려 한다는 걸 암시한다(그들 모두 강아지와 고양이에게는 시선을 고정시켰다).

따라서 행복한 사람들이 행복한 상태로 있기 위해서 행복한 이미지를 쳐다본다는 결론은 너무 단순화한 것이다. 귀여운 아기들은 우리 대다수를 기분 좋게 만들지만 우리는 순간적인 행복을 포기하고 그들에게서 시선을 돌린다. 시선은 복잡하고 강력한 것, 즉 인생에서 정서적 통제를 하는 데 사용하는 도구로 보인다.

본능적 자기 방어 기재

나는 이러한 종류의 자기보호와 관련된 개인적 경험을 갖고 있다. 몇 년 전에, 한 친구는 나를 끌고 노먼 록웰(주로 미국 중산층 생활상을 따뜻하게 그리는 미국 화가-옮긴이) 회고전에 데려갔다. 나는 숙제하는 아이들, 휴일 저녁 식사에 모인 가족들, 지역 스포츠 행사에 모인 지역사회 일원의 이미지에 매료되었다. 그러한 시각을 탈근대 감수성의 지나친 감상주의라고 여기는 사람들도 있지만, 내게 그 이미지들은 더 단순한 과거의 기억들을 휘저어놓았다. 내 안에 무엇인가가 록웰의 이상적인 세상에서의 인간적인 유대에 반응한 것이다.

그건 과거에 대한 향수라고 불리는데, 전혀 나쁜 게 아닌 걸로 드러났다. 과거의 달콤한 이미지를 그리워하는 향수는 뇌의 회백질에서 작동하는데, 어떤 목적을 갖고 있는 것으로 보인다. 점점 더 많은 심리학자들이 특히 외로움, 사회적 고립, 정서적 회복력과 연결시켜 이러한 독특한 정서에 관심을 가진다. 일부는 향수가 정신 건강을 기르는 강력한 심리적 도구가 될 수 있다고 믿는다. 혼자 있는 것에 대한 존재론적 두려움에 대항하는 데 사용되는 대처전략이라는 것이다.

만성적으로 외로워하는 사람들은 스스로를 다른 사람들, 특히 가족이나 친구들과 연결되지 않은 걸로 지각한다. 그들은 사회적 지원이라는 전통적 자원으로부터 고립되어 있다고 느낀다. 외로운 사람들은 남들보다 향수를 더 잘 느낄까? 그리고 향수, 과거에 대한 감상적인 동경이 이러한 고립감을 완충시켜서 외로운 사람들의 기운을 북돋아주는 효과를 낼까?

이에 대해 중국 중산대학교의 심리학자 신위에 저우가 살펴봤다. 저우와 동료들은 각계각층의 사람들을 대상으로 향수가 외로움이라는 정서를 누그러뜨리는지 탐구하는 실험들을 했다. 그들은 향수적 공상이 남들과의 상징적 연결, 즉 고립의 실질적 고통을 누그러뜨릴 정도로 강력한 연결을 만들어내는지 보고 싶었다.

이들은 최근 몇 년 전에 외딴 시골에서 도시로 이사한, 평균 열한 살의 어린이 수백 명을 선택했다. 우리 모두 그러한 경험이 정서적으로 얼마나 파괴적이고, 새로운 세상이 얼마나 낯설게 보이는지 상상할 수 있다. 도시로 온 몇 년 동안 얼마나 외로웠는지, 과거에 대해 얼마나 향수를 느끼는지, 그리고 그들이 속한 세상의 사람들을 얼마나 지원적으로 보는지 측정하기 위해서 심리 테스트를 했다.

그 결과는 다소 역설적이었다. 외로움을 가장 많이 느낀 아이들은 세상을 불친절하고 후원해주지 않는 곳으로 봤지만, 이런 아이들의 상당수가 가장 향수를 느끼는 측에 속했다. 향수는 고립의 고통스런 효과에 대항하는 완충효과를 가진 것으로 보인다. 사회적 고립감은 향수적 기억을 휘젓게 만들고, 그러한 기억은 외로움의 고통에 연고를 발라준다. 향수는 시선과 마찬가지로 자기보호적이다.

연구자들은 다양한 실험 방법을 사용해 대학생들과 공장 노동자들을 대상으로 이와 비슷한 실험을 했다. 일부 연구에서 그들은 앞서 얻은 역설적인 결과를 검증하기 위해서 실제로 외로움과 향수를 야기했다. 그 결과는 기본적으로 모든 연구에서와 같다. 즉 나이와 환경에 상관없이, 외로운 마음은 과거의 낭만적인 기억을 사용함으로써 정서적 고통에서 자신을 보호할 능력을 갖고 있는 것으로 판단된다.

하지만 어떤 식으로? 그리고 왜 일부 개인들은 향수를 불러와 외로움을 완화시키고, 다른 이들은 그렇지 않을까? 저우는 기본적 성격과 관련이 있다고 봤다. 심리학자들은 '회복'이라고 부르는 자질이 사람마다 다르다는 걸 알고 있다. 회복은 기본적으로 인생의 상처를 떨쳐내는 능력이다. 그건 정서적 단단함이다. 심리학자들은 회복력이 뛰어난 성격의 소유자들이 대처전략으로 향수를 사용하기 더 쉽다고 추측했다. 이는 다른 연구에서도 발견되었다. 공장 노동자들에게 테스트에 앞서 인성검사를 한 결과, 가장 회복력 있는 개인이 자기보호를 위해 향수적 기억을 사용할 가능성이 더 크다는 걸 발견했다.

이러한 결과들은 분명한 임상학적 암시를 가진다. 외로움이 병리적으로 심해지면 존재론적 두려움이 된다. 세상과 연결되지 못하는 것에 대한 공포다. 그러한 두려움은 불안이 섞인 걱정과 우울증으로 이어진다. 만일 향수가 그러한 두려움의 해독제라면, 저우는 환자들이 인간적 유대의 건전한 의식을 만들어낼 치료 도구로 감상적 기억을 활용하는 법을 배울 수 있다고 주장한다.

어떻게 뇌에서 이 모든 것이 진행되는지는 불명확하다. 하지만 한 이론에 따르면, 향수는 회복적 경험과 유대의 순간에 대한 접근성을 늘린다. 뇌는 시각적 이미지를 불러옴으로써 이렇게 한다. 내면의 앨범을 뒤적거리며 추억에 잠기는 것이다. 노먼 락웰의 회고전을 돌아다니는 것과 그다지 다르지 않다.

죽음으로 죽음과 싸우다

휴리스틱은 존재론적 두려움에서 스스로를 보호할 심리적 무기고를 갖고 있다. 하지만 깊이 내재된 이러한 자기보존의 또 다른 측면은 어떤 모습일까? 일부는 우리가 우리의 믿음에 더욱 엄격해짐으로써 우리 가장 깊숙한 불안으로부터 스스로를 보호할 수 있다고 믿는다. 죽음이 다가오면 우리는 가장 익숙한 가치들을 수호함으로써 우리의 자존감을 높이려고 한다. 나쁘게는 그밖의 다른 가치들은 폄하하는 태도를 취한다. 가령 자본주의 사회에서 정서적 자기보존은 과도한 물질주의적 갈망의 형태를 취하기도 한다. 즉 본질적인 가치보다 돈과 물질적 재산의 가치를 지나치게 열광적으로 높이 평가하게 된다.

심리학자 팀 카서와 캐넌 쉘든은 이러한 도발적인 아이디어를 테스트하기로 했다. 그들이 생각하기에, 자본주의 문화는 많은 돈을 벌고 많은 걸 소비하는 것이 의미 있는 삶의 방식이라는 메시지를 보낸다. 그래서 사람들을 언젠가는 죽게 된다는 생각에 유도시키면 이러한 믿음이 높아질 것이라고 추정했다. 그들은 더 많은 돈을 벌려는 갈망과 희귀한 자원을 소비하려는 의지를 별개로 살펴보는 두 실험을 했다.

첫 번째 연구에서, 그들은 존재론적 두려움을 유도하기 위해 참가자 집단에게 죽음에 대해 생각하게 했다. 그런 뒤 '그때의 삶이 어떠할까? 자신의 월급은 얼마이며 배우자의 월급은? 집, 차, 의류, 다른 물건들의 가치는? 여행과 레저에 얼마나 많이 쓸까?' 등 앞으로 15년 후의 자신을 상상하라고 했다. 이는 참가자들이 예측한 재정적 가치의 지표를 얻기 위한 것이다.

예상대로, 죽음에 대해 생각한 사람들이 전반적으로 더 많은 부의 가치를 기대하고, 부를 나타내는 물건들에 더 많이 빠져 있는 걸로 나타났다. 이것은 얼핏 보기엔 반직관적으로 보인다. 흔히 생각할 때, 죽음에 직면한 사람들은 삶을 재평가하고 정말로 중요한 것, 가족과 친구들에 초점을 둘 것 같다. 돈은 죽을 때 아무 소용이 없으니까. 하지만 휴리스틱은 그런 식으로 작동되지 않는다. 최소한 자본주의 사회에서의 사람들은 자본주의 하에서 소중하다고 배운 금전적인 가치를 추구하고 재확인하며 인생의 마지막 시기를 보낸다.

카서와 셀돈은 고갈되어가는 자연 자원 소비에 도덕성이 미치는 효과를 살펴보기 위해 두 번째 실험을 했다. 그들이 고안한 실험은 참가자 대집단에게 숲 관리 게임을 시키는 것이다. 게임에서 당신은 목재회사를 갖고 있고 국유림에서 목재를 벌목하려면 다른 세 회사와 입찰경쟁을 해야 한다. 당신은 숲이 고갈되어 가고 있다는 것을, 특히 벌목권에 대규모 입찰을 내는 회사들에 의해서 그렇게 된다는 걸 알고 있다. 당신은 남들보다 얼마나 많이 이윤을 내고 싶은가? 올해에 국유림의 수백 에이커 가운데 얼마나 벌목하겠는가? 당신은 경쟁자들로부터 무엇을 기대하는가?

임박한 죽음에 초점을 둘 때 피험자들이 얼마나 탐욕스러운지 알아보려는 것이다. 사실 그들은 남들보다 더 탐욕스러웠다. 더 많은 나무를 가지고 더 많은 돈을 벌어 경쟁에서 이기려는 의지가 더 컸다. 그들의 불안과 두려움은 너무 강력해서 생태계 파괴에 대한 근심을 눌렀다.

이것은 분명 우울한 결론이다. 하지만 상황은 더 안 좋아진다. 인간이

동족을 이념적 이유로 살해하는 유일한 종임을 생각해보자. 20세기의 대량살상에서 5000만 명 이상이 희생되었다. 아마 가장 끔찍한 세기로 기록될 것이다. 오토만투르크의 150만 아르메니아인 살해, 나치의 600만 유대인 살해, 마오쩌둥의 3000만 중국인 살해, 크메르루주의 170만 캄보디아인 살해 등이 포함된다. 그리고 지금도 계속되고 있다.

이러한 죽음의 일부는 땅이나 물과 관계가 있지만 대다수는 그렇지 않다. 대다수는 철학을 놓고 벌어진 것이다. 왜 그러는 걸까? 철학은 말 그대로 위협적인 게 아니다. 심지어 당신의 관점과 매우 다를지라도, 그게 당신에게 상해를 가하거나 생명을 빼앗지 않는다. 과학자들은 이러한 역설에 호기심을 느꼈다. 왜 철학 혹은 세계관과 이념이 그렇게 위협적일까? 질문을 뒤집어서, 대량살상과 제노사이드의 인지적·정서적 토대는 무엇인가?

새로 등장한 한 이론에 따르면, 제노사이드는 최소한 정서적 수준에서는 타당하다. 그것은 몸을 마비시키는 두려움에 대항한 무의식적인 자기보호다. 우리는 의미를 구성하고, 의미 있는 세상을 상상함으로써 공포를 관리하는데, 바로 그것을 철학이라고 부른다. 혹은 종교일 수도 있고 그것이 뭐든 상관없다. 설계 휴리스틱에서 봤듯 인간은 본질적으로 의미를 만드는 생명체다.

문제는 우리가 신중하게 구성한 철학이 위협을 받을 때 발생한다. 믿음 체계에 가장 큰 위협은 그것의 대안을 제시하는 믿음 체계다. 간단히 말해 당신의 낯선 세계관은 나의 죽음을 첨예하게 인식하게 만들고 내가 신중하게 구성한 의미와 목적의식을 위협한다. 그러니 내가 당신이 죽기를 바라지 않겠는가? 철학은 개인적인 것이다.

과학자들은 실험실에서 개인적 도덕성과 문화적 증오의 이러한 얽힘을 연구해, 일부 흥미로운 결과를 얻었다. 최근 캐나다 앨버타 대학교의 조셉 헤이스와 동료들이 한 실험을 살펴보자. 이러한 심리학자들은 심리적 위협이 죽음의 생각을 불러내는지, 더 나아가 이러한 생각들이 철학적 적수의 실제 전멸에 의해 가라앉는지 살펴봤다. 그들은 실험에 독실한 기독교인들을 고용해, 나사렛(예수의 고향 도시—옮긴이)의 무슬림화에 관한 실제 뉴스를 읽게 했다. 어떻게 예수의 고향이 대부분 무슬림 도시로 변했는지, 어떻게 우세한(그리고 교전 상태의) 무슬림인들이 남아 있는 기독교인들을 주류에서 몰아내는지 설명하는 기사다.

신성한 기독교의 랜드마크에 대한 이러한 달갑지 않은 소식은, 기독교인들의 세계관을 위협하고 다시 그들의 개인적 안정을 위협하기 위해서였다. 실제로 그런 것처럼 보였다. 나사렛에 대한 기사를 읽은 다음 그들은 죽음과 죽는 것에 대한 생각의 집착을 측정하는 심리 테스트를 받았는데 뉴스 보도를 읽은 사람들은 그렇지 않은 사람들에 비해 마음 상태가 더욱 음울하고 무슬림에 대해 더욱 경멸적이었다.

그 자체로 매우 심란한 일이지만, 정말로 흥미로운 건 그다음이다. 헤이스와 그의 동료들은 참가자들의 절반에게 또 다른 뉴스를 말해주었는데, 이번에는 지어낸 뉴스다. 나사렛으로 가는 도중에 비행기가 추락해 타고 있던 117명의 독실한 무슬림들이 모두 죽었다고 말했다. 그러자 사람들이 덜 우울해지고 무슬림에 대한 경멸도 상당히 줄어들었다. 다시 말해 무슬림의 끔찍한 죽음을 알게 되자 기독교인의 철학과 행복에 대해 지각된 위협이 사실상 원상태로 복귀했다. 그들은 삶의 의미와 안정감을 되찾았다.

기독교인들은 비행기 사고로 인해 잠시지만 무슬림에게 보다 동정적인 마음을 갖게 된 것은 아닐까? 심리학자들은 이러한 생각을 부정했다. 나사렛에 대한 기사를 읽은 기독교인들은 무슬림만이 아니라 불교인, 힌두교인, 무신론자들에 대해서도 점차 부정적으로 변했다. 그들은 기독교의 절대적 확실성에 의문을 제기하는 세계관은 뭐든 적대시하게 되었다. 더구나 비행기 사고에서 불교인, 힌두교인, 무신론자는 전혀 나오지 않았으니 그들에 대한 동정심은 따질 것도 없다. 이러한 연구를 기독교인들을 무슬림인과 불교인으로 바꿔서 할 수도 있다. 아마 결과는 같을 것이다. 모든 세계관은 자기보호적이며, 보호를 필요로 한다.

그래서 우리의 뇌는 죽음으로 죽음과 싸운다. 만일 적이 죽는다면 그의 철학은 분명 그릇되거나 약하거나 혹은 틀린 것일 거라고 판단한다. 그리하여 우리의 우월한 세계관에 진정한 위협이 아닐 뿐만 아니라 우리의 신체와 생명에도 위협이 아니라고 판단한다. 그것은 강력한 심리적 방어다. 물론 우리는 그로 인해 대가를 치르게 된다. 바로 상대 진영의 복수다. 새로운 세기는 제노사이드 희생자들의 수를 세면서 시작되었다.

>>>

우울한 죽음의 신 휴리스틱은 가장 깊은 존재론적 두려움을 몰아내게 한다. 그것은 궁극적인 딜레마를 다루며, 이 책의 시작에서 논의했던 원시적·신체적 휴리스틱과 공통점이 거의 없어 보인다. 하지만 무엇이 우리의 공포를 강화시키는지 생각해보자. 바로 우리 신체의 물리적 부패에 대한 상상이다. 이 책에서 논의한 휴리스틱들은 가장 육체적인 것부터 정신적인 것, 수적인 것, 영적인 것으로 구성되어 있다. 하지만 실제로 그건 단순화에 불과하다. 우리가 여기서 살펴본 휴리스틱들은 다른 것들과 엮어 있다. 그리고 그 모든 것들은 가장 근원적인 휴리스틱, '디폴트 휴리스틱'에 달려 있다. 그것은 초월적 휴리스틱으로, 다른 모든 것들의 전원 스위치를 켰다 껐다 하는 강력한 인지적 힘을 갖고 있다. 궁극적으로 우리의 선택, 판단, 행동을 형성한다.

20

디폴트 휴리스틱 The Default Heuristic

신부전증은
미국보다 프랑스에서 걸리는 게 낫다?

1960년대 후반 대학생이었을 때 나는 다소 순진한 신입생들에게 물건을 팔아 돈을 벌어 썼다. 나는 기숙사를 돌면서 맥주잔, 블랙 라이트 그리고 포스터를 팔았다. 특히 포스터는 신입생들이 그들의 개성을 벽에 나타낼 수 있는 가장 빠르고 저렴한 방식이라 인기가 많았다.

나는 수백 장을 팔았는데, 가장 인기 있던 포스터는 모피 비키니를 입은 라크웰 웰시가 나온 영화 〈공룡 백만년〉 포스터였다. 하지만 "그럴지도 아닐지도. 내가 어떻게 아는가?" "내가 어떻게 해야 할까?" 등 단어들만 찍찍 갈겨쓴 포스터도 상당 양을 팔았다. 그리고 이런 문구도 있었다. "결정하지 않기로 한 것이 결정한 것이다."

나는 당시 그 문구에 대해 깊이 생각하기엔 장사에 너무 바빴다. 아주 나중에야 출처를 알게 되었는데, 진보적 기독교 신학자 하비 콕스가 한 말이었다. 조직화된 종교에 대한 많은 비판서들 가운데 하나인 《뱀에게 맡

겨두지 마라(On Not Leaving It to the Snake)》에서 콕스는 이렇게 썼다. "저 깊은 어딘가에서, 우리는 최종 분석을 통해 우리가 결정을 내린다는 걸 안다. 심지어 다른 누군가가 대신 결정하게 하는 결정이 알고 보면 자신의 결정이라는 것도. 하지만 그건 소심한 결정이다." 콕스는 기독교인들의 도덕적 책임에 대해 말한 것이었다. 하지만 그 문구는 당시 부산한 아이들이 점령해서 사용하다가, 이내 수동성을 비난하고 행동을 촉구하는 정치적 구호가 되었다.

결정할 것인가 말 것인가

인지심리학으로 알려진 분야는 1960년대에 걸음마 단계였지만, 이 앞선 슬로건은 오늘날 과학자들에게 좋든 나쁘든 간에 인간 마음의 작동 방식에 대한 근원적인 진실로 여겨진다. 다른 누군가가 대신 결정하게 하는 결정은 사실 본인의 결정이다. 그리고 우리 대다수는 인생에서 이런 식의 결정을 자신이 인정하는 것보다 훨씬 많이 내린다. 심리학자들은 이러한 방식의 의사결정에 전문용어, 즉 디폴트 휴리스틱이라는 명칭을 부여했다. 결정할지 말지 선택이 주어질 때, 결정하기란 언제나 어렵고 힘들다. 선택 방안들을 연구하고 선택을 내리는 것은 인지적으로 피곤한 일이다. 말 그대로 힘든 역기를 들어 올리는 것과 같다. 그래서 대부분의 경우 결정하지 않거나 현상, 규범, 전통을 그대로 유지하는 게 더욱 효율적이다.

디폴팅은 우리가 가지고 있는, 보다 단순한 인지적 도구들 가운데 하나다. 하지만 효과 면에서 강력하지 않다는 의미는 아니다. 실생활 사례를 들어보자. 약 28퍼센트의 미국인들이 잠재적 장기 기증자들이다. 만일 그들이 오늘 비극적으로 죽는다면 그들의 신장, 간, 장기들은 이식을 기다리며 길게 줄 선 사람들에게 가게 될 것이다. 반면 프랑스에서는 99.9퍼센트의 시민들이 잠재적 기증자들이다. 왜 그런 걸까? 어렸을 때 도덕 훈련이 미국인보다 더 철저히 받은 것일까? 프랑스인에게 작동하는 이타주의 유전자가 있는 걸까?

대답은 매우 단순하다. 미국의 대다수 주에서는 기증자가 되려면 서류에 서명을 함으로써 적극적 선택을 내려야 한다. 하지만 프랑스에서는 정반대다. 뇌로서는 디폴트하는 것이 더 쉽기 때문에, 우리 대다수는 그러한 정책에 의문을 갖거나 선택을 저울질하지 않는다. 그 결과 워싱턴 D.C.에서보다 파리에서 신부전증(신장 기능이 부분적으로 또는 완전히 상실된 상태-옮긴이)을 앓는 편이 낫다.

디폴트 휴리스틱이 기본적으로 아무것도 하지 않는 걸 의미하기 때문에, 대개 우리는 자신이 결정이나 선택을 내리는 줄도 모른다. 하지만 우리는 그런 식으로 하루에도 여러 차례 결정을 내린다. 이식 사례는 수년 전에 〈사이언스〉지에 실렸다. 당시 이를 연구한 심리학자들은 우리의 결정을 보이지 않게 하는 다른 공공정책에 대해서도 썼다. 예를 들어 당신이 뉴저지에 살면서 운전한다면 표준자동차보험은 사소한 상해에 대한 고통이나 손해에 대해서 청구할 권리를 주지 않는다. 프리미엄을 내야 그 권리를 살 수 있다. 하지만 그러기 위해서는 일부 사려 깊은 행동이 필요하다. 우선, 당신은 옵션에 대해 알아보는 노력을 해야 한다. 둘째, 당신은 그걸 선택하기 위해 일부 서류 작업(그리고 더 많은 돈의 지출)을 해야 한다. 뉴저지의 운전자 다섯 명 가운데 한 명만이 실제로 이렇게 한다.

델라웨어 강 건너편의 펜실베이니아에서는 디폴트 휴리스틱이 전혀 다른 결과를 가져왔다. 거기서는 비록 돈은 더 내야 하지만 청구권리가 표준 자동차보험 정책에 딸려온다. 프랑스의 장기 기증 정책처럼 선택하지 않으려면 일부 추가적인 서류를 작성해야 한다. 펜실베이니아 운전자들 네 명 가운데 한 명만이 안 하기로 했다. 디폴트에 의해 대다수가 이 권리를 갖고 있으며 더 많은 비용을 낸다.

어느 것이 더 나을까? 그건 당신의 관점에 달렸다. 심리학자들은 뉴저지와 같은 디폴트를 가진 경우와 비교해, 펜실베이니아 사람들이 자동차보험에 2억 달러를 더 낸다고 밝혔다. 만일 펜실베이니아 고속도로를 운전하다가 부주의한 운전자에 의해 사고가 나면, 당신은 보상을 받을 기회가 더 크다. 그건 공정함이 아니라 적합에 관한 것이다. 당신의 뇌는 (장기 기증이나 무책임한 운전자들에 대해) 도덕적 판단을 내리지 않는다. 단지 자동적으로 하던 대로 할 뿐이다. 즉 디폴트한다. 뇌의 자동적인 부분은 어느 공공정책을 다른 공공정책보다 더 중시하지 않는다. 단지 결정하지 않기로 선택한 것이다. 공공정책 측면에서, 당신 대신에 누가 도덕적 판단을 내리는지에 따라서 그건 좋을 수도 나쁠 수도 있다.

문제는 정책과 규칙이 항상 타당한 건 아니라는 점이다. MIT 심리학자 셰인 프레데릭은 미국미식축구연맹(NFL)의 영상판독 정책을 지적함으로써 이러한 점을 잘 보여준다. NFL 게임에서 코치는 심판이 실수했다고 생각하면 경기장의 심판 판정에 이의를 제기할 수 있다. 심판은 보지 못했지만 코치는 패스를 떨어뜨린 걸 봤다고 가정해보자. 영상판독 담당자는 여러 카메라 앵글과 슬로모션 비디오를 비롯해 현장의 심판보다 더 많은 정보에 접근할 수 있다. 하지만 NFL 정책은 판정이 잘못되었다는 논박의 여지가 없는 시각적 증거가 있지 않는 한, 현장의 심판 판정을 따르는 것이 정해진 디폴트다. 순간적·불완전한 정보를 갖고 내린 원래 판정이, 훨씬 더 많은 정보를 갖고 더욱 심사숙고한 분석보다 우선시되는 건 말이 안 된다. 하지만 심판의 판정에 불만을 가진 선수가 매번 영상판독을 요구하면 경기가 어떻게 진행되겠는가? 결국 NFL은 확고부동한 증거가 없는 한 영상판독을 하지 않기로 했다.

즉각적인 영상판독을 은유로 생각해보자. 살면서 당신의 자동적인 결정을 재조사하고 더욱 심사숙고적인 판단을 내릴 기회는 항상 있다. 그리고 스스로를 제압하는 데는 압도적인 증거가 필요 없다. 살아가면서 내리는 수많은 선택들은 일요일 저녁 미식축구 경기 결과보다 훨씬 더 중요하지만 역시 같은 심리적 원칙이 작동한다. 예를 들어 미래를 위해 저축하는 것을 생각해보자. 매번 월급에서 일정 금액을 떼다가 저축 계좌에 넣는 것은 빠듯한 경제 형편에서는 특히나 쉽지 않다. 지금 당장 그 돈으로 할 수 있는 것들이 많으니까. 저축이 가져다줄 안정적인 미래를 당신의 마음속에서 상상하는 것은 극히 어렵다.

그것은 부분적으로 강력한 휴리스틱적 편향 때문이다. 심리학자들과 경제학자들은 당신이 미래의 인생을 예측하는 심리적 어려움을 극복하게 도와줄 정책을 제시한다. 시카고 대학교의 경제학자 리처드 탈러와 법학자 카스 선스테인은 회사들이 정년퇴직연금에 가입하도록 장려하려면 다른 접근법을 사용해야 한다고 주장한다. 즉 직원들이 휴리스틱 충동에 내항해 저축하게끔 슬쩍 주의를 환기해야 한다. 막 일자리를 얻고 월급을 받았을 때는 내리기 어려운 결정이니까, 입사 직후 바로 내리게 하지 말고 신입사원들이 일 년 후부터 공제해서 연금에 넣겠다는 문서에 동의하게 만드는 게 보다 쉬운 방안이라고 말한다. 고통이 막연한 미래로 전환되기 때문이다. 그 결과 일 년이 지나면 자신도 모르는 사이에 정년퇴직연금에 자동 등록될 것이다.

　그러한 정책들은 효과가 있는 걸로 드러났다. 신입들이 한 일은 사실상 디폴트를 바꾸는 것이다. 그래서 휴리스틱적으로 움직이는 뇌가 결정하지 않기를 선택할 때 결정은 이미 내려졌다. 당신은 인생의 많은 결정을 이렇게 내릴 수 있으며, 많은 경우에 스스로 그렇게 할 수 있다. 대신 결정을 내려줄 입법자나 CEO는 필요 없다.

　운동에 대해 생각해보자. 나는 매일 일정 시간 운동을 한다. 하지만 습관을 들이는 것이 쉽지는 않았다. 대부분의 사람들과 마찬가지로, 나는 새해를 맞아 헬스장에 가기로 결심했다. 하지만 늘 그렇듯이 처음 몇 주만 열심히 가다가 금세 시들해졌다. 그러다 우연히 "인생사의 80퍼센트가 단지 그 자리에 나타나기만 해도 해결된다"라는 우디 앨런의 유명한 말을 듣게 되었다. 넌지시 던진 대사지만, 날카로운 심리적 통찰력을 보여주며 디폴트 사고의 핵심을 건드린다. 여러 차례 운동에 실패한 뒤 나는 날마다 헬스장에 가기로 맹세했다. 그냥 거기에 가기만이라도 하는 것이다. 그래서 적당한 거리에, 쉽게 갈 수 있는 헬스장에 등록하고는 매일 아침마다 운동복을 입고 나갔다. 열심히 운동하면 좋고, 하지 않아도 좋다고 생각했다. 최소한 얼굴은 비추기로 했다.

　과연 어떻게 되었을까? 운동을 하지 않고 그냥 온 적은 없었다. 항상 참석 이상의 운동을 하고 왔다. 비록 러닝머신에 20분 정도만 올라갔더라도 말이다. 이왕 거기까지 갔는데 왜 안 그러겠는가? 나는 이미 헬스장에 가는 수고를 했다. 당시에는 깨닫지 못했지만 나는 내 뇌의 디폴트 위치를 바꿨다. 나는 내 자신을 위한 정책, 즉 나의 자동적인 뇌가 인수인계하는 동안 나의 심사숙고적인 뇌는 집에 머물게 하는 정책을 만든 것이다.

아무것도 안 하면 바보 같지 않을까?

우리는 종종 정책, 사회규정, 공식적 혹은 개인적 협정에서 디폴트를 지키고 자동적으로 진행한다. 우리가 고의적으로 거기서 벗어나라고 스스로에게 말하지 않는 이상, 마음에서 작동하는 다른 모든 휴리스틱도 그런 식이다. 서론에서 설명했던 눈길 운전으로 돌아가서 생각해보자. 빙판 쪽으로 턴해라. 우리가 빙판으로 미끄러질 때 우리의 자연적 충동은 거기서 벗어나려고 행동한다. 그것은 신체적이며 저항하기 힘들다. 그것을 억누르려면 큰 노력과 자기절제가 필요하지만, 우리는 분명 그러한 충동을 억누를 수 있다.

핵심을 보여줄 또 다른 사례가 있다. 그것은 예기치 못한 출처에서 나왔는데, 바로 행동경제학자 오퍼 아자르의 프리미어리그 축구 페널티킥에 대한 흥미로운 연구다. 그는 이스라엘 밴구리온 대학교의 강사로 있을 때 페널티킥을 연구했다. 페널티킥은 파울을 당한 뒤 보상으로 주어지며, 종종 챔피언십 경기에서 경기 결과를 결정짓는 것으로 사용된다. 정해진 선수가 약 7미터의 골대로부터 약 10미터가량 떨어져 선다. 상대편 골키퍼만이 키커와 골 앞에 서기 때문에 들어갈 확률이 높다. 시속 96킬로미터 이상으로 날아가는 전형적인 페널티킥에, 골키퍼는 반응할 시간이 일초도 안 된다.

그러한 물리적 도전에 직면한 프로 골키퍼들은 페널티킥 선에 오른쪽으로 갈까 왼쪽으로 갈까, 아니면 그냥 정지해 있을까 등을 결정해야 한다. 그래서 아자르는 그들이 실제로 한 행동과 성공하기 위해 해야 할 행동을 연구하기로 했다. 그는 현역에 있는 전 세계 톱 골키퍼 300명 이상에 대한 데이터를 수집해 분명한 패턴을 찾아냈다. 그물의 중간에 서면 골키퍼들은 페널티 슛을 막을 최선의 기회를 갖는다. 따라서 왼쪽이나 오른쪽으로 움직이지 않는다면, 상대편의 슛을 33퍼센트 정도는 막을 수 있다. 그건 대단하지는 않을 수도 있지만, 다른 가능성에 비하면 훨씬 낫다. 왼쪽으로 점프한 골키퍼들은 오직 14.2퍼센트를 막았다. 오른쪽으로 튼 골키퍼들은 고작 12.6퍼센트만 막았다. 거의 8분의 1일이다. 여덟 번의 페널티 슛 가운데 일곱 번이 득점으로 이어진다. 그건 기분 좋은 일이 아니다. 사실 아주 기분이 나쁘다.

아자르는 골대에서의 결정에 대해 골키퍼들을 인터뷰한 결과 그들의 정서가 골 방어 전략에서 주요한 역할을 한다는 걸 발견했다. 중앙에 머무르는 것이 분명 통계적으로 우위에 서게 되는 건데도, 골키퍼들의 6퍼센트만이 실제로 이렇게 하기로 선택했다. 왜? 가만히 서 있다가 실패하면, 움직였다가 실패한 것보다 기분이 더 나쁘기 때문이다. 다시 말해 어떤 행동이라도 하는 것이, 심지어 그게 실패할 행동이어도 가만히 있는 것보다 낫다는 것이다. 아무것도 하지 않다가 실패하는 것은 정서적으로 받아들여지지 않기 때문이다. 여기서 움직이느냐 아니냐는 정서적 선택으로, 휴리스틱이 작동하게 된다. 그리고 눈길 운전처럼, 충동을 변경하기 위해서는 많이 노력이 들어간다.

사실 아자르는 축구에 대해 그다지 많이 신경 쓰지 않는다. 그는 이러한 결과를 〈경제심리학 저널(Journal of Economic Psychology)〉에 발표했다. 그의 진짜 관심은 '어떻게, 왜 사람들이 사업이나 개인 재정에서 비이성적인 선택을 하는가?'이기 때문이다. 우리 대다수가 정상급 골키퍼들만큼이나 행동에 대해 비이성적으로 편향된 건 분명하다. 우리는 행동에 나서는 것이 타당하지 않은 때도 뭔가를 하려는 강력한 충동을 갖는다. 행동을 통해 위협에 대처하려는 고대의 강력한 메시지에서 유래한 충동이다.

2008년 주식시장 붕괴에 대해 생각해보자. 그것은 특이한 주가하락이었다. 경제학자들은 여전히 그 질문에 대해 성찰 중이다. 하지만 2008년 여름의 현실은 많은 사람들이 큰돈이 걸려 있는 다양한 재정적 결정을 내려야 한다는 것이었다. 펀드 매니저들과, 퇴직연금으로 뭘 하지 고민하는 개인 투자자들 모두 똑같은 실정이었다.

투자에 대한 널리 알려진 지혜는, 장기적 관점을 취하라는 것이다. 매번 매도를 끔찍한 뭔가의 경고로 과잉 해석하지 마라. 그대로 갖고 있으면 시장은 저절로 되돌아오게 마련이다. 하지만 원시적 뇌는 뭔가를 하라고 말한다. 이번엔 역사적으로 유례가 없는 전혀 다른 경우라면 어떻게 할 건가? 아무것도 안 하면 바보 같지 않은가? 그래서 당신은 행동에 나서 팔고 사고 뭐든 한다. 앞서 말한 골키퍼처럼, 당신은 뛰기 위해 뛰는 것이다.

이것은 이 책의 핵심을 다시 한 번 말해준다. 즉 우리의 자동적 휴리스틱 사고는 좋지도 나쁘지도 않다. 요점은 주어진 상황에 적합하냐는 것이다. 하루에도 수백 번씩 우리는 선택에 직면한다. 일부는 깊이 있게 고민해 내려야 할, 인생을 바꿔놓을 선택이다.

눈사태 때문에 눈 속에 묻힌 캐러더스로 되돌아가보자. 캐러더스와 그 일행은 자신들이 처한 위험한 디폴트에서 벗어나게끔 스스로에게 말할 기회가 여러 차례 있었다. 하지만 스스로에 물어보려면 상당한 수고가 필요하다. "얼핏 보기엔 안전해 보이지만, 그건 내 영역이어서 익숙해서가 아닐까? 우리가 계획했기 때문에 그대로 진행하기로 하는 건가? 계획 취소가 실망스럽게 때문일까? 다른 사람들 때문에 내 마음을 솔직히 말하지 않는 걸까? 여기에 나만 있는 게 아니어서 이러는 걸까? 보기 드문 깨끗한 하얀 눈이 내 마음을 유혹해 판단을 왜곡시키는 건가?" 등. 캐러너스와 일행들은 고블러즈납을 내려다보는 슬로프에서 서 있었을 때 인간 본성에 대한 이러한 질문들을 하고 정직하게 대답했어야만 했다.

우리는 이렇게 할 수 있다. 우리는 우리의 자동적 뇌가 뭘 하고 싶어 하는지 탐지하고 그러한 충동을 확인하거나 억누를 수 있다. 요점은 우리가 날마다 무엇인가 할지 말지의 선택에 직면한다는 것이다. 디폴트로 둘지, 다르게 행동할지 말이다. 이러한 선택의 상당수는 사소하다. 아버지가 한 평생 사용했다는 이유만으로 같은 브랜드의 가솔린을 계속 사용해야 하나? 내가 자랄 때는 오직 에쏘(Esso, 석유, 자동차 윤활유 등의 브랜드-옮긴이)만 사용했다. 골목 저편의 텍스코(Texaco)에서 채우는 것은 생각할 수도 없었다. 나는 어른이 되어 내 차를 갖고 나서야 마침내 이러한 인지적 편향에서 벗어날 수 있었다. 하지만 여전히 내 신경세포에서는 좀처럼 사라지지 않고 있다.

>>>

모든 사회 규정들과 전통들은 디폴트 휴리스틱에 의존한다. 하지만 이러한 모든 사소한 선택들이 모여 당신이 누구인지를 형성한다. 맥스웰 하우스 혹은 스타벅스? 붉은 고기 혹은 채식? 산 혹은 바다? 일부 선택들은 다른 것들보다 더 중요하다. 단지 공화당 가정에서 자랐다고 해서 공화당에 계속 투표해야 할까? 당신의 교회를 개혁해야 할까, 아니면 그대로 두어야 할까? "결정하지 않기로 한 것이 결정한 것이다"라는 1960년대의 한 포스터가 이런 질문에 대한 답을 잘 보여준다.

참고문헌

서론
McCammon, Ian. "Heuristic Traps in Recreational Avalanche Accidents: Evidence and Implications." *Avalanche News* 68 (2004): 1–10.
McCammon, Ian. "Evidence of Heuristic Traps in Recreational Avalanche Accidents." Paper presented at the International Snow Science Workshop, Penticton, British Columbia, September 30–October 4, 2002.

1. 본능적 휴리스틱 The Visceral Heuristic
Huang, Julie Y., and John A Bargh. "Peak of Desire: Activating the Mating Goal Changes Life-Stage Preferences Across Living Kinds." *Psychological Science* 19 (2008): 573–578.
Williams, Lawrence E., Julie Y. Huang, and John A. Bargh. "The Scaffolded Mind: Higher Mental Processes Are Grounded in Early Experience of the Physical World." *European Journal of Social Psychology* 39 (2009): 1257–1267.
Zhong, Chen-Bo, and Geoffrey Leonardelli. "Cold and Lonely: Does Social Exclusion Literally Feel Cold?" *Psychological Science* 19 (2008): 838–842.
Zhong, Chen-Bo, and Katie Liljenquist. "Washing Away Your Sins: Threatened Morality and Physical Cleansing." *Science* 313 (2006): 1451–1452.
Schnall, Simone, Jennifer Benton, and Sophie Harvey. "With a Clean Conscience: Cleanliness Reduces the Severity of Moral Judgments." *Psychological Science* 19 (2008): 1219–1222.

2. 시각적 휴리스틱 The Visionary Heuristic
Stefanucci, Jeanine K., and Justin Storbeck. "Don't Look Down: Emotional Arousal Elevates Height Perception." *Journal of Experimental Psychology* 138 (2009): 131–145.
Proffitt, D. R. "Embodied Perception and the Economy of Action." *Perspectives on Psychological Science* 1 (2006): 110–122.

Schnall, Simone, Kent D. Harber, Jeanine K. Stefanucci, and Dennis R. Proffitt. "Social Support and the Perception of Geographical Slant." *Journal of Experimental Psychology* 44 (2008): 1246–1255.

Riskind, John H., Nathan L. Williams, Theodore L. Gessner, Linda D. Chrosniak, and Jose M. Cortina. "The Looming Maladaptive Style: Anxiety, Danger and Schematic Processing." *Journal of Personality and Social Psychology* 79 (2000): 837–852.

Teachman, Bethany A., Jeanine K. Stefanucci, Elise M. Clerkin, Meghan W. Cody, and Dennis R. Proffitt. "A New Mode of Fear Expression: Perceptual Bias in Height Fear." *Emotion* 8 (2008): 296–301.

3. 모멘텀 휴리스틱 The Momentum Heuristic

Roese, Neal J., Florian Fessel, Amy Summerville, Justin Kruger, and Michael A. Dilch. "The Propensity Effect: When Foresight Trumps Hindsight." *Psychological Science* 17 (2006): 305–310.

Markham, Keith D., and Corey L. Guenther. "Psychological Momentum: Intuitive Physics and Naïve Beliefs." *Personality and Social Psychology Bulletin* 33 (2007): 800–812.

Roese, Neal J., and Sameep D. Maniar. "Perceptions of Purple: Counterfactual and Hindsight Judgments at Northwestern Wildcats Football Games." *Personality and Social Psychology Bulletin* 23 (1997): 1245–1253.

Roese, Neal J., and Amy Summerville. "What We Regret Most…and Why." *Personality and Social Psychology Bulletin* 31 (2005): 1273–1285.

Roese, Neal J. "Counterfactual Thinking." *Psychological Bulletin* 121 (1997): 133–148.

Roese, Neal J. "Twisted Pair: Counterfactual Thinking and the Hindsight Bias." In *Blackwell Handbook of Judgment and Decision Making*, edited by D. Koehler and N. Harvey, 258–273. Oxford: Blackwell, 2004.

4. 유창함 휴리스틱 The Fluency Heuristic

Song, Hyunjin, and Norbert Schwarz. "Fluency and the Detection of Misleading Questions: Low Processing Fluency Attenuates the Moses Illusion." *Social Cognition* 26 (2008): 791–799.

Song, Hyunjin, and Norbert Schwarz. "If It's Hard to Read, It's Hard to Do: Processing Fluency Affects Effort Prediction and Motivation." *Psychological Science* 19 (2008): 986–988.

Song, Hyunjin, and Norbert Schwarz. "If It's Difficult to Pronounce, It Must be Risky: Fluency, Familiarity and Risk Perception." *Psychological Science* 20 (2009): 135–138.

Alter, Adam L., and Daniel M. Oppenheimer. "Uniting the Tribes of Fluency to Form a Metacognitive Nation." *Personality and Social Psychology Review* 13 (2009): 219–235.

Alter, Adam L., and Daniel M. Oppenheimer. "Easy on the Mind, Easy on the Wallet: Effects of Fluency on Valuation Judgments." *Psychonomic Bulletin and Review* (in press).

Alter, Adam L., and Daniel M. Oppenheimer. "Effects of Fluency on Psychological Distance and Mental Construal (or Why New York Is a Large City but New York Is a Civilized Jungle." *Psychological Science* 19 (2008): 161–167.

Alter, Adam L., and Daniel M. Oppenheimer. "Predicting Short-Term Stock Fluctuations by Using Processing Fluency." *Proceedings of the National Academy of Sciences* 103 (2006): 9369–9372.

5. 모방 휴리스틱 The Mimicry Heuristic

Reed, Kyle, Michael Peshkin, Mitra J. Hartmann, Marcia Grabowecky, James Patton, and Peter M. Vishton. "Haptically Linked Dyads: Are Two Motor- Control Systems Better than One?" *Psychological Science* 17 (2006): 365–366.

Knoblich, Günther, and Natalie Sebanz. "The Social Nature of Perception." *Current Directions in Psychological Science* 15 (2006): 99–104.

Lakin, Jessica L., Tanya L. Chartrand, and Robert M. Arkin. "I Am Too Just Like You: Nonconscious Mimicry as an Automatic Behavioral Response to Social Exclusion." *Psychological Science* 19 (2008): 816–822.

Ackerman, Joshua M., Noah J. Goldstein, Jenessa R. Shapiro, and John A. Bargh. "You Wear Me Out: The Vicarious Depletion of Self-Control." *Psychological Science* 20 (2009): 326–332.

Wiltermuth, Scott S., and Chip Heath. "Synchrony and Cooperation." *Psychological Science* 20 (2009): 1–5.

Gallese, Vittorio. "The Roots of Empathy: The Shared Manifold Hypothesis and the Neural Basis of Intersubjectivity." *Psychopathology* 36 (2003): 171–180.

6. 맵메이커 휴리스틱 The Mapmaker Heuristic

Williams, Lawrence E., and John A. Bargh. "Keeping One's Distance: The Influence of Spatial Distance Cues on Affect and Evaluation." *Psychological Science* 18 (2008): 302–308.

Fujita, Kentaro, Marlone D. Henderson, Juliana Eng, Yaacov Trope, and Nira Liberman. "Spatial Distance and Mental Construal of Social Events." *Psychological Science* 17 (2006): 278–282.

Fujita, Kentaro, Tal Eyal, Shelly Chaiken, Yaacov Trope, and Nira Liberman. "Influencing Attitudes Toward Near and Distant Objects." *Journal of Experimental Social Psychology* 44 (2008): 562–572.

Henderson, Marlone D., Kentaro Fujita, Yaacov Trope, and Nira Liberman. "Transcending the

'Here': The Effect of Spatial Distance on Social Judgement." *Journal of Personality and Social Psychology* 91 (2006): 845–856.

Fujita, Kentaro, Yaacov Trope, Nira Liberman, and Maya Levin-Sagi. "Construal Levels and Self-Control." *Journal of Personality and Social Psychology* 90 (2006): 351–367.

McCrea, Sean M., Nira Liberman, Yaacov Trope, and Steven J. Sherman. "Construal Level and Procrastination." *Psychological Science* 19 (2008): 1308–1314.

7. 산수 휴리스틱 The Arithmetic Heuristic

Peters, Ellen, Daniel Vastfjall, Paul Slovic, C. K. Mertz, Ketti Mazzocco, and Stephen Dickert. "Numeracy and Decision Making." *Psychological Science* 17 (2006): 407–413.

Reyna, Valerie F. "How People Make Decisions That Involve Risk." *Current Directions in Psychological Science* 13 (2004): 60–66.

Pham, Michel Tuan. "The Logic of Feeling." *Journal of Consumer Psychology* 14 (2004): 360–369.

Slovic, P., M. Finucane, E. Peters, and D. MacGregor. "Rational Actors or Rational Fools: Implications of the Affect Heuristic for Behavioral Economics." *Journal of Socio-Economics* 31 (2002): 329–342.

Slovic, Paul. "Why Nations Fail to Act." Paper presented at a seminar on the prevention of genocide hosted by the Auschwitz Institute for Peace and Reconciliation, Auschwitz, Poland, May 18, 2008.

Slovic, Paul. "If I Look at the Mass I Will Never Act: Psychic Numbing and Genocide." *Judgment and Decision Making* 2 (2007): 79–95.

Stephen, Andrew T., and Michel Tuan Pham. "On Feelings as a Heuristic for Making Offers in Ultimatum Negotiations." *Psychological Science* 19 (2008): 1051–1058.

Magen, Eran, Carol S. Dweck, and James J. Gross. "The Hidden-Zero Effect: Representing a Single Choice as an Extended Sequence Reduces Impulsive Choice." *Psychological Science* 19 (2008): 648–649.

Burson, Katherine A., Richard P. Larrick, and John G. Lynch, Jr. "Six of One, Half Dozen of the Other: Expanding and Contracting Numerical Dimensions Produces Preferential Reversals." *Psychological Science* 20 (2009): 1074–1078.

Reyna, Valerie F., Wendy L. Nelson, Paul K. Han, and Nathan F. Dieckmann. "How Numeracy Influences Risk Comprehension and Medical Decision Making." *Psychological Bulletin* 135 (2009): 943–973.

8. 희귀성 휴리스틱 The Scarcity Heuristic

Dai, Xianchi, Klaus Wertenbroch, and C. Miguel Brendl. "The Value Heuristic in Judgments of

Relative Frequency." *Psychological Science* 19 (2008): 18-19.
Dai, Xianchi, C. Miguel Brendl, and Klaus Wertenbroch. "Value, Scarcity, and Preference Polarization." Unpublished paper.
Jemmott, John B., III, Peter H. Ditto, and Robert T. Croyle. "Judging Health Status: Effects of Perceived Prevalence and Personal Relevance." *Journal of Personality and Social Psychology* 50 (1986): 899-905.
Lynn, Michael. "Scarcity's Enhancement of Desirability: The Role of Naïve Economic Theories." *Basic and Applied Psychology* 13 (1992): 67-78.
Myrseth, Kristian Ove R., Ayelet Fishbach, and Yaacov Trope. "Counteractive Self-Control: When Making Temptation Available Makes Temptation Less Tempting." *Psychological Science* 20 (2009): 159-163.

9. 닻 휴리스틱 The Anchor Heuristic

Epley, Nicholas, and Thomas Gilovich. "Putting Adjustment Back in the Anchoring and Adjustment Heuristic: Differential Processing of Self- Generated and Experimenter-Provided Anchors." *Psychological Science* 12 (2001): 391-396.
Epley, Nicholas, and Thomas Gilovich. "The Anchoring-and-Adjustment Heuristic: Why the Adjustments Are Insufficient." *Psychological Science* 17 (2006): 311-318.
Janiszewski, Chris, and Dan Uy. "Anchor Precision Influences the Amount of Adjustment." *Psychological Science* 19 (2009): 121-127.
Klatzky, Roberta L., David M. Messick, and Judith Loftus. "Heuristics for Determining the Optimal Interval Between Checkups." *Psychological Science* 3 (1992): 279-284.
Epley, Nicholas, Boaz Keysar, Leaf Van Boven, and Thomas Gilovich. "Perspective Taking as Egocentric Anchoring and Adjustment." *Journal of Personality and Social Psychology* 87 (2004): 327-339.
Bodenhausen, Galen V., Shira Gabriel, and Megan Lineberger. "Sadness and Susceptibility to Judgmental Bias: The Case of Anchoring." *Psychological Science* 11 (2000): 320-323.

10. 칼로리 휴리스틱 The Calorie Heuristic

Briers, Barbara, Mario Pandelaere, Sigfried Dewitte, and Luk Warlop. "Hungry for Money: The Desire for Caloric Resources Increases the Desire for Financial Resources and Vice Versa." *Psychological Science* 17 (2006): 939-943.
Bruner, Jerome S., and Cecile C. Goodman. "Value and Need as Organizing Factors in Perception." *Journal of Abnormal and Social Psychology* 42 (1947): 33-44.
Nelson, Leif, D., and Evan L. Morrison. "The Symptoms of Resource Scarcity: Judgments of Food and Finances Influence Preferences for Potential Partners." *Psychological Science*

16 (2005): 167–173.
Geier, Andrew B., Paul Rozin, and Gheorghe Doros. "Unit Bias: A New Heuristic That Helps Explain the Effect of Portion Size on Food Intake." *Psychological Science* 17 (2006): 521–525.
Tabibnia, Golnaz, Ajay B. Satpute, and Matthew D. Lieberman. "The Sunny Side of Fairness: Preference for Fairness Activates Reward Circuitry (and Disregarding Unfairness Activates Self-Control Circuitry)." *Psychological Science* 19 (2008): 339–347.

11. 미끼 휴리스틱 The Decoy Heuristic

Huber, Joel, and Christopher Puto. "Market Boundaries and Product Choice: Illustrating Attraction and Substitution Effects." *Journal of Consumer Research* 10 (1983): 31–44.
Hedgcock, William, and Akshay R. Rao. "Trade-Off Aversion as an Explanation for the Attraction Effect: A Functional Magnetic Resonance Imaging Study." *Journal of Marketing Research* XLVI (2009): 1–13.
Sedikides, Constantine, Dan Ariely, and Nils Olsen. "Contextual and Procedural Determinants of Partner Selection: Of Asymmetric Dominance and Prominence." *Social Cognition* 17 (1999): 118–139.
Kim, Sunghan, and Lynn Hasher. "The Attraction Effect in Decision Making: Superior Performance by Older Adults." *Journal of Experimental Psychology* 58 (2005): 120–133.
Masicampo, E. J., and Roy F. Baumeister. "Toward a Physiology of Dual-Process Reasoning and Judgment: Lemonade, Willpower and Expensive Rule-Based Analysis." *Psychological Science* 19 (2008): 255–260.
Herbert, Ian. "This Is Your Brain on Politics." *Observer* 21 (2008): 18–22.

12. 미래 휴리스틱 The Futuristic Heuristic

Gilbert, Daniel. *Stumbling on Happiness*. New York: Knopf, 2006, 304.
Caruso, Eugene M., Daniel T. Gilbert, and Timothy D. Wilson. "A Wrinkle in Time: Asymmetric Valuation of Past and Future Events." *Psychological Science* 19 (2008): 796–801.
Wilson, Timothy D., Thalia Wheatley, Jonathan M. Meyers, Daniel T. Gilbert, and Danny Axsom. "Focalism: A Source of Durability Bias in Affective Forecasting." *Journal of Personality and Social Psychology* 78 (2000): 821–836.
Gilbert, Daniel T., Elizabeth C. Pinel, Timothy D. Wilson, Stephen J. Blumberg, and Thalia P. Wheatley. "Immune Neglect: A Source of Durability Bias in Affective Forecasting." *Journal of Personality and Social Psychology* 75 (1998): 617–638.

Koo, Minkyung, Sara B. Algoe, Timothy D. Wilson, and Daniel T. Gilbert. "It's a Wonderful Life: Mentally Subtracting Positive Events Improves People's Affective States, Contrary to Their Affective Forecasts." *Journal of Personality and Social Psychology* 95 (2008): 1217–1224.

13. 설계 휴리스틱 The Design Heuristic

Greif, Marissa L., Deborah G. Kemler Nelson, Frank C. Keil, and Franky Gutierrez. "What Do Children Want to Know About Animals and Artifacts: Domain-Specific Requests for Information." *Psychological Science* 17 (2006): 455–459.

Goldberg, Robert F., and Sharon L. Thompson-Schill. "Developmental 'Roots' in Mature Biological Knowledge." *Psychological Science* 20 (2009): 480–487.

Lombrozo, Tania, Andrew Shtulman, and Michael Weisberg. "The Intelligent Design Controversy: Lessons from Psychology and Education." *Trends in Cognitive Science* 10 (2006): 56–57.

Lombrozo, Tania, Deborah Kelemen, and Deborah Zaitchik. "Inferring Design: Evidence of a Preference for Teleological Explanations in Patients With Alzheimer's Disease." *Psychological Science* 18 (2007): 999–1006.

Lombrozo, Tania. "Simplicity and Probability in Causal Explanation." *Cognitive Psychology* 55 (2007): 232–257.

Loughnan, Stephen, and Nick Haslam. "Animals and Androids: Implicit Associations Between Social Categories and Nonhumans." *Psychological Science* 18 (2007): 116–121.

Jost, John T., Brian A. Nosek, and Samuel D. Gosling. "Ideology: Its Resurgence in Social, Personality, and Political Psychology." *Perspectives on Psychological Science* 3 (2008): 126–136.

14. 수렵채집 휴리스틱 The Foraging Heuristic

Silvia, Paul J. "Interest—the Curious Emotion." *Current Directions in Psychological Science* 17 (2008): 57–60.

Hills, Thomas T., Peter M. Todd, and Robert L. Goldstone. "Search in External and Internal Spaces: Evidence for Generalized Cognitive Search Processes." *Psychological Science* 19 (2008): 802–808.

Goldstone, Robert L., Michael E. Roberts, and Todd M. Gureckis. "Emergent Processes in Group Behavior." *Current Directions in Psychological Science* 17 (2008): 10–15.

Fredrickson, Barbara. *Positivity*. New York: Crown, 2009.

15. 캐리커처 휴리스틱 The Caricature Heuristic

Bodenhausen, Galen V. "The Role of Stereotypes in Decision-Making Processes." *Medical Decision Making* 25 (2005): 112–118.

Bodenhausen, Galen V. "Stereotypes as Judgmental Heuristics: Evidence of Circadian Variations in Discrimination." *Psychological Science* 1 (1990): 319–322.

Macrae, C. Neil, Alan B. Milne, and Galen V. Bodenhausen. "Stereotypes as Energy-Saving Devices: A Peek Inside the Cognitive Toolbox." *Journal of Personality and Social Psychology* 66 (1994): 37–47.

De Neys, Wim, Oshin Vartanian, and Vinod Goel. "Smarter than We Think: When Our Brains Detect That We Are Biased." *Psychological Science* 19 (2008): 483–489.

Djikic, Maja, Ellen J. Langer, and Sarah Fulton Stapleton. "Reducing Stereotyping Through Mindfulness: Effects on Automatic Stereotype-Activated Behaviors." *Journal of Adult Development* 15 (2008): 106–111.

Levy, Becca R., Alan B. Zonderman, Martin D. Slade, and Luigi Ferruci. "Age Stereotypes Held Earlier in Life Predict Cardiovascular Events in Later Life." *Psychological Science* 20 (2009): 296–298.

Langer, Ellen J. *Counterclockwise: Mindful Health and the Power of Possibility.* New York: Ballantine, 2009.

16. 쿠티 휴리스틱 The Cooties Heuristic

Rozin, Paul. "The Meaning of 'Natural': Process More Important than Content." *Psychological Science* 16 (2005): 652–658.

Rozin, Paul, Maureen Markwith, and Clark McCauley. "Sensitivity to Indirect Contacts with Other Persons: AIDS Aversion as a Composite of Aversion to Strangers, Infection, Moral Taint, and Misfortune." *Journal of Abnormal Psychology* 103 (1994): 495–504.

Rozin, Paul, and Sharon Wolf. "Attachment to Land: The Case of the Land of Israel for American and Israeli Jews and the Role of Contagion." *Judgment and Decision Making* 3 (2008): 325–334.

Nemeroff, Carol, and Paul Rozin. "The Contagion Concept in Adult Thinking in the United States: Transmission of Germs and Interpersonal Influence." *Ethos* 22 (1994): 158–186.

Rozin, Paul, and Edward B. Royzman. "Negativity Bias, Negativity Dominance, and Contagion." *Personality and Social Psychology Review* 5 (2001): 296–320.

17. 자연주의자 휴리스틱 The Naturalist Heuristic

Berman, Marc G., John Jonides, and Stephen Kaplan. "The Cognitive Benefits of Interacting with Nature." *Psychological Science* 19 (2008): 1207–1212.

Kahn, Peter H., Jr., Rachel L. Severson, and Jolina H. Ruckert. "The Human Relation with Nature and Technological Nature." *Current Directions in Psychological Science* 18 (2009): 37–42.

Kahn, Peter H., Jr., Batya Friedman, Deanne R. Perez-Granados, and Nathan G. Freier. "Robotic Pets in the Lives of Preschool Children." *Interaction Studies* 7 (2006): 405–436.

Friedman, Batya, Nathan G. Frier, Peter H. Kahn, Jr., Peyina Lin, and Robin Sodeman. "Office Window of the Future? Field-Based Analyses of a New Use of a Large Display." *International Journal of Human-Computer Studies* 66 (2008): 452–465.

Kahn, Peter H., Jr., Batya Friedman, Brian Gill, Jennifer Hagman, Rachel L. Severson, Nathan G. Frier, Erika N. Feldman, Sybil Carrere, and Anna Stolyar. "A Plasma Display Window? The Shifting Baseline Problem in a Technologically-Mediated Natural World." *Journal of Environmental Psychology* 28 (2008): 192–199.

Greene, Michelle R., and Aude Oliva. "The Briefest of Glances: The Time Course of Natural Scene Understanding." *Psychological Science* 20 (2009): 464–472.

18. 범인 찾기 휴리스틱 The Whodunit Heuristic

Haidt, Jonathan. "The New Synthesis in Moral Psychology." *Science* 316 (2007): 998–1002.

Cushman, Fiery, Liane Young, and Marc Hauser. "The Role of Conscious Reasoning and Intuition in Moral Judgment: Testing Three Principles of Harm." *Psychological Science* 17 (2006): 1082–1089.

Cushman, Fiery. "Crime and Punishment: Distinguishing the Roles of Causal and Intentional Analyses in Moral Judgment." *Cognition* 108 (2008): 353–380.

Gino, Francesca, Shahar Ayal, and Dan Ariely. "Contagion and Differentiation in Unethical Behavior." *Psychological Science* 20 (2009): 393–398.

Sachdeva, Sonya, Rumen Iliev, and Douglas L. Medin. "Sinning Saints and Saintly Sinners." *Psychological Science* 20 (2009): 523–528.

Sunstein, Cass R. "Moral Heuristics." *Behavioral and Brain Sciences* 28 (2005): 531–542.

19. 죽음의 신 휴리스틱 The Grim Reaper Heuristic

Zhou, Xinyue, Constantine Sedikides, Tim Wildschut, and Ding-Guo Gao. "Counteracting Loneliness: On the Restorative Function of Nostalgia." *Psychological Science* 19 (2008): 1023–1029.

Routledge, Clay, Jamie Arndt, Constantine Sedikides, and Tim Wil. "A Blast From the Past: The

Terror Management Function of Nostalgia." *Journal of Experimental Social Psychology* 44 (2008): 132–140.

Arndt, Jamie, Sheldon Solomon, Tim Kasser, and Kennon M. Sheldon. "The Urge to Splurge: A Terror Management Account of Materialism and Consumer Behavior." *Journal of Consumer Psychology* 14 (2004): 198–212.

Isaacowitz, Derek M., Kaitlin Toner, Deborah Goren, and Hugh R. Wilson. "Looking While Unhappy: Mood Congruent Gaze in Young Adults, Positive Gaze in Older Adults." *Psychological Science* 19 (2008): 848–853.

Pyszczynski, Tom, Zachary Rothschild, and Abdolhossein Abdollahi. "Terrorism, Violence, and Hope for Peace: A Terror Management Perspective." *Current Directions in Psychological Science* 17 (2008): 318–322.

Pyszczynski, Tom, J. Greenberg, and S. Solomon. "A Dual Process Model of Defense Against Conscious and Unconscious Death-Related Thought: An Extension of Terror Management Theory." *Psychological Review* 106 (1999): 835–845.

McCoy, S., Tom Pyszczynski, S. Solomon, and J. Greenberg. "Transcending the Self: A Terror Management Perspective on Successful Aging." In *The Problem of Death Among Older Adults*, edited by A. Tomer, 37–61. New York: Taylor and Francis, 2000.

DeWall, C. Nathan, and Roy F. Baumeister. "From Terror to Joy: Automatic Tuning to Positive Affective Information Following Mortality Salience." *Psychological Science* 18 (2007): 984–990.

Hayes, Joseph, Jeff Schimel, and Todd J. Williams. "Fighting Death with Death: The Buffering Effects of Learning That Worldview Violators Have Died." *Psychological Science* 19 (2008): 501–507.

20. 디폴트 휴리스틱 The Default Heuristic

McKenzie, Craig R. M., Michael J. Liersch, and Stacey R. Finkelstein. "Recommendations Implicit in Policy Defaults." *Psychological Science* 17 (2006): 414–420.

Johnson, Eric J., and Daniel Goldstein. "Do Defaults Save Lives?" *Science* 302 (2003): 1338–1339.

Baron, Jonathan, Max H. Bazerman, and Katherine Shonk. "Enlarging the Societal Pie Through Wise Legislation: A Psychological Perspective." *Perspectives on Psychological Science* 1 (2006): 123–132.

Frederick, Shane. "Automated Choice Heuristics." In *Heuristics and Biases: The Psychology of Intuitive Judgment*, edited by Thomas Gilovich, Dale Griffin, and Daniel Kahneman, 548–558. New York: Cambridge University Press, 2002.

Thaler, Richard H., and Cass R. Sunstein. *Nudge: Improving Decisions About Health, Wealth, and*

Happiness. New Haven: Yale University Press, 2008.

Herb_Benartzi, Schlomo, and Richard H. Thaler. "Save More Tomorrow: Using Behavioral Economics to Increase Employee Saving." *Journal of Political Economy* 112 (2004): S164–S187.

Lilienfeld, Scott O., Rachel Ammirati, and Kristen Landfield. "Giving Debiasing Away: Can Psychological Research on Correcting Cognitive Errors Promote Human Welfare?" *Perspectives on Psychological Science* 4 (2009): 390–398.

Bar-Eli, Michael, Ofer H. Azar, Ilana Ritov, Yael Keidar-Levin, and Galit Schein. "Action Bias Among Elite Soccer Goalkeepers: The Case of Penalty Kicks." *Journal of Economic Psychology* 28 (2007): 606–621.